大韓帝国の保護と併合

森山茂徳・原田 環――［編］

東京大学出版会

The Protection and Annexation of the Korean Empire
Shigenori MORIYAMA and Tamaki HARADA, Editors
University of Tokyo Press, 2013
ISBN 978-4-13-036246-7

はしがき

一八九七（明治三一、光武一）年一〇月、朝鮮は大韓帝国と国号を改め、国王高宗は皇帝と称し、清国から独立した。しかし、その大韓帝国は、一九一〇（明治四三、隆熙三）年八月、日韓併合条約によって日本領土に編入され、日本の植民地となった。「韓国併合」の結果、大韓帝国は僅か一二年で消滅したのである。それでは、何ゆえ、如何にして、この変化は起こったのか。諸要因はどのように絡み合い、「韓国併合」をもたらしたのか。この問いに答えることが本論文集の課題である。

ところで、大韓帝国が存在した時期は、一九〇四（明治三七、光武七）年二月に始まった日露戦争、および、翌一九〇五（明治三八、光武八）年一一月の第二次日韓協約の締結によって、大きく二つの時期に切断されている。

日露戦前の約六年間は、大韓帝国が独立国として発展する最後の機会であった。対外的には、一八九九（明治三二、光武二）年九月、大韓帝国は清国と韓清通商条約を締結し、清国と対等な国家間関係を樹立した。一方、対内的には、同一八九九年八月に「大韓国国制」が制定され、皇帝独裁の下、新たな政治体制の構築が開始された。

しかし、日露戦後、第二次日韓協約の締結後は、大韓帝国の対外関係は日本が管掌し、大韓帝国の首都ソウルには日本の代表である統監が赴任し、その機関である統監府が置かれた。大韓帝国は日本の保護国となったのである。

しかるに、大韓帝国時期を対象とした研究に関しては、その前期を扱った研究が近年、とくに現在の韓国（大韓民国）で増えているのに対し、後期、いわゆる「保護国期」を扱った研究は驚くほど少ない。その最大の理由は、保護国期が併合への過程とみなされているからであろう。このため、この時期を対象とした研究は、当時の日本については、主として「朝鮮・韓国侵略史」という側面からなされてきた。また、大韓帝国については、日本の侵略に対する、また大韓帝国の「支配層」に対する、主として「民衆」抵抗運動史の観点を採る研究が主流であった。これらの研究は何れも重要な意義をもっているが、どれを採るにせよ、日本の侵略の過程は単線的に描かれ、また、韓国「民衆」の日本への対抗という図式も当然視されてきた。

確かに、「保護国期」における日本の対韓政策を、その時間的な推移に着目すれば、日本が一貫して計画的に、韓国を侵略し、植民地化を推し進めたようにみえる。また、大韓帝国についても、腐敗した「支配層」は抵抗の主体たりえず、「民衆」のみが執拗に抵抗運動を展開したという印象が強い。もとより、日本が日露戦後、「保護政治」を推進することそれ自体については、日本の政治指導者たちの間に意見の対立はなかった。また、大韓帝国の対応を、被抑圧民族の対応としてとらえる視点は極めて重要であり、この視点からすると、「民衆」に比較すれば、大韓帝国の「支配層」が王朝および自らの地位の維持に汲々としていたことも事実である。

しかしながら、こうした一見、表面的な事実だけに着目したのでは、「保護国期」の日韓関係の現実、大韓帝国の国際的地位を変化させた諸要因、および、それらの相互連関の実態、総じて「保護国期」の特質および独自性は、決して明らかにならないであろう。まず、日本が「保護国期」に推進した諸政策の過程は、決して平坦かつ容易なものではなかった。それは大韓帝国の対応、日本国内の変化、そして欧米列国の動向などと相互に関連し、かつそれらによって制約された。その選択肢は少なくとも当初は多様であり、日本の政治指導者たちも決して一枚岩ではなかった。また、大韓帝国の「支配層」が何らの努力をしなかったわけでもない。彼らはそれぞれ独自の動きを試み、しかも一体ではなく、相互に対立をはらんでいた。とくに皇帝高宗と他の諸勢力との関係も多様であった。そして、欧米列国の動向は、とくに満州問題との連関から日露戦後も影響力をもち、それは「韓国併合」の大きな要因の一つであった。

以上の問題関心を踏まえ、本書は、何よりも「保護国期」に如何なる変化が日韓関係に起こったのか、すなわち「保護国期」の特質および独自性を、徹底的な史料の実証に基づき、以下の新たな視点から、明らかとする。すなわち、第一に、日韓両国それぞれに起こった変化が日韓関係に如何なる影響をおよぼしたか、またそれがどのように認識されたのかを、国際的側面を含めて考察する。第二に、日韓間の地域的結合がどのように形成されていったのか、その過程でみられた正負を含めた様々な特質を検討する。第三に、「保護国期」に大韓帝国の社会がどのように再編成され、それは日本社会の変化とどのように関連していたか否かを分析する。

また、本論文集は以上の分析を、研究分野を横断した体制で、すなわち政治・外交史の次元のみならず、経済史・思想史・法制史・社会史の次元から、それぞれの専門研究者が行う。さらに特筆すべきは、現在の韓国における大韓帝国財政に関する専門研究者の参加を得たことである。このような試みは今までなかったことであり、それによって始めて「保護国期」の特質を立体的・総合的に明らかにすることができるであろう。

このように、大韓帝国の「保護国期」の特質および独自性を、その開始から終焉まで、その変化をもたらした諸要因を新たな視点および次元から検討し、それによって「韓国併合」への過程の全般的解明に寄与すること、これがこの論文集の目的とすることである。

以下、全体は九本の論文からなる。なお、便宜上、大韓帝国を韓国、「韓国併合」を併合と略称する。

森山茂徳「『保護』から『併合』へ――日本の韓国『保護政治』の官僚制化」は、初代韓国統監伊藤博文による「保護政治」を、日本および日韓関係の変化という第一の視点から検討する。伊藤の「可能性の技術」としての「政略」にしたがって多様かつ豊富な構想を有したそれが、どのようにして世界的な「官僚制化」の趨勢によって変化していったかが、積極的・肯定的側面と消極的・否定的側面から分析され、その帰結が併合であったとされる。

原田環「第二次日韓協約締結時における韓国外部大臣の印章問題について」は、第二次日韓協約締結時の情況を韓国の変化という第一の視点に着目して、他説の批判的検討から実証的に検討し、外部大臣印章勒奪説を否定する。締結に必要な大臣の印章の送達過程をめぐる韓国外部の情況を考察することにより、協約が「勒約」（強制による条約）ではなかったこと、それにもかかわらず韓国の新聞を通じて「勒約」説が形成強化されたことが明らかにされ、相異なる二方向への韓国社会の動きが提示される。

趙映俊「大韓帝国期の皇室財政研究の現況と展望」は、皇室財政と政府財政の重複が解体されて宮内府・内蔵院体制が確立したとする既存の研究への批判的検討を行う。既存研究には歳出経路・皇室財政規模の不透明性、長期的観点の欠如、財源の皮相的把握などの問題点はあるが、正確な数値に拠る実証によれば解決の展望は開け、その作業後に始めて財政史的側面からみた大韓帝国および併合の歴史的性格が明らかになるとされる。

李栄薫「大韓帝国期皇室財政の基礎と性格」は、小規模で資料不足から注目されなかった宮房財政、とくに「明礼宮」の財政を対象とする。本来相当の在庫があったその財政は、閔妃の儀礼支出などによって高宗年間に赤字に転じ、大韓帝国期に白銅貨の発行によって半分復元されたにすぎなかった実態が明らかにされる。こうして、従来の内蔵院中心の皇室財政の近代的性格が否定され、宮房全体の財政規模の算出が不可欠の作業となり、この後始めて皇室財政全体を明確にし、王朝崩壊の原因を経済史を超えて解明できるとされる。

堀和生「韓国併合に関する経済史的研究——貿易・海運を素材として」は、地域的結合の視点から、貿易、海運という韓国の対外経済関係に注目する。開港後、韓国の対外経済関係は日本に独占され続け、近代海運業創設の動きも日本による保護障壁排除によって破壊される。さらに「保護国期」になると、開港場を軸とした新しい流通機構の形成により、韓国の自主的近代化の試みは挫折し、日韓の経済的融合・一体化が進んだとされる。

永島広紀「保護国期の大韓帝国における『お雇い日本人』——日本人高等官人事の動向を中心に」は、地域的結合・韓国社会再編の視点から、一九〇七年以降本格化する統監府官吏の任用に着目する。それは明確な一貫性をもたなかったが、その実態は専門技術を備えた「地方改良」系の官僚の登用であり配置である。この人事慣行は、それと連動する韓国人官吏の任用とともに併合の「政策日程化」を可能とし、併合後も継承されたとされる。

新城道彦「王公族の創設と帝国の変容——方子女王の婚嫁計画による皇室典範の増補」は、地域的結合の視点から、併合時に王公族という曖昧な身分とされた韓国皇室の処遇が、梨本宮方子の婚嫁計画から皇室典範の増補によって規定された事実を対象とする。それは帝国秩序に変容を迫り、やがて法律面だけでなく、事実として王公族が皇族として扱われなくなった結果、両者の境界はより曖昧となり、王公族が皇族に同化していったとされる。

姜東局「大韓帝国における自国・世界認識とベトナム」は、「保護国期」韓国の政治思想状況を解明すべく「世界の発見」という現象に注目し、『越南亡国史』の受容を対象とする。それはベトナムへの共感から韓国の現状を考える立場と、帝国主義と植民地化を理解する例としてベトナムを扱う立場の二つの受容形態を生みだし、そこから植民地国家を内在的に理解する作業の挫折をもたらした。それこそ、韓国社会の変化に伴う負の遺産であった。

浅野豊美「国際関係の中の『保護』と『併合』——門戸開放原則と日韓の地域的結合をめぐって」は、日韓の地域的結合および国際関係という視点から、保護関係の変化を対象とする。それは治外法権廃止に関わる司法制度・法典整備、社会末端の自治制度の組織化、南北巡幸にみる皇室制度の変容などから、国家的結合ではない独自の一つの地域的秩序をもたらし、それゆえ、その国際的承認が必要となる結果をもたらした。それが併合であったとされる。

以上のように、九つの論文は、「保護国期」の特質および独自性を、それぞれ異なる視点と次元から諸要因の分析を通じて解明しようとしている。それが成功しているか否かは、俄かに断じ難いが、本論文集が今後の「保護国期」および併合過程の実証的研究を進める上での、新たな一歩となることを願うものである。

最後に、本論文集が生まれるに至った経緯について述べておきたい。本論文集の執筆者はこれまでそれぞれの分野で、日韓関係および日韓両国史を実証的に探求してきた。二〇一〇年が「韓国併合」一〇〇年にあたることは、研究をさらに深化させる契機となった。しかも、執筆者は何れも、すでに言及したように、従来の研究に大きな不備ないし欠落を感じ、これらを補い、埋めようと一致した。幸い、本論文集の母体となる研究すなわち「韓国の『保護』および『併合』に関する総合的研究」に対しては、二〇〇七（平成一八）年から二〇一〇（同二二）年まで四年間、日本学術振興会科学研究費補助金を得ることができた。これに基づき、執筆者たちはまず、日韓両国のみならず関係各国に赴き、「保護国期」に関する史料を可能な限り渉猟した。次に、年数回、研究会を催し、自由な質疑応答を繰返し、研究対象、研究分担、研究枠組を深化・精緻化し、「保護国期」の特質および独自性を、前記した視点と次元から分析することを共通の課題とした。この段階で、現在の韓国からの専門研究者の参加を得ることができた（なお、この過程で種々の事情から、本研究から離れていった方々、また心ならずも本論文集に執筆頂けなかった方々がいたことは、甚だ残念であった）。

しかし何れにせよ、全員の努力により、二〇一〇（平成二二）年九月二九日に「韓国併合」に関する共同シンポジウム（非公開）を、首都大学東京で行うことができた。このシンポジウムには、執筆者のみならず、日本・韓国・台湾など関係諸国の専門研究者の参加をお願いした（とくに、日本史研究者である有馬学（九州大学名誉教授）が参加されたことに感謝したい）。このシンポジウムを通じて、問題関心を本格的に共有した共同研究の体制が完成し、これに基づき、各自が視点・次元をさらに深化・追究し、論文を執筆するに至ることができた。そして、幸い、刊行にあたって、日本学術振興会平成二四年度科学研究費補助金（研究成果公開促進費）を得ることができた。

以上のように、本論文集は研究の現状における不備・欠落を補い、埋めるべく、可能な限りの史料収集による実証的分析に基づき、研究対象および研究枠組に関する度重なる意見交換を踏まえた結果、できあがったものである。ここに、科学研究費補助金を四年間の研究および成果刊行に支給して頂いたことに、この場を借りて改めて感謝したい。

最後に、日韓両国のみならず、史料・文献の閲覧・収集にひとかたならぬ便宜を図って頂いた関係各国の多くの文書館・図書館の方々、および纏まり難い論文集を形あるものにすることに多大の御世話になった東京大学出版会の竹中英俊・依田浩司氏に、厚く御礼を申上げたい。

二〇一二年九月

森山茂徳
原田　環

目次

1　「保護」から「併合」へ
——日本の韓国「保護政治」の官僚制化

森山茂徳

はじめに

「政治は可能性の技術である」（ビスマルク）といわれる一方で、「歴史とは合理化の道であり、政治における合理化とは官僚制化である」（ウェーバー）ともいわれる。確かに、一九世紀以降、現在も世界では政治の官僚制化が進行している。本章は、一九〇六（明治三九）年から一九一〇（同四三）年にかけて、主として初代韓国統監伊藤博文が推進した日本の韓国「保護政治」が何ゆえ「併合」に至ったかを、日本の植民地化構想の他の選択肢と比較しつつ、その官僚制化に注目して検討する。(1) 日本が韓国を併合した理由は従来の研究では様々に指摘されているが、この視角からなされた研究は全くないといえるからである。

結論を先に言えば次のとおりである。すなわち、伊藤の「保護政治」は「可能性の技術」として開始されたが、世界的な官僚制化の趨勢に道を譲らざるをえなかった。伊藤博文の統監辞任そして「併合」こそ、この世界的変化の顕在化にほかならなかったと。

以下、第一に、伊藤の韓国「保護政治」を、「可能性の技術」の表われとして検討する。その際、伊藤の「開明政治家」としての資質に注目し、それに由来する彼の「政略」、および、その運営の手法の双方にみられる特質を、可能な限り明らかにしたい。(2)

第二に、日本の植民地化構想の選択肢を官僚制化という観点から検討する。その際、先行する台湾植民地化構想の実践および継承について、また政治家としては原敬と後藤新平について、伊藤との関連および官僚制化の観点から取り上げたい。(3)

第三に、「保護政治」の官僚制化を多様な側面から検討する。その際、官僚制化の積極的部分である合理化、予測可能性＝安定性のみならず、その消極的側面である割拠性＝セクショナリズムや責任回避傾向の顕われを、統監府官僚および韓国政府内の日本人官僚の行動などにできるだけ焦点を当てて、検討する。さらに、在韓日本人および言論機関の行動が、それらの動向とどのように関係していたかにも注目したい。(4)

なお、日本の「保護政治」に対し、韓国国民が如何に対応したか、その過程で韓国ナショナリズムが如何にして成立していったかなどについては、別稿で明らかにしたい。

一　伊藤博文の「保護政治」遂行の特質

第一に、「可能性の技術」の政治家としての伊藤の行動の特徴は、その実現可能性をできるだけ担保すべく、目標の表現を曖昧とし、明確に限定しないことにあった。そのことは、すでに指摘されているように、(5)一九〇五（明治三八）年一二月、枢密院で「統監府及理事庁官制」が審議されたときの伊藤（当時、枢密院議長）の答弁に明らかである。(6)すなわち、伊藤は顧問官大鳥圭介の韓国政府と統監との関係に関する質問（統監の上奏への韓国処置官庁如何）

に対し、まず、次のように答えている。

「韓国皇帝及大臣等モ餘程疑問アリテ内政ニ関与セストノ一條ヲ加ヘラレタシトノ請求モアリタレトモ絶対的ニ此條文ヲ加ヘ難シ」。

次いで、大鳥が官制第三条第一項の「統監ハ……韓国ノ施政事務ニシテ外国人ニ関係アルモノヲ監督ス」について、「韓国ノ施政事務ノ範囲如何内政ヲ含ムカ如シ如何」と問うたのに対し、伊藤は、「之ハ説明セサルコトトシタシ之ハ大政略ノ含マレル所政略ノ運用スル機械ナリ之ハ今日制限スルコト難シ日本政府ノ政略ニ一任アル外ナシ」と答え、大鳥もまた「政略上範囲ヲ定マラヌ方宜シカルヘシ」と阿吽の呼吸で応じている。ここに、「政略」的運用の重要性、そしてその表現の曖昧さの必要性は、両者において明らかだったのである。

さらに、指摘すべきことは、そのような「政略」的運用は韓国を対象とする以上、状況に左右されざるを得ないこと、また外国にも参照すべき例がないことなどを、次のように伊藤が説明していることである。

「之ヲ要スルニ保護国即向フテ国王アリ政府アル国ニ付テハ取扱一定セス何国ノ例ニ依ルト云フ譯ニ行カス實地ニ臨ミ圓満ニ行ハルル様ニセサルヘカラス」。

このように、伊藤は「保護政治」開始前から、すでにその政策目標を曖昧に規定し、自由行動の余地を大きく確保する「政略」を採用したのである。

次に、伊藤は文官にもかかわらず統監の軍隊統率権を認めさせ、さらに自らの自由行動の余地を広げることに成功した。この点はすでに多く論じられているので詳細は省略する。(7) ただ、この点に関しても、先の枢密院会議で、第一三条の「統監代理」を韓国守備隊司令官および総務長官とすることへの、次のような質疑応答を付け加えておく。(8)

すなわち、同じく大鳥顧問官が「総務長官カ代理スルハ當然ナルカ司令官ハ統監府内ノ人ニアラサルカ如シ此司令官カ総務長官同様ニ代理ヲ為シテ可ナルヤ」と質問したのに対し、伊藤はやはり次のように答えているのである。

「之モ大謀略ナリ総務長官ノモノカ二師團ヲ牽ユル大将ニ命令ヲ下シ得ルモノニアラス其時ノ都合ニ依リ何レカ代理ヲ命スル途ヲ開キ置キタルナリ」。

この規定の曖昧さは、なんと表現すれば良いのだろう。軍隊統率権を認めた陸軍も、これには容易に承服できなかった。しかし、伊藤の統監就任の必要を認めざるをえなかった陸軍は、この時点ではこれを受け容れた。

以上のように、伊藤は自らの政策遂行を制約し、自由行動の余地を狭める可能性をできるだけ排除しようとし、そのため規定上の曖昧さを残し、否あえて重んじ、すべてを実際の「政略」に委ねた。それこそ、伊藤の「可能性の技術」の政治家としての特質であった。

第二に、伊藤はあらゆる選択肢・構想を模索し、受け容れ、その実現を目指した。その代表的な例としては、「韓国議会構想」、また「自治育成政策」の一環としての「地方委員会構想」などが挙げられよう。それは、当時にあっては画期的であり、伊藤でなければ検討することのできないものであった[9]。再言すれば、伊藤は「可能な限り新たな構想に理解を示し、それを実現する可能性、および、その機会を探った。……あらゆる人々が寄せる意見や構想に耳を傾け、あらゆる選択肢の構想を取りあげ、それを追求した。……伊藤は『可能性の技術』の中で行動した[10]」のである。

しかし第三に、その伊藤を制約した最大の要因は、周知のように欧米列国の動向であった。すなわち、「『開明政治家』にとって最も重要であった資質こそ、国際環境に対する認識であった。伊藤は当時でも稀な、最も国際環境に敏感な政治指導者であった……明治維新の激動の中で、時には過激な行動に従事した伊藤にとって、それは青年期から身につき、一生それから抜け出せない呪縛であった[11]」のである。

確かに、日露戦争に勝利し、韓国を保護国化する条約締結に成功した伊藤にとって、次の「保護政治」に関して己を制約する国際環境はないと考えられたであろう。そのことは、すでに明らかにしたように、統監として韓国に赴任するときの自信に満ちた発言に如実にみられる[12]。

しかしながら、国際環境に敏感な伊藤が、眼を満州に転じるとき、そこには欧米列国による日本への干渉の危険性が明らかにみてとれた。そのことは、以下のような、伊藤の満州問題協議会の発言に明らかである[13]。

すなわち、伊藤は、一九〇六（明治三九）年三月に駐日イギリス大使マクドナルドから、満州での日本軍部の行動が満州の門戸閉鎖を目的としており、そのことは欧米列国の日本に対するこれまでの同情を失わせる虞れがある、という書翰をうけとるや、直ちに五月に満州問題協議会を招集し、次のように述べた。

「余ハ甚タ憂慮セリ、如何トナレハ是レ独リ日本ノ外交問題ナルノミナラス其ノ影響ハ間接ニ韓国ニ波及スルノ虞アレハナリ、日本ノ満州ニ於ケル行動ニ対シ列国ノ物議ヲ招キ海外ノ諸新聞ヨリ非難攻撃ヲ蒙レハ目下韓国上下ノ人心ハ未タ全ク日本ニ服セス動モスレハ陰ニ款ヲ露国ニ通シテ日本ノ政略ニ反対セントスルモノナキニアラサレハ斯如非難ハ忽チ韓人ヲシテ種々ナル空想ヲ抱カシムルヲ以テ余ハ職責上之ヲ等閑ニ附スルヲ得スト思惟セリ」。

これに対し、当時、参謀総長として日本の満州政策を推進していた児玉源太郎は、次のように、持論の満州指揮権一元化論を展開した。

「南満州ハ将来我国ト種々ナル関係ヲ生スル、其内ニ於テ軍事ハ最モ簡単テアル……満州経営ノ上カラ見レハ将来種々ナル問題カ発生スル事テアロウ、而シテ是等ノ問題カ一度内地ニ移レハ各省箇々別々ノ主管トナツテ取扱手続ハ實ニ煩難極マルモノトナル……故ニ満州ニ於ケル主権ヲ誰カ一人ノ手ニ委ネ……煩雑ナル事務ヲ一箇所ニ纏メテ一切ヲ指揮スル官衙ヲ新ニ組織シテハドウテアラウ」。

しかるに、伊藤は児玉の意見を一言のもとに斥けた。

「余ノ見ル所ニ依ルト児玉参謀総長ハ満州ニ於ケル日本ノ位地ヲ根本的ニ誤解シテ居ラルルヤウテアル、満州方面ニ於ケル日本ノ権利ハ講和条約ニ依ツテ露国カラ譲リ受ケタモノ即チ遼東半島租借地ト鉄道以外ニハ何物モナイノテアル……満州ハ決シテ我国ノ属地テハナイ」。

伊藤からみれば、児玉のように野心に満ち、日本国内の権限争いを重視し、自らの利益を貫こうとする姿勢は、国際環境認識を欠落させた、「内向き」の甚だ危険なものと映じたであろう。そしてそれは、児玉のみに関することではなかった。それは次節以下にみるように、伊藤よりも若い世代に共通の特徴であり、それこそ、国際環境認識を欠いた、あえて言えば日本的な官僚制化の産物であった。

したがって、第四に、伊藤の「政略」の実現を阻むこととなるのは、国際環境の変化のみならず、日本国内でも進行しつつあった官僚制化でもあったといえる。その端的なあらわれが、すでにみた「韓国議会構想」や「地方委員会構想」、さらには「自治育成政策」などが試みられたにもかかわらず、それらが挫折したことだったのである。(14)

以上のように、伊藤は自らの「政略」の実現可能性を最大限に確保しつつ、欧米列国からの干渉をできるだけ回避すべく、曖昧さを意図的に残しながら、「保護政治」を開始する。しかし、その過程はやがて異なる植民地化構想にさらされ、しかも統監府内外の官僚制化によって、制約されていくこととなる。

二 植民地化構想の選択肢とその官僚制化——台湾植民地化構想

韓国「保護政治」とは異なる植民地化構想として、ここでは「保護政治」に先立つ台湾植民地統治について検討する。一八九五(明治二八)年に日清講和条約によって台湾が日本の領土に組み込まれたとき、伊藤博文は第二次内閣の首相としての立場から、台湾事務局の総裁となり、台湾統治体制の構築を指導した。このとき、台湾事務局委員として原敬もまた、外務次官の立場から参加している。それでは、両者は台湾に関して如何なる「政略」を提示したのか。まず伊藤について、みてみよう。

第一に、伊藤はここでも曖昧さを残した「政略」を展開する。すなわち、第九議会に提出された「台湾ニ施行スヘキ法令ニ関スル法律案」は、「天皇大権のみによる立法」でも「帝国議会の協賛を得る立法」のどちらでもなく、しかも、「立法の範囲」についても、規定されなかった(15)。また、この法案の理論構成および解釈は議会の質疑を通じて、事実上、行われることとなったが、その結果も曖昧さを残すものであった。それは、「憲法の部分施行説に立って、非施行部分の法律事項に関する立法を帝国議会の制定する法律をもって、台湾総督の命令に委任する、とまとめられる」ものであったという(16)。この法案は政府と自由党との妥協で有効期限が設けられることで、議会を通過した。いわゆる「六三法」がそれである。このように、日本が最初に得た新領土に施行する法律に関する「政略」も、曖昧さをもつものであった。しかも、この「六三法」は時限立法にもかかわらず、その後、一九二一（大正一〇）年の原敬内閣時まで、存続したのである。

なお、この時、政府委員として議会で答弁したのは、台湾総督府民政局長水野遵であり、理論構成と解釈に関する質疑は彼と議員との間で進められ、伊藤は何ら介入していない(17)。ここにも、大要は決めるが仔細な部分については配下に委ねる、という伊藤の「政略」の特質がみられる。まさに、「伊藤は自らの配下の人間からだけでなく、あらゆる人々が寄せる意見や構想に耳を傾け、あらゆる選択肢の構想を取りあげ、それを追求した。その中には、一見したところ矛盾するようにみえる行動や言説もあったが、それは可能性の範囲内のこと」だったのである(18)。

しかし、それにもかかわらず、伊藤が「政略」の内容を確定しなければならない例外的場面があった。それが台湾総督武官専任制の採用を継続したことである。これは当時、論議の対象であり、台湾事務局会議では、武官総督を主張する参謀次長川上操六副総裁らに対し、文官総督も主張された。しかし、伊藤は川上の主張を採用した。伊藤は、前節でみたように、一九〇六（明治三九）年の満州問題協議会では陸軍を抑制したが、一八九六（同二九）年の時点では陸軍を支持するという、一見、矛盾してみえる行動をとっている。伊藤が一八九六年に陸軍を支持した理由は不明だが、伊藤自身に陸軍を抑えることができるという自負があったか（統監就任時に軍隊統率権を得たことを想起せよ）、おそらくそれが「政略」上望ましいと考える他の理由があったのであろう[19]。因みに、このとき会議に出席していた原敬は、「総理は陸軍の感情を考へたるにや原案を取れり」と、日記に不満を記している[20]。なお、付言すれば、伊藤は原の一見合理的な行動に対し、「不得要領」な行動の必要を勧めている[21]。これこそ「政略」であった。それでは、その原敬は如何なる植民地化構想をもち、伊藤の「政略」と如何なる関係にあったのか。

第一に、原の植民地化構想は、終始一貫、台湾を植民地としてではなく、日本本国すなわち「内地」と同様に扱うべきだというものであった。まず、原は台湾事務局に『台湾問題二案』を提出し、台湾が地理的・人種的に接近しているがゆえに、「台湾は内地と多少制度を異にするも之を殖民地の類とは看做さざること」と提案している[22]。それゆえ、原は台湾の統治は日本本国と切り離された形ではなく、日本本国の統制下、監督下に置かれるべきものだと規定した[23]。この原の構想は以後も一貫している。

第二に、原は台湾総督を武官ではなく文官とすることを主張した。台湾に「内地同様の行政を布く」以上、軍事も「内地当該官庁の直轄」とすべきであり、総督を武官とくに陸軍武官とする必然性はなかったからである[24]。

以上のように、原は台湾事務局委員当時には、明確に本国の統制下の台湾を構想した。それは、伊藤の植民地化構想に対する一つの選択肢の提示である一方、それへの制約でもあった。すなわち、植民地統治を本国の統治下に置くことは、伊藤のいう「政略」の実現の可能性を狭めることだったからである。その意味で、原の植民地化構想は一種の合理化であり、伊藤の「政略」への官僚制的制約にほかならなかった。

ところで、前述したように、原は台湾統治体制決定に際し、すべてを「主務省の直轄となす事を主張したるも多数の意見は之に同意せず」、「諸案不同意の點多し」と嘆いた[25]。それは当時、外務次官であった原の官僚としての嘆きであった。しかるに、やがて原は、伊藤、西園寺に継ぐ立憲政友会の総裁、政治家となり、一方で伊藤のように「政略」の重要性を自覚し、他方で自らの植民地化構想を敷衍・拡張させていくこととなる。後者については、例えば、一九一一（同四四）年、原は井上角五郎から将来の対朝鮮策について質問された際、次のように述べている[26]。

「朝鮮は之を普通の殖民地視せず遂に日本に同化せしむべし。又朝鮮人は同化し得べき人民なり……日本人と豪も異ならざる教育を施すべし。只だ日本人と異なる所は日本語を十分に教ゆる必要あるのみ、斯くせば将来府県会の類も望み又国会議員を出す事も望むならんが豪も差支なし。恰も内治に於ける琉球又は北海道の如きものとなして妨げなきなり」。

さらに、一九一九（大正八）年の三一運動後の「朝鮮統治私見」では、周知のように、漸進的「同化」の必要と「自治」への反対とを、次のように述べている[27]。

「朝鮮モ内地モ全ク同一ナル制度ヲ布イテ可ナリト信ス……然ルニ世間ニハ朝鮮ニ自治ヲ許スノ論ヲ為ス者アリ。我府県制・町村制ノ示スカ如キ自治ナランニハ固ヨリ妨ケアルヘカラス、又其自治ノ域ニ達スルコトヲ希望スト雖トモ欧米諸国ノ新領土ニ於ケル自治ノ如キモノ布カントスルノ論ハ朝鮮ニ対シテハ根本的ニ其主義ヲ誤レルモノナルコト」。

こうして、原は官僚から出発しながらも、政治家として成長していく過程で、官僚制的制約を自覚しつつ、それを統御しようとしたといえよう。

次に、原とは異なった植民地化構想を主張した後藤新平について、その特殊性と原との相違、そして伊藤との関係をみてみよう。

後藤新平は、一八九八（明治三一）年台湾総督府民政局長に就任し、以後台湾植民地統治を担うが、原とは異なる植民地化構想を主張した。

第一に、後藤は台湾を本国の統制から離し、そこに総督による「自動的活動」を可能とする「地方行政制度」を敷くべきであると主張した。その理由は、台湾には従来、「自治行政の慣習」が存在かつ発達し、「警察、裁判、土兵、収税に至るまで全て備わっている」からであった。それゆえ、後藤は、「本国政府は成るべく干渉せず、其全権を総督に委任し、総督府をして自動的活動を為さしめざるべからず」と提案した[28]。この後藤の構想は台湾総督児玉源太郎の下で具体化し、一九〇四（同三七）年には憲法改正を伴う「台湾統治法草案」として議会に提出されることとなっていた。しかし、これは児玉の満州における戦争指導などの事情で先送りとされ、結局、一九〇六年の第二二帝国議会では実現をみなかった[29]。

第二に、武官総督制については、後藤は纏まった評価を残していない。ただ、総督に強力な権限を与える必要は論じており、児玉の下で民政長官となった以上、武官総督制を当然視していたというのが実情であろう[30]。

以上のように、後藤は台湾民政局長当時には、明確に本国の統制から独立した台湾を構想した。それは原の構想と同様、伊藤の植民地化構想に対する一つの選択肢の提示である一方、それへの制約でもあった。その意味で、後藤の植民地化構想もまた、伊藤の「政略」への官僚制的制約にほかならなかった。

しかるに、やがて後藤は南満州鉄道株式会社総裁として、満州経営の前面にたち、次いで、第二次桂内閣の逓信大臣、政治家となり、一方で原と同様、「政略」の必要性を自覚しつつ、他方で植民地行政の統合をめざして拓殖務省の設置を構想する。後者については、例えば、台湾民政局長当時から意見書を児玉に提示しており[31]、逓相就任時にも覚書を記している[32]。しかし、後藤の提案は拓殖局の設置（総裁は桂首相）と自身の副総裁就任として実現したが、植民地行政の統一は行われなかった（拓殖局の当面の任務は韓国併合事務であった[33]）。それは、概括すれば、次のように、当時の日本の状況と後藤の構想が相容れなかったためである[34]。

「本国帰還後は日本内地の固定した資本主義制度と中央政界の硬化した官僚政治、爛熟期の政党政治の時期になっていたため、後藤は『当時の保守的勢力と衝突し、その精力の大半はかかる摩擦と妨害との克服調和の為に消耗せられ、その積極的才能を十二分に発揮するの機会を得なかった』。こうして、後藤は原と異なり、官僚から出発しながら、その個性のゆえもあって、官僚制的制約に苦闘し、それを有効に利用しえなかったといえよう。

いずれにしても、原も後藤も、伊藤の「政略」をできるだけ合理的・予測可能的に具体化しようとした。そして、伊藤もまた、その努力を評価し、その助言を容れ、自らの「政略」の実現に資した。その意味で、その結果がどうあれ、原と後藤はともに、伊藤の「政略」を積極的・肯定的に官僚制化したといえよう。なお、付言すれば、植民地化構想において、原と後藤との間には、一致点と相違点があった。原に拠れば、両者は満鉄中心の満州経営には一致していたが、台湾駐屯軍の費用負担については異なっていた。後藤は負担を台湾に負わせることは、台湾を独立国として台湾人に誤解させるとして反対していた(35)。それが後藤を「山県閥」に接近させた理由かもしれない。

いずれにしろ、実際の伊藤の「保護政治」は、そのような官僚制化だけでなく、消極的・否定的な意味の官僚制化にもさらされる。そして、そのことが韓国内における状況の変化と相俟って、伊藤を辞任させることとなる。

三 「保護政治」の官僚制化

まず、「保護政治」前期において、官僚制化はどのように進展したか。

第一に、当初、韓国統監府は極めて小規模で任務を開始しており、官僚制化というにはほど遠い陣容であった。すなわち、一九〇五（明治三八）年の統監府官制によって統監府の職員構成をみると、親任官一人（統監）、勅任官一人（総務長官）、勅任または奏任官二人（農商工務総長と警務総長）、奏任官二〇人（秘書官一人、書記官七人、警視二人、通訳官一〇人）の計二四人にすぎなかった。また、一九〇七（同四〇）年三月に新たに勅任または奏任官の外務総長一人が置かれたが、これには外事課書記官を充てているかから、総人数に変化はない(36)。

なお、統監府設置前に韓国政府に聘用された顧問・参与官は相当な数に上っており、彼らは統監府設置後は統監府の監督下に置かれた。中でも財政と警察に顧問は多かった（例えば、韓国警察官として勤務した日本人は一九〇六（同三九）年に六六七名であったが、翌年には一五一三名に達し、その後も増加した）。なお、第三次日韓協約後は顧問は韓国政府の官吏となった(37)。しかし、彼らは「保護政治」前期には、「保護政治」の官僚制化に目立った役割を果たしてはいない。

統監府の人数が少ない理由は、伊藤が韓国「保護政治」を開始したとき、韓国と日本以外の外国との関係を断つということ以外、伊藤の「政略」もあって「保護政治」の目標が曖昧だったことに由来すると考えられる。一九〇七年に外務総長が新設されたことは、依然として、この目標が重視されていたことを示している(38)。したがって、この時点では、「保護政治」の動向を左右するほどの官僚制化は進行していなかったと考えられる。何よりも、軍隊統率権を有する統監伊藤博文の威勢は他を圧しており、日本人は伊藤の統御下にあったといえよう。

なお、韓国人と外国人による陰謀の可能性について、伊藤は韓国人と特殊な（とくに陰謀を介する）関係に入りかねない在韓外国人の存在に注目し、彼らと統監府との関係改善・良好化、および彼らに対する「保護政治」の広報・宣伝とを重視した。例えば、統監府と親密な関係に入った外国人としてはアメリカ人ラッド博士（Ladd）がいるが、それ以外にも伊藤が宣教師と絶えず交流し、彼らを「保護政治」の賛同者にすべく尽力したことは良く知られている(39)。

第二に、「文化政策」の推進においては韓国における受益者創出が目標であり、その際、政策実現の担当者には主として韓国政府（日本人顧問）が想定され、彼らに対する指導・助言が重要な役割を果たした。この意味で、「施政改善協議会」が重要であり、韓国の官僚制も問題になっていない(40)。

しかし、「保護政治」前期には、次第に韓国の反日運動が広がりつつあり、それへの対処が問題となりつつあった。反日運動は義兵運動から皇帝の陰謀までの様々なレベルを示していたが、伊藤が最も重視したのは皇帝の陰謀と韓国内閣の分裂であり、主として韓国内閣の団結の必要を絶えず勧告した(41)。

また、この時期には、在韓日本人の統制が意図された。伊藤にとっては、「保護政治」の成功の一端は在韓日本人の動向にかかっており、伊藤は在韓日本人の統監府による統制と日韓国民の交流を目的として様々な施策を構想した(42)。

しかるに、ハーグ密使事件を契機とする皇帝高宗の陰謀の顕在化、および第三次日韓協約の締結は、「保護政治」を大きく転換させた。日本は第三次日韓協約によって韓国の内政権を掌握し、いわば「事実上の併合」を成し遂げたのである。以後、「保護政治」は後期に入り、伊藤は司法制度整備に代表される「自治育成政策」、およびそれと表裏をなす「統制政策」を展開する。しかし、「保護政治」後期の諸政策は前期と異なり、必ずしも伊藤の意図を実現しなかった。とくに韓国内における義兵運動に代表される反日運動の展開は、伊藤の「政略」実現の意欲を削ぎ、伊藤も以後、しばしば辞意を表明する(43)。

しかしながら、それ以上に重要なことは、こうした諸変化が官僚制化を一挙に進めることとなったことである。それでは、官僚制化は如何に進行したか。

そこで次に日本政府内の「保護政治」への対応の変化、韓国政府の官僚となった次官以下の日本人の行動、そして、彼らと在韓日本人との関係を検討する。

第一に、日本政府内では、「保護政治」を官僚制化によって統御・制約しようとする動きが次第に表面化していく。その主要な担い手こそ、周知のように「山県閥」であり、それに連なる統監府もしくは韓国政府内の日本人官僚であった。

まず「山県閥」の領袖である山県有朋は、この時期、対韓政策については、「政略」の実践よりも、もっぱら一般的に対外政策への憂慮を表明するのが常であり、他方で、政党に対抗すべく彼の下に官僚を糾合することに努めた。したがって、「保護政治」に関しては明確な発言はないが、その官僚制化については、配下の行動による状況の進行に委ねたと言えよう。(44)

次に、「山県閥」の継承者である桂太郎の「政略」は、伊藤の「政略」のいわば縮小版であり、桂は官僚制化そのものよりも、植民地化構想の担い手の結集を目指した。彼の傘下には「山県閥」の官僚のみならず、新たに彼が中心となって組織した台湾協会、後の東洋協会の参加者、および台湾統治政策の担当者などが集合した。また、彼は韓国植民地化の担い手として東洋拓殖株式会社を組織し、さらに第二次内閣の組織に当って拓殖務省の設置を計画する。そして、台湾統治政策の担当者を代表し、桂の「政略」の中心にいたのが後藤新平であった。後藤は台湾統治の成功方式を韓国および満州におよぼそうと桂に接近したのである。(45)

しかし、桂は自ら伊藤にとって代わる意向はもたなかった。彼は山県と同様、この時点では、伊藤ができるだけ長く韓国に滞在し、本国政治に関与しないことを望み、「保護政治」の急激な変化を望んでいなかった。(46)彼の対応を変化させるのは一九〇九年のアメリカの満州鉄道中立化案の登場と、それに続くロシアとアメリカの接近の動きであった。そしてそれは、山県の憂慮を背景としていた。(47)

しかるに、「山県閥」の実践部分として「保護政治」の官僚制化を推進したのは、陸軍大臣、後の第三代統監寺内正毅であった。「山県閥」で桂の次の世代を代表し、その官僚たちの筆頭にあった寺内は、本国政府による統監府の統御と自らの「鮮満一体化構構想」の実現を目指す。寺内の官僚としての資質は日清戦争における兵站担当者として実証されていたが、他方で彼の官僚的性格それ自体が日本政府において否定的に評価されることもあった。(48)

いずれにせよ、寺内は、第三次日韓協約後、伊藤が辞任意向を表明していたため、伊藤の辞任後の体制構築のために傘下の多様な集団を利用する。その一つが韓国政府内の日本人官僚であり、もう一つが一進会であった。韓国政府内の日本人官僚はこの時点で約二〇〇〇名に上っており、当然、「山県閥」およびそれに連なる官僚が含まれた。寺内は絶えず彼らから「保護政治」に関する情報を収集し、官僚制化に向けた助言・忠告などを与え続けた(49)。また、当時、伊藤との関係を断ち切って「山県閥」に接近していた一進会を操縦して情報を収集するとともに、伊藤辞任後の「保護政治」のあり方を考慮していく。やがてそれは「保護政治」の停止すなわち「併合」の実現と一進会によるその実践活動の推進となる(50)。こうして、「山県閥」による「保護政治」の官僚制化が進行していった。

第二に、韓国政府内の日本人官僚を、統監府は統御しえなくなっていく。統監府は従来のように、伊藤の下で統合されることもなく、伊藤によって集められた出自の異なる官僚たちは分裂し、自らで将来を模索する。彼らにとって、「山県閥」への所属は魅力的かつ展望を与えるものだったであろう。しかも、彼らの一部が果たした役割には、官僚制化による合理化・予測可能性の増加といった積極的・肯定的なものというより、むしろその反対の消極的・否定的なものという面も強かった。例えば、彼らの中には、人事への不満などを原因として「保護政治」への様々な批判を行う者、「山県閥」に連なることによって昇進を目指す者、その地位を利用して利権を得ようとする者など、多様な人物がいた。しかも、彼らの中には在韓民間人と結託して「保護政治」への批判者となり、その情報を在韓の民間言論機関に流す者もいたのである(51)。

さらに、在韓の民間言論機関は主として在韓日本人の利益を代表していたため、伊藤の在韓日本人統制に批判的であった(52)。彼らの中には、統監府および韓国政府内の日本人官僚の双方から、「保護政治」に否定的な情報を得ようとし、それを日本に還流させ、日本国内からの批判の動きを作り出そうとする者も存在した(53)。こうして、日本国内では、例えば、帝国議会において「保護政治」への批判が出され、「保護政治」の失敗という空気が醸成されていく(54)。

こうして、官僚制化は日本本国と韓国内との双方で、進行する。

それは、日本国内では「山県閥」の牙城である内務省を始めとして、ほとんどの省庁に及ぶ。中でも寺内を頂点とする陸軍における官僚制化は顕著であった[55]。他方、韓国においては、地方に派遣された度支部、内務部、また法部関係者、および憲兵を始めとする陸軍関係者の両部門を中心として、官僚制化は推進された。その理由は、彼ら官僚制化の推進者たちの「保護政治」における最大の関心が、徴税および治安維持という、極めて日常的かつ喫緊の必要にあったからである。さらに、彼らはそれ以上の広範囲かつ長期的な構想に関心がなかった。その結果、伊藤が「政略」の一環として検討した、「保護政治」への韓国人の参加、韓国社会の改編、そして韓国と外国との関係改善など、様々の構想は日の目をみないか、他の方法・手段によって矮小化されていった。例えば、桂や寺内が推進した東洋拓殖会社の設立が、伊藤の勧業銀行や地方委員会構想の実現を阻むとともに、その目的が日本人の韓国進出に資するためのものとされたことは、そのことを端的に示している[56]。こうして、「保護政治」自体が、そしてその担い手たちが、ともに矮小化されていった。そして、官僚制化はやがて、「小心翼々として」、「既成事実に追随し」、「権限に逃避する」、いわゆる「軍国支配者」たちを輩出していくこととなるのである[57]。

こうして、「統制政策」の挫折に加え、このような官僚制化の進展によって、ついに一九〇九年、伊藤は韓国統監を辞任する。後任には、一九〇七年の官制改正によって副統監に就任していた曾禰荒助が就任した。しかし、曾禰は伊藤の意向を継承するという義務と、主として「山県閥」による官僚制化という圧力との双方に晒される。その結果、曾禰は専ら日常的な官僚的実務に従事するしかなく、その指導期間における新たな業績といえるものはほとんどなかった。そして、曾禰はその地位に由来する重圧に耐え切れず、健康を害し、辞任することとなる[58]。なお、統監府それ自体も、伊藤が後半は日本に滞在することが多く、曾禰も健康を害してしばしば帰京していたため、書記官鍋島桂次郎によれば、「小生独り此の統監府に取のこされる」という状態であり[59]、官僚制化の動きとは無縁の存在となっていった。鍋島自身は伊藤辞任後、転進を願い、やがてベルギー公使として日本を離れる[60]。

満を持して曾禰を継いだのが寺内正毅であり、彼は併合への道を着々と整備していく。従来の拓殖務省構想を継承した拓殖局の設置はその一つの現れであったが、それは拓殖務省構想とは遥かに隔たった、小規模の実務担当部局の登場でしかなかった(61)。韓国併合が達成された後、一九一三（大正二）年、それは独自の活動を停止し、内務省の傘下に移されることになる(62)。それこそ、「保護政治」の官僚制化の象徴であった。

それでは、「保護政治」の官僚制化とは、一体、どのような意味をもったのか。確かに、それは韓国併合を準備し、それを完成させた。しかし、官僚制化のもたらしたものは、それだけではない。最後に、それを検討し、以後の韓国国民の対応、韓国政治の変化、およびそこにみられる官僚制化・官僚的特質の検討への展望とする。

おわりに

「保護政治」の官僚制化は様々なものをもたらした。

第一に、それは朝鮮総督府の官僚制の基礎となった。人的には日本人官僚は入れ替わり、総督府の官僚はほとんどが「山県閥」か寺内正毅につながる人物で占められた(63)。この体制によって官僚制化はさらに進行し、それは一方で統治の合理化および予測可能性の増大をもたらした。就任一年で、寺内総督は総督政治の成功を表明した(64)。確かに、財政面では本国から独立し、軍事的にも治安は回復した(65)。朝鮮の「政治的独立領域」化は完成し(66)、寺内の「鮮満一体化構想」は実現されつつあるようにみえた。

しかし第二に、その一方で、官僚制化によって集団精神は継承され、あるいは強化された。それらは割拠化と権限争い、責任回避と旧套墨守、利権・私的利益追求など、官僚制化に伴う、消極的・否定的側面の現実化でもあった。そしてその中で、寺内は疲弊し、内閣を組織したときには、政策推進力を最早失っていた(67)。第二代総督長谷川好道は、寺内体制を継続するだけであり、彼にはこのような官僚制の消極的・否定的側面を変えるという関心も能力もなかった(68)。

そして第三に、官僚制化の進行とともに、日本の国内政治との繋がりが重視されていった。伊藤が重視した外国人との繋がりは益々軽視され、その機会も関心も減少し、外国からの通信およびそれへの評価は減少した。それとは逆に、「内向き」志向は強化され続け、日本自身への異常な関心の増大という現象が、日本・在韓双方の言論機関の報道とともに、再生産されていったのである(69)。

その結果、官僚制化は日本人が朝鮮の現実を直視することを妨げることとなった。それは、朝鮮国民の抵抗を抑えつけることで市井から総督政治への批判を消滅させたばかりでなく、植民地統治が安定しているという錯覚と危機感の欠如をもたらした。こうして、総督をはじめ日本人官僚は朝鮮における新しい事態を予測できず、それらは「想定外」のこととされた。それに対処する必要も方法も考慮されず、それへの関心は失われ、それを口にすることは禁忌化したのである。

その結果、新しい「想定外」の事態に日本は直面することとなる。それこそ、三一独立運動の勃発であった。

(1) 本章は、前稿「併合と自治の間――伊藤博文の国際・韓国認識と『保護政治』」(『東アジア近代史研究』第一四号、東アジア近代史学会、二〇一一年三月)で簡単にふれたように、筆者の「韓国併合」に関する四部作の記述の第二部に当る。なお、第三部は、「日本の対韓政策におけるロシア・アメリカ要素と韓国ナショナリズム――初代韓国統監伊藤博文の韓国『保護政治』と韓国国民の対応」(『近代日本研究』第二八巻(二〇一一年度)、慶應義塾福澤研究センター、二〇一二年二月)として、また第四部は、「『保護政治』下の韓国ナショナリズム――その成立過程をめぐって」(『法学会雑誌』第五三巻第一号、東京都立大学・首都大学東京法学会、二〇一二年七月)として、それぞれ発表された。参照されたい。

(2) 以下の記述は、これまでの拙著に拠るので、参照されたい。『近代日韓関係史研究――朝鮮植民地化と国際関係』(東京大学出版会、一九八七年)、『日韓併合』(吉川弘文館、一九九二年)、および、同右前稿など。

(3) 植民地化構想のうち、朝鮮・韓国については、以下の拙稿を参照されたい。「日本の朝鮮植民地統治政策(一九一〇―一九四五年)の政治史的研究」(新潟大学『法政理論』第二三巻第三・四号、一九九一年)、「日本の朝鮮支配と朝鮮民族主義」

（北岡伸一・御厨貴編『戦争・復興・発展――昭和政治史における権力と構想』（東京大学出版会、二〇〇〇年）、「植民地統治と朝鮮人の対応」（日韓歴史共同研究委員会編『日韓歴史共同委員会報告書　第三分科編　上巻』（二〇〇五年、日韓歴史共同研究委員会・外務省））、「明治期日本指導者の韓国認識」（宮嶋博史・金容徳編『日韓共同研究叢書2　近代交流史と相互認識Ⅰ』、慶應義塾大学出版会、二〇〇一年）、「野党政治家、言論人の韓国認識――同化主義との関連から」（朴忠錫・渡辺浩編『日韓共同研究叢書11　「韓国」・日本・「西洋」』、慶應義塾大学出版会、二〇〇五年）、「植民地期日本人の韓国観――選択肢の消長」（宮嶋博史・金容徳編『日韓共同研究叢書12　近代交流史と相互認識Ⅱ』、慶應義塾大学出版会、二〇〇五年）。また、韓国については、駒込武『植民地帝国日本の文化統合』（岩波書店、一九九六年）も参照されたい。

次に、台湾については、春山明哲『近代日本と台湾――霧社事件・植民地統治政策の研究』（二〇〇八年、藤原書店）、同「近代日本の植民地統治と原敬」（春山明哲・若林正丈編『日本植民地主義の政治的展開』、アジア政経学会、一九八〇年）、同「明治憲法体制と台湾統治」（『岩波講座　近代日本と植民地4　統合と支配の論理』、岩波書店、一九九三年）を参照されたい。なお、日本の植民地化構想全体については、右の岩波講座に簡単な記述があるが、全体はわかりにくい。それよりも、三谷太一郎「明治期の枢密院」（『枢密院会議議事録』第一五巻、東京大学出版会、一九八五年）、および、北岡伸一『日本陸軍と大陸政策――一九〇六―一九一八年』（東京大学出版会、一九七八年）を参照されたい。なお、これ以外に纏まった研究は、戦前のものを除けばほとんどない。

（4）　植民地官僚制については、本論文集の永島広紀論稿、および、浜口裕子『日本統治と東アジア社会』（勁草書房、一九九六年）、岡本真希子『植民地官僚の政治史――朝鮮・台湾総督府と帝国日本』（三元社、二〇〇八年）、木村健二「朝鮮総督府経済官僚の人事と政策」（波形昭一・堀越芳昭編『近代日本の経済官僚』、日本経済評論社、二〇〇〇年）、大江志乃夫「山県系と植民地武断統治」（前掲『岩波講座　近代日本と植民地4　統合と支配の論理』）などを参照されたい。また、官僚制化への抵抗部分については、木村健二『在朝日本人の社会史』（未来社、一九八九年）、前掲拙稿「日本の朝鮮植民地統治政策（一九一〇―一九四五年）の政治史的研究」などを参照されたい。

（5）　前掲、三谷太一郎「明治期の枢密院」（『枢密院会議議事録』第一五巻）、三一―三二頁。

（6）　同右『枢密院会議議事録』第一〇巻、三六九、三七四頁。

（7）　前掲、三谷「明治期の枢密院」、三二頁。

（8）　前掲『枢密院会議議事録』第一〇巻、三七四頁。

（9）　「韓国議会（衆議院）構想」については、伊藤博文「対韓国政策」、堀口修・西川誠編『公刊明治天皇御紀編集委員会史料末松子爵家所蔵文書　下巻』（二〇〇三年、ゆまに書房）、三八九頁を参照されたい。また、「地方委員会構想」については、前掲拙稿「併合と自治の間――伊藤博文の国際・韓国認識と『保護政治』」、三四頁参照。両者の関係の詳細は不明であり、今後の検討課題である。

(10) 同右拙稿「併合と自治の間――伊藤博文の国際・韓国認識と『保護政治』」、三五―三六頁。

(11) 同右、三五頁。

(12) 原奎一郎編『原敬日記　第二巻』（福村出版、一九六五年）、明治三八年一一月一五日。なお、前掲拙著『近代日韓関係史研究――朝鮮植民地化と国際関係』、二〇一頁参照。

(13) 一九〇六（明治三九）年五月二二日「満州問題に関する協議会」、外務省編『日本外交年表並主要文書』（原書房、一九六六年）、上巻、文書の部、二五二、二六〇―二六一頁。

(14) 注(9)参照。ここでも、挫折の経緯は明らかでない。すでに検討したように、韓国に権限を与える構想には各方面から反対があったことは予想されるところである。前掲拙論「日本の朝鮮支配と朝鮮民族主義」参照。

(15) 前掲、春山明哲『近代日本と台湾――霧社事件・植民地統治政策の研究』、一五七―一五九頁。なお、「伊藤博文は、憲法改正の口実となりそうなものは予め除いておく方針をとったという」と指摘している。春山前掲「明治憲法体制と台湾統治」、三一頁。

(16) 同右、一六〇―一六三頁。

(17) 同右、一七〇―一七一頁。

(18) 前掲拙稿「併合と自治の間――伊藤博文の国際・韓国認識と『保護政治』」、三五―三六頁。

(19) 前掲、春山明哲『近代日本と台湾――霧社事件・植民地統治政策の研究』、一七一頁。なお、春山は、抗日武装闘争の過激化・長期化をその一因としている。春山前掲「明治憲法体制と台湾統治」、三三頁。なお、この会議で現役武官総督を主張したのは川上以外、児玉源太郎陸軍次官、末松謙澄法制局長官、田尻稲次郎大蔵次官であり、文官を主張したのは原以外、田健治郎逓信省通信局長、山本権兵衛海軍次官、伊東巳代治内閣書記官長であったという。前掲、大江志乃夫「山県系と植民地武断統治」、三―四頁参照。

(20) 原奎一郎編『原敬日記　第一巻』（福村出版、一九六五年）、二三〇頁。明治二九年二月二日条。

(21) 伊藤は原に対して再三再四同様の発言をし、「政略」の必要を説いている。例えば、一九〇七年の郡制案議事に際し、「余にあまり正直なるなかれ、不得要領なる方宜し、郡制案否決せらるるも平然として意に介せざるを要す」と原に忠告している。

同右、第二巻、明治四〇年三月一〇日。
(22) 原敬文書研究会編『原敬関係文書　第六巻　書類編三』（日本放送出版協会、一九八六年）、二三〇—二三一頁。
(23) 同右。および、春山前掲『近代日本と台湾——霧社事件・植民地統治政策の研究』、一七三—一七四頁、同前掲「明治憲法体制と台湾統治」、三五—三六頁。
(24) 春山同右「明治憲法体制と台湾統治」、三七、四五—四六頁。
(25) 前掲『原敬日記　第一巻』、二三〇頁、明治二九年二月二日。
(26) 同右、第三巻、一一四頁。明治四四年四月二四日。
(27) 『斎藤實関係文書』書類の部、一一四—五。前掲拙稿「日本の朝鮮支配と朝鮮民族主義」、一〇—一一頁。
(28) 鶴見祐輔『後藤新平　第一巻』（勁草書房、一九六五年）、九一二—九一九頁。春山前掲「明治憲法体制と台湾統治」、三八頁。
(29) 春山同右、四一—四五頁。
(30) 春山同右、三七—三八頁。
(31) 鶴見祐輔『正伝・後藤新平　第三巻』、「第一章　一〇　南より北へ、二　拓殖務省設置意見」（藤原書店、二〇〇五年）、七二二—七三一頁。
(32) 同右、第五巻、「第一章　七　拓殖行政　一　拓殖局副総裁、二　植民政策論」、四〇七—四二四頁。
(33) 同右、四二四—四二六頁。
(34) 春山明哲、前掲書『近代日本と台湾——霧社事件・植民地統治政策の研究』、三三二—三三三頁。この解釈は、後藤の正伝執筆者である鶴見祐輔のものである（太平洋協会出版部刊行の正伝の「付記」にしかみられない）。
(35) 前掲『原敬日記』第二巻、二〇四頁、明治三九年一〇月二八日。
(36) 「統監府及理事庁官制」（一九〇五年一二月二〇日付）、同日付『韓国官報号外』および『枢密院会議議事録』第一〇巻、三六八—三七四頁。および「統監府及理事長官制改正」（一九〇七年二月二〇日付）、『枢密院会議議事録』第一一巻、二四一—二五頁。なお、統監府の部署構成・分掌は、総務に七課、農商工部に五課、警務部に四課が置かれた。外務総長を置く改正では外務に二課が置かれた。戦前期官僚制研究会編・秦郁彦著『戦前期日本官僚制の制度・組織・人事』（一九八一年、東京大学出版会）、七一二頁参照。
(37) 韓国統監官房編『韓国施政年報　明治三九・四〇年』（同、一九〇八年）（引用は龍渓書舎復刻版による）、一二—一四頁。

また、警察官数は、松田利彦『日本の朝鮮殖民地支配と警察』（校倉書房、二〇〇九年）、三六頁の表2による。

(38) 前掲『枢密院会議議事録』第一一巻、二四―二五頁。なお、外務総長には、書記官鍋島桂次郎が充てられている。

(39) 朝鮮総督府編『朝鮮ノ保護及併合』（一九一八年、朝鮮総督府、龍渓書舎版、一九五五年より引用）、第一章第四節附「宣教師ノ行動」（六九―七一頁）。および、前掲拙論「日本の対韓政策におけるロシア・アメリカ要素と韓国ナショナリズム」参照。なお、『伊藤博文関係文書　第八巻』（塙書房、一九八〇年）には、欧米人の来翰は少ないが、『古谷久綱文書』（東京大学法政資料センター原資料部所蔵）には、ラッドを始め欧米人からの来翰が相当数ある。

(40) 前掲拙著『近代日韓関係史研究――朝鮮植民地化と国際関係』、二〇〇―二〇五頁。

(41) 同右、二〇八―二一一頁。

(42) 伊藤は、原に在韓日本人の朝鮮人化を憂い、朝鮮人を日本人化しようと考えていると述べている。『原敬日記　第二巻』、二一二頁。明治三九年一二月四日。また、伊藤の在韓日本人統制については、木村健二『在朝日本人の社会史』（未来社、一九八九年）、一五九―一六三頁参照。また、拙論「植民地期日本人の韓国観――選択肢の消長」、二四五―二五一頁。

(43) 前掲拙著『近代日韓関係史研究――朝鮮植民地化と国際関係』、二二二―二二六頁。

(44) このような山県の行動の特質については、岡義武『山県有朋』（岩波書店、一九五八年）参照。なお、山県はハーグ密使事件勃発に際して伊藤の緩慢を責めているが、これは例外的である。『原敬日記　第二巻』、二五一頁。明治四〇年七月二〇日。山県の対外憂慮論については、大山梓編『山県有朋意見書』（原書房、一九六六年）に詳しい。

(45) 台湾協会は明治四〇年二月三日、東洋協会と名称を変えて日本の海外進出の促進団体となっていく。『原敬日記　第二巻』、二二五頁、および山本四郎『寺内正毅日記』（京都女子大学、一九八〇年）、三八六頁に記事がある。東洋拓殖株式会社については、その設置に関して伊藤と桂との間に、見解の相違があったことが良く知られている。『原敬日記　第二巻』、二六一、二七七頁。明治四〇年九月二九日、同一二月一六日。また、両者の関係が一心同体であり、東洋協会会員が同社を「専有物」のようにみなしていたことに原敬は批判を加えている。同右、三〇三頁。明治四一年四月一七日。なお、後藤は当初は伊藤に意見書を提出し、また原敬とも植民地化構想を論議したが、やがて「山県閥」に接近していく。前掲『正伝・後藤新平　第三巻』、七二一―七三〇頁。また、後藤の満韓経営論については、同、八一〇―八二二頁参照。

(46) 前掲『山県有朋』、および前掲拙著『近代日韓関係史研究――朝鮮植民地化と国際関係』、二二五頁。

(47) 同右拙著、二四二―二四三頁。なお、山県も桂も当初は伊藤と同様、「併合」の時期を早める必要を感じていなかった。彼らが伊藤辞任後に「併合」断行となる理由について、原敬は、彼らの「功名欲」としている。『原敬日記　第三巻』、二二一

―二四、四〇頁。明治四三年五月三日、同一二日、同八月二九日。また、併合期が早いことについては、外国の新聞も同様の見方をしている。『ノーヴォエ・ウレーミャ』一九一〇年八月二六日「朝鮮併合」、『ニューヨーク・タイムズ』同日「日本と朝鮮」、『タイムズ』同二九日「日本と朝鮮」など、枚挙に遑がない。国際ニュース事典出版委員会・毎日コミュニケーションズ編『外国新聞に見る日本　第四巻』（毎日コミュニケーションズ、一九九三年）、三二一―三一七頁参照。

(48) 寺内の官僚としての資質については、多くの指摘がある。『元帥寺内伯爵伝』（同伝記編纂所、一九二〇年）には、彼が一八九三年以降、陸軍省鉄道会議議員、運輸通信長官などとして日清戦争の兵站業務に尽力したことが掲げられている。また、彼の官僚としての否定的側面については、例えば、木村毅編『西園寺公望自伝』（大日本雄弁会講談社、一九四九年）、一四二―一四三頁には、山県の「あんなものを相手とするのではないが」と寺内に対する酷評が載せられ、山県の用心深さも指摘されている。また、『原敬日記　第二巻』、二四二頁には、「副総理」を気取るも山県の意を代表する人物として描かれている。明治三九年一〇月一六日など。

(49) 前掲『寺内正毅日記』には、この種の事実が簡潔に記されている。例えば、明治四〇年三月二〇日（三九六頁）、同四一年二月二五日（四二七頁）、同七月一一日（四六〇頁）、同九月一二日（四六九頁）、同四三年一月一〇日（四七六頁）など枚挙に遑がない。

(50) 一進会の変化については前掲拙著『近代日韓関係史研究――朝鮮植民地化と国際関係』、二一八―二一九、二二五―二二六頁、黒龍会編『日韓合邦秘史　上巻』（原書房復刻版、一九六六年）、第八章、野田義鴻編『杉山茂丸伝』（島津書房、一九九二年）第一一章など参照。なお、前掲『寺内正毅日記』にも記述が散見する。

(51) 例えば、関東州民政長官のち統監府参与官となった石塚英蔵の行動に典型的にみられる。『原敬日記　第二巻』、二一六頁（明治三九年一二月一四日）には、石塚の後藤新平に対する行動への批判がみられる。また、石塚が度々、在韓日本新聞に記事を流していたことについては、本人の弁明書翰が散見される。明治四〇一年一二月二一日、および同四一年三月一三日附古谷久綱宛石塚英蔵書翰、前掲『古谷久綱関係文書』所収。

(52) 同右。在韓民間言論機関の特徴については、木村健二『在朝日本人の社会史』、および、拙論「現地新聞と総督政治――『京城日報』について」（『岩波講座　近代日本と植民地7　文化のなかの植民地』（岩波書店、一九九三年）を参照されたい。

(53) 前掲拙著『近代日韓関係史研究――朝鮮植民地化と国際関係』、二一八―二一九頁。同様の記事は、明治四一年二月二二日、同三月二八日附古谷久綱宛小宮三保松書翰にもみられる。前掲『古谷久綱関係文書』所収。

(54) 例えば、『タイムズ』一九〇七年七月二九日「日本と朝鮮」には、「国内的反発」が掲載され、また『ニューヨーク・タイムズ』一九〇八年五月一七日「朝鮮、属国情態にされる」には、日本の行政の腐敗が「統監府の戸口に及んでいる」と指摘されている。前掲『外国新聞に見る日本』、一二九―一三一、一七九―一八二頁など参照。この種の記事は数多い。

(55) 陸軍における官僚制化については、北岡伸一『官僚制としての日本陸軍』(筑摩書房、二〇一二年)が本書刊行直前に刊行された。とくに序章および第一章を参照されたい。

(56) 拙著『日韓併合』、一四四―一四六、一四九―一五〇頁。

(57) 丸山眞男『増補版　現代政治の思想と行動』(未来社、一九六四年)、第一部第三章「軍国支配者の精神形態」を、参照されたい。

(58) 曾禰については、明治四二年四月一七日附山県有朋宛桂太郎書翰(『山県有朋関係文書』所収)、同四一年一二月一三日附山県有朋宛寺内正毅書翰(『山県有朋関係文書』所収)、などに如実にみられる。なお、曾禰の指導を独自に評価する研究として、松田俊彦『日本の朝鮮植民地化と警察』(校倉書房、二〇〇九年)がある。

(59) 明治四二年五月九日附古谷久綱宛鍋島桂次郎書翰、『古谷久綱関係文書』所収。

(60) 前掲『寺内正毅日記』、四八二頁(明治四三年二月三日)に記事がある。なお、前掲『戦前期日本官僚制の制度・組織・人事』、一七四頁参照。

(61) 後藤新平の拓殖務省構想についても、前掲『正伝・後藤新平　第三巻』、七二一―七三一頁参照。拓殖局の任務については、同右、第四巻、四二九―四三三頁参照。

(62) 同右、第四巻、四三七頁。および、前掲『戦前期日本官僚制の制度・組織・人事』、七一九―七二〇頁参照。

(63) 前掲、大江志乃夫「山県系と植民地武断統治」、および、前掲拙論「日本の朝鮮植民地統治政策(一九一〇―一九四五年)の政治史的研究」。

(64) 例えば、『京城日報』の記事など。拙論「現地新聞と総督政治」参照。

(65) 前掲拙論「日本の朝鮮植民地統治政策(一九一〇―一九四五年)の政治史的研究」、および、前掲、北岡伸一『日本陸軍と大陸政策――一九〇六―一九一八年』参照。

(66) 同右、拙論参照。

(67) 前掲、大江「山県系と植民地武断統治」参照。

(68) 前掲拙論「日本の朝鮮植民地統治政策(一九一〇―一九四五年)の政治史的研究」参照。

(69) 前掲拙論「植民地期日本人の韓国観――選択肢の消長」参照。

2　第二次日韓協約締結時における韓国外部大臣の印章問題について

原田　環

はじめに

韓国併合条約（日韓併合条約、一九一〇年）を否定する意見の中に、この条約の前提になった第二次日韓協約（韓国保護条約、一九〇五年）が勒約（強制による条約）であることを理由に挙げるものがある（第二次日韓協約勒約説）。この第二次日韓協約勒約説の中心的なものの一つは、第二次日韓協約が一九〇五年一一月一七日付で韓国（大韓帝国）の首都漢城（京城）で締結された際、締結に必要な韓国の外部（外務省）大臣の印章を、日本側が奪って条約書に勝手に押印したので、第二次日韓協約は勒約であり、無効だという主張（外部大臣印章勒奪説）である。この主張は、第二次日韓協約締結直後から韓国において唱えられ、今日においても影響力を持っている。

そこで本章は、今日、この外部大臣印章勒奪説を主張する代表的論者の李泰鎮、康成銀の主張を取り上げてその問題点を検討した上で、第二次日韓協約締結時における外部大臣の印章をめぐる実際の状況を、新しい資料に基づいて明らかにしたい。

一　李泰鎮の所説について

李泰鎮は第二次日韓協約締結時における韓国外部大臣の印章の状況について次のように述べている。

Ａ　「日本側は、……最後の段階で、韓国外部大臣の署名と捺印を強制して処理した。特使伊藤《ママ》博文の通訳官である前間恭作が憲兵を同伴して韓国外部に入り、外部大臣の職印を奪取し、韓国外部大臣に署名を強要した後、職印を強制的に捺印した（『皇城新聞』光武九年一一月二五日付、『日本外交文書』第三八巻第一冊、事項一一、二八七、「日韓協約調印事情ニ関スル新聞記事ニ付報告ノ件」）」[1]

Ｂ　「伊藤大使は……、韓国外部に日本憲兵と腹心（通訳官前間恭作）を送って外部大臣の職印をもって来るようにし、捺印処理をしてしまったのである」[2]

一見して明らかなように、Ｂは資料の提示もなくＡを要約したものなので、Ａのみを取り上げる。李泰鎮はＡの資料として、『皇城新聞』一九〇五（光武九）年一一月二五日付の記事と、『日本外交文書』明治　第三八巻第一冊、事項一一、二八七、「日韓協約調印事情ニ関スル新聞記事ニ付報告ノ件」の二つを挙げている。後者は一九〇五年一一月二三日付『チャイナ　ガゼット』（英文紙、上海）に関するものである。そこで（一）『皇城新聞』一九〇五（光武九）年一一月二五日付記事の有効性、（二）『チャイナ　ガゼット』などの資料操作、の二件について検討したい。

まず（一）『皇城新聞』一九〇五（光武九）年一一月二五日付の記事の有効性について。李泰鎮は資料として、『皇城新聞』一九〇五（光武九）年一一月二五日付を挙げているが、次の二点から、これは資料にならない。

まず第一点は、一九〇五（光武九）年一一月二五日付の『皇城新聞』はそもそも発行されていないからである。

『皇城新聞』は一八九八（光武二）年に創刊され、一九〇五（光武九）年一一月一七日付で調印された第二次日韓協約（保護条約）の締結の際には反対の論陣を張った。同紙は同年一一月二〇日付において社長兼主筆の張志淵の「是日也放声大哭」（漢字とハングルの混用文）と成楽英の「五件条約請締顚末」（漢字とハングルの混用文）を警務庁の事前検閲を受けずに掲載し、条約に反対した。その結果、同日、張志淵と植字係二名、合計三名が警務庁に捕えられ、『皇城新聞』は一九〇五（光武九）年一一月二一日から翌年二月一一日まで発行禁止の処分を受けた(3)。したがって、『皇城新聞』は一九〇五（光武九）年一一月二五日には発行されていないので、『皇城新聞』光武九年一一月二五日付を資料とするという李泰鎮の主張は成り立たない。

第二点は、李泰鎮が利用したのは『皇城新聞』ではなく、『大韓毎日申報』一九〇五（光武九）年一一月二五日付の記事であるからである。

手がかりは、李泰鎮が主張する「光武九年一一月二五日付」という新聞の日付と、彼が述べている「通訳官である前間恭作が憲兵を同伴して韓国外部に入り、外部大臣の職印を奪取……云々」という部分の二つである。引用部分は、第二次日韓協約の調印時において韓国の外部大臣の印章がどのように取り扱われたかに関するものである。この二つに合致するのは、筆者が調べたところによれば、『大韓毎日申報』一九〇五（光武九）年一一月二五日付二面の雑報欄に掲載された「記者曰……」で始まる文章（漢字とハングルの混用文、一六行、一七三文字）、言い換えれば後述する是正記事である。したがって李泰鎮が依拠した資料は『大韓毎日申報』一九〇五（光武九）年一一月二五日付の是正記事であったが、それを彼は『大韓毎日申報』に転載された『皇城新聞』一九〇五（光武九）年一一月二〇日付「五件条約請締顚末」の記事の一部と誤解したと考えられる。

以上の二点から明らかなように、李泰鎮が依拠した資料は『大韓毎日申報』一九〇五（光武九）年一一月二五日付の是正記事であり、『皇城新聞』一九〇五（光武九）年一一月二五日付の記事ではない。それ故、『皇城新聞』一九〇五（光武九）年一一月二五日付の記事に依拠したとする李泰鎮の韓国外部大臣印章勒奪論は成り立たない。

ここで、『大韓毎日申報』一九〇五（光武九）年一一月二五日付の是正記事について少し見ておきたい。この記事は、『皇城新聞』一九〇五（光武九）年一一月二〇日付二―三面雑報欄に掲載された、「五件条約請締顛末」の一節に対する『大韓毎日申報』の是正記事である。「五件条約請締顛末」は、一九〇五（光武九）年一一月一八日に漢城（京城）で、日本の林権助公使と韓国の朴斉純外部大臣との間で結ばれた第二次日韓協約（名目上の日付は一一月一七日）の締結交渉の経緯（一一月一〇―一八日）を報じたもので、『皇城新聞』の一九〇五（光武九）年一一月二〇日付に掲載された。ちなみに「五件条約」とは、第二次日韓協約が五条から成っていることから、当時の韓国で付けられた条約の別称である。

『大韓毎日申報』は、『皇城新聞』が一九〇五（光武九）年一一月二〇日に警務庁から発行禁止処分を受けたことに対して、敬意を表して翌二一日付の一面に「皇城義務」という見出しの記事を掲載し、さらに二面に二二日から二五日までの四日間四回にわたり、前述の「五件条約請締顛末」を転載した。この時、「五件条約請締顛末」の記事の前に、毎日、「新条約（第二次日韓協約）の請締内容は日昨《ママ》本紙（大韓毎日申報）に大略掲載したが『皇城新聞』掲載の顛末が詳細なので左に更に掲げる」という文章を掲げた。最終日の二五日には、『大韓毎日申報』は二面雑報欄一―二段に『皇城新聞』の「五件条約請締顛末」の最後の記事（「条約に捺印した後には日兵が撤帰して……巷説が紛々として連日のように大いに沸騰した」）を転載し、末尾に掲載完了を示す「完」の文字を付した。

先の是正記事は、この「完」の文字の後に同紙面の三段に掲載された、『大韓毎日申報』独自の記事で、見出しはない。李泰鎮が利用したと思われるのはこの記事である。

（『大韓毎日申報』の――筆者注、以下同じ）記者曰く、皇城記者の所載した締約顛末（「五件条約請締顛末」）は詳しいと言うべきであり、余輩が聞くところはおおざっぱであるが、（「五件条約請締顛末」が）所謂朴外大（朴斉純外部大臣）に外部の印を持って来させたというのはまったく事実ではない（傍線は筆者、以下同じ）。

> 蓋し日本人は〔第二次日韓協約の〕調印の強行が難しいことを知り、日本公使館通訳の前間恭作と外部補佐員の詔野《ママ》を外部に行かせて勅令があると称して印信を勒奪させた。
> その時、無数の日本兵が外部を水も漏らさず包囲し、日本公使館書記官の国分象太郎氏《ママ》が漱玉軒〔宮殿・慶運宮の建物〕の門前にあらかじめ立って待ち、その印信を受け取ってまた闕内に入った[4]〔拙訳〕。

この記事は、要するに、『皇城新聞』の「五件条約請締顛末」が韓国の外部大臣の印章を皇帝が朴斉純外部大臣に持って来させたとしているのはまったく事実ではなく〔引用文の傍線部分〕、日本人の前間恭作と「詔野」が外部大臣の印章を勒奪し、国分象太郎に渡したのだ、と「是正」するのである。そこでこの記事を「是正記事」と呼ぶことにする。

ちなみにこの是正記事は日本側が韓国外部大臣の印章を勒奪したと主張しているが、その印章を日本側が押捺したとは述べていない。先の『皇城新聞』の「五件条約請締顛末」は、韓圭卨参政大臣が朴斉純外部大臣に「大監〔朴斉純〕の手でこの条約〔第二次日韓協約〕に捺印した」と述べて責めたと報じ、『大韓毎日申報』もそのまま転載し、是正記事でも問題にしていない。日本側による外部大臣印章の押捺説は、後述の『チャイナ　ガゼット』によって唱えられた。

『大韓毎日申報』の是正記事が『皇城新聞』の記事を「まったく事実ではない」と批判しているのは、『皇城新聞』一九〇五〔光武九〕年一一月二〇日付の「五件条約請締顛末」において、「伊使〔伊藤博文特派大使〕が大いに怒って曰く、……宮大〔宮内大臣〕李載克氏を招請して之をして天陛〔皇帝高宗〕に上奏して曰く、……朴外大〔朴斉純外部大臣〕に命じて外部の印を持って来させ、参政〔韓圭卨参政大臣〕が捺印しないのには関係なく、その他の大臣だけが捺印した……云々」と報じている個所の、「朴外大に命じて外部の印を持って来させ……云々」の部分である。この『皇城新聞』の部分は、一九〇五〔光武九〕年一一月二四日付の『大韓毎日申報』に三回目の転載で掲載された中にある。この記事だと、伊藤博文特派大使の上奏によって皇帝高宗が外部大臣朴斉純に印章を持って来させたことになる。

後述する尹致昊の英文日記（一九〇五年一一月一八日条）では、一一月一八日未明に、条約調印会場に外部大臣の印章を届けた外部の申主事が、外部協弁の尹致昊に語ったところによれば、朴斉純外部大臣から外部に電話で印章を持参するように二回指示があったと述べているが、「勅令」などのことばは聞いていない。

一方、第二次日韓協約の締結交渉に当たった日本側の林権助公使は次のように述べている。

〔条約文に双方が合意した後〕議定稿を日本文と朝鮮文とに清書させる手配をした上で、朝鮮の朴外相に向かってわたしは言った。「貴官は人を遣って外相の国璽保管官に、印を持参するやうに言付けてください」[5]

ここでは、林権助公使が朴斉純外部大臣に、外相の印章を保管している担当者に使いを遣り、印章を朴斉純外部大臣まで持って来るよう指示させることを言ったことが記されている。しかし伊藤特派大使の上奏に従って皇帝高宗が朴斉純外部大臣へ命じたことについての言及はない。

印章の件に関し、林権助公使が朴斉純外部大臣に働きかけたことは事実のようであるが、「五件条約請締顛末」が言うように、伊藤特派大使の上奏にしたがって皇帝高宗が朴斉純外部大臣へ命じたかどうか目下のところ確認できない。

「朴外大に命じて外部の印を持って来させ……云々」という『皇城新聞』の短い文言に『大韓毎日申報』がこだわるのは、『皇城新聞』の「五件条約請締顛末」の言うように、印章を外部から条約調印会場まで持って来させることを、皇帝高宗が伊藤特派大使の上奏にしたがって朴斉純外部大臣に命じたとすると、皇帝高宗が伊藤特派大使の上奏に従い第二次日韓協約の締結を推進したことになるからであろう。『大韓毎日申報』の是正記事は、第二次日韓協約の締結はあくまでも日本が単独で皇帝高宗の勅令まで詐称して外部大臣の印章を勒奪して強引に行ったもので、皇帝高宗は条約の締結に関与していないということを強調するためであったと考えられる。

「五件条約請締顚末」では第二次日韓協約の締結推進に皇帝高宗が関与したことがわかるが、是正記事では皇帝高宗の関与はわからない。つまり「五件条約請締顚末」と是正記事で決定的に異なるのは皇帝高宗の第二次日韓協約への関わり方である。「五件条約請締顚末」から是正記事への皇帝高宗に関する記述の変化には、第二次日韓協約に対する皇帝高宗の姿勢の変化がうかがえる。

皇帝高宗は、第二次日韓協約の締結までは「交渉妥協」路線をとって条約締結を推進した。彼は、条約締結に先だって一九〇五（光武九）年一一月一七日に開かれた御前会議で、条約の日本案に対する修正討議をリードした。この会議では日本案の修正個所として四個所が挙げられたが、その内の二個所は皇帝高宗が提起したものであった。ところが、翌日に日本との間で締結された第二次日韓協約おいて、日本案の修正が御前会議で出た四個所に止まると、皇帝高宗は修正個所が少ないとして、一転して第二次日韓協約を否定する運動を展開し始めた。いわゆる皇帝高宗の第二次日韓協約無効化運動である(6)。その一方で皇帝高宗は韓国皇室への日本の支援を必要として、条約反対派の趙秉世らが自決をもって第二次日韓協約の全面破棄を公式に日本政府に通告することを求めても、これには応じなかった(7)。第二次日韓協約に対するこうした皇帝高宗の姿勢の変化が「五件条約請締顚末」から是正記事への変化となって表れたと推測される。

以上のようなことから、『大韓毎日申報』の是正記事は『皇城新聞』の「五件条約請締顚末」の「朴外大に命じて外部の印を持って来させ……云々」を、事実ではない、「勒奪」だと「是正」するのである。『大韓毎日申報』が一九〇五（光武九）年一一月二二日から二五日まで四日間、『皇城新聞』一九〇五（光武九）年一一月二〇日付の「五件条約請締顚末」を転載しながら、その「五件条約請締顚末」の一部に異論を唱えて、一九〇五（光武九）年一一月二五日付に是正記事を掲載したことは、本章が初めて指摘するものである。

第二次日韓協約締結時における韓国外部大臣の印章勒奪説は、まず上海の『チャイナ　ガゼット』（英字紙）の一九〇五年一一月二三日付で報じられ、つづいて二日後、『大韓毎日申報』の一九〇五（光武九）年一一月二五日付の是正記事において報道された。『チャイナ　ガゼット』よりも『大韓毎日申報』の是正記事が二日遅れたのは、是正記事の対象となった「五件条約請締顚末」の「朴外大に命じて外部の印を持って来させ……云々」の部分が、『大韓毎日申報』一九〇五（光武九）年一一月二四日付に転載されたため、「五件条約請締顚末」の転載が完了した一一月二五日付に是正記事が掲載されたのであろう。韓国外部大臣の印章勒奪説の成立は、条約調印直後の一一月一八日から『チャイナ　ガゼット』に韓国外部大臣の印章勒奪説が載った一九〇五年一一月二三日までの間と考えられる。

勒奪説は『チャイナ　ガゼット』で報じられた時は、同紙が国外の新聞であったため影響は小さかったが、一九〇五（光武九）年一一月二五日付の『大韓毎日申報』で是正記事が掲載されると、この説は朝鮮社会に拡散した。後述する康成銀が依拠した鄭喬の『大韓季年史』（下）なども、是正記事の影響を受けている。

『大韓毎日申報』は、一九〇五（光武九）年一一月二七日にさらに号外を出し、一頁全部を使って、『皇城新聞』の「五件条約請締顚末」（漢字とハングルの混用文）を改稿した「韓日新条約請締顚末」（漢文）を掲載した。この記事は、「五件条約請締顚末」の「朴外大に命じて外部の印を持って来させ……」の部分を、「于時、日館通訳員前間恭作、及補佐員沼野、帯多数日兵、入于外部、勒奪印信、以入闕内」と変えて日本が印章を勒奪したとし、第二次日韓協約を勒約だと強調している。「韓日新条約請締顚末」は、「五件条約請締顚末」よりもさらに、第二次日韓協約の締結において日本が強要したと批判を強めている。

次は（二）『チャイナ　ガゼット』（英文紙、上海）などの資料操作について。これは一九〇五年一一月二三日付の『チャイナ　ガゼット』（英文紙、上海）の記事に関するものである。

本月二三日夕発刊「チャイナ、ガゼット」ニ京城電報トシテ左ノ意味ノ長文電報ヲ掲載セリ。

本月一七日日本公使等ハ保護条約ニ調印セシムル為メ宮中ニ伺候セルモ、皇帝始メ内閣員ハ極力之ニ反抗シ調印ヲ拒ムヨリ、午後八時伊藤侯爵ハ林公使ノ要請ニヨリ、長谷川大将ト共ニ日本兵及巡査ノ一隊ヲ率ヒ宮中ニ赴キタルモ尚ホ成功ノ望ナク、遂ニ憲兵隊ヲ外務大臣官邸ニ派シ、翌一八日午前一時外交官補沼野ハ其官印ヲ奪ヒ宮中ニ帰リ、紛擾ノ末同一時半日本全権等ハ擅ニ之ヲ取極書〔条約〕ニ押捺シ其調印済トナリタルコトヲ内閣員ニ宣言セリ。而シテ皇帝ハ尚ホ国璽ノ押捺ヲ拒ミシモ、日本ノ強圧ニ威怖シ遂ニ調印スルニ至レルモノニシテ、実ニ之ガ調印ハ詐術ヲ以テ為サレタルモノナリト[8]〔以下略。訓読点は筆者〕。

李泰鎮は先に言及したように『大韓毎日申報』一九〇五（光武九）年一一月二五日付の是正記事と、この『チャイナ　ガゼット』一九〇五年一一月二三日付の記事の二つに依拠して外部大臣印章勒奪説を唱えている。そこで李泰鎮が二つの資料をどのように使っているのかを検証したい。

李泰鎮の文章、『チャイナ　ガゼット』、それに是正記事のそれぞれの共通関連個所を抜き出して並べて見ると、次の通りである。

①『チャイナ　ガゼット』

「遂ニ憲兵隊ヲ外務大臣官邸ニ派シ、翌一八日午前一時外交官補沼野ハ其官印ヲ奪ヒ宮中ニ帰リ、紛擾ノ末同一時半日本全権等ハ擅ニ之ヲ取極書〔条約〕ニ押捺シ……云々[9]」

②是正記事

「日本公使館通訳の前間恭作と外部補佐員の詔《ママ》野を外部に行かせて勅令があると称して印信を勒奪させた。その時、無数の日本兵が外部を水も漏らさず包囲し、日本公使館書記官の国分象太郎氏《ママ》が漱玉軒の門前にあらかじめ立って待ち、印信を受け取ってまた闕内に入った[10]」

③李泰鎮の文章

「特使《ママ》伊藤博文の通訳官である前間恭作が憲兵を同伴して韓国外部に入り、外部大臣の職印を奪取し、韓国外部大臣に署名を強要した後、職印を強制的に捺印した」[11]

キーワードとしては、①は憲兵、沼野、官印、「奪ヒ」、「擅ニ之ヲ取極書ニ押捺」、②は前間恭作、詔野《ママ》、印信、勒奪、国分象太郎、③は前間恭作、憲兵、職印、奪取、「強制的に捺印」、などが挙げられる。

キーワードで李泰鎮の文章と『チャイナ　ガゼット』、是正記事との関係を見ると、李泰鎮の文章は、前間恭作は是正記事と、職印と奪取は『チャイナ　ガゼット』と是正記事、「強制的に捺印」と憲兵は『チャイナ　ガゼット』と、それぞれ関係を有している。

言い換えれば、李泰鎮の文章は『チャイナ　ガゼット』と是正記事の両方の情報を適宜用いて執筆されている。しかしどういう根拠で情報の取捨選択が行われたのか明らかでない。たとえば李泰鎮の文章では、『チャイナ　ガゼット』と是正記事の両方に出てくる沼野安太郎を外して、是正記事のみに出てくる前間恭作を取り上げているが、その理由は説明されていない。

更に付け加えておくと、『大韓毎日申報』の是正記事は利用しても、『皇城新聞』の「五件条約請締顛末」や『大韓毎日申報』の「韓日新条約請締顛末」は利用していないが、これについての説明もない。李泰鎮の資料の利用の仕方には問題がある。

林権助公使によれば、『チャイナ　ガゼット』（上海）の記事には韓国の英人ベセル（漢字名は裵説）が関与している[12]。ベセルは『大韓毎日申報』の社長で、彼は梁起鐸と共に一九〇四年に同紙を創刊しているので、『大韓毎日申報』の是正記事にも何らかの形で関与した可能性がある。そのベセルの背後に皇帝高宗の存在がうかがえる。そうだとすると韓国の外部大臣の印章に関する『大韓毎日申報』の是正記事と『チャイナ　ガゼット』の両方の記事の背後に、ベセルが、さらには皇帝高宗がいたことになる。ベセルは客観的なジャーナリストというより、反日運動的立場に立ったジャーナリストであるので、彼が関わる情報の信憑性は慎重に判断すべきである。

以上の検討から明らかなように、李泰鎮の外部大臣印章勒奪説は実証的な根拠がない。

二　康成銀の所説について

康成銀は、海野福寿が林権助公使から桂臨時兼任外務大臣宛に送られた一九〇五年一一月二八日付の電報第四七八号の一節「〔朴斉純外部大臣が〕其署名ヲナスニ先立チ、印章ヲ持チ来ル様、外部ニ数回電話ヲ掛ケタルモ、印章ノ保管者タル秘書課長不在ノ為メ、印章ハ二時間遅レテ初メテ保管者ニヨリ宮中ニ持チ来ラレタリ」(13)に依拠して、外部大臣の印章を「印章保管者」が持って来たかのように書いているのは「間違い」(14)と批判する。(15)康成銀は、林権助公使の電報の信憑性に否定的である。

康成銀は、条約調印時の韓国の外部大臣の印章は、韓国政府の「印章保管者」が持って来たのではなく、日本に勒奪されたのだと、外部大臣の印章に関する記述を以下のように列挙して、林権助公使の電報の信憑性を否定する。

日本が韓国外部大臣の印章を第二次日韓協約調印に先だって軍隊を動員して勒奪したとするニュースが、前掲の『チャイナ　ガゼット』(英文紙、上海)の一九〇五年一一月二三日付で報じられた。

他にも『ロカール　アンツァイゲル』(16)(ベルリン)などで報じられた。これらの報道の情報源はベセルであった。(17)

そこで、林権助公使は桂臨時兼任外務大臣に宛てた電報第四七八号によって、第二次日韓協約の調印時の情況を公表して、国際世論の誤解を解こうとした。

条約書ニハ、各大臣列席ノ上、外部大臣朴斉純自ラ其名ヲ署シ、且ツ印章ヲ捺押シタリ。外部大臣ハ条約各項ヲ議了シタル後、其署名ヲナスニ先チ、印章ヲ持チ来ル様外部ニ数回掛ケタルモ、印章ノ保管者タル秘書課長不在ノ為メ、印章ハ二時間余後レテ初メテ保管者ニヨリ宮中ニ持チ来ラレタリ[18]。

しかし、こうした試みにもかかわらず、韓国外部大臣の印章を勒奪したという疑念を日本は打ち消すことができなかった。

駐日オーストリア・ハンガリー帝国公使館のフランツは、本国に行った報告の中で、「日本人が直接印章を持ち出して条約文書に捺印したもので、日本政府の論駁は反証が伴っていないと断言[19]」し、張仁煥も米人スチーブンスが印章を強奪して押捺したことを彼の暗殺の理由に挙げた[20]。鄭喬も「日本軍の護衛の下で公使館通訳前間《ママ》（原文では前間恭作）、外部補員沼野《ママ》（原文では詔野）が外部に行き、スチーブンスから印章を受け取り、王宮前で待機していた公使館書記官国分象太郎に渡した[21]」としている。

このように、康成銀は韓国外部大臣の印章をめぐる諸記述を列挙した後、「保護条約締結の事情に詳しい日本人も『外部大臣の官印を外部員隠匿して調印を妨げんとするの喜劇まで演じられしが』（釈尾東邦『朝鮮併合史　一名朝鮮最近史』、朝鮮及満州社、大正一五年、三〇一―三〇二頁、戸叶薫雄・楢崎観一『朝鮮最近史　附韓国併合史』、蓬山堂、大正元年、二八頁）と書いたのも、その辺の事情を念頭に置いたものである[22]」とする。

第三節で明らかにするように、朴斉純外部大臣の指示にもかかわらず外部の官僚が外部大臣の印章を朴斉純外部大臣に届けようとしなかったことは事実である。「その辺の事情を念頭に置いたものである」の部分は意味不明である。なお、引用部分の出典として、『朝鮮併合史　一名朝鮮最近史』と『朝鮮最近史　附韓国併合史』の二冊を挙げているが、実際の引用は『朝鮮併合史　一名朝鮮最近史』のみからであり、誤記であろう。

結論として康成銀は、「外部大臣の職印についていえば、日本公使館の前間恭作や外部御雇であった沼野安太郎外交官補が日本軍とともに外部大臣官邸へ行き、外部顧問スチーブンスから職印を受け取り、王宮前で待機していた国分象太郎に手渡したのである」と言う。[23]しかし「外部」を「外部大臣官邸」とした以外は、鄭喬の『大韓季年史』（下）の記述に依拠したもので、実証的見解ではない（なお、「外部」を「外部大臣官邸」に変えた理由の説明はない）。右の『大韓季年史』（下）の個所は「スチーブンス」以外は、「沼野安太郎」の「沼野」を是正記事と同様に「詔野」としていることなどから明らかなように、是正記事をベースにしている。したがって『大韓季年史』（下）は「一次史料」ではない。康成銀は「一次史料」の利用を強調しながら、[24]実践できておらず、様々な勒奪説の記述を羅列し、関係者の人数を一番多く挙げた記述を結論として採用している。

以上見てきた康成銀の主張には問題点が二点ある。第一点は、康成銀は自らが主張する、第二次日韓協約は日本が韓国外部大臣の印章を勒奪して強制的に調印した、という説を実証できていないことである。第二点は、康成銀の資料の用い方である。

まず第一点について。康成銀は『チャイナ　ガゼット』から鄭喬までの勒奪説を、林権助公使の電報第四七八号を間に挟んで羅列しただけで、内容に立ち入って検討していない。そのことを康成銀が挙げた勒奪説の中における人物の取り上げ方を通して検討する。

『チャイナ　ガゼット』は、先の李泰鎮のところで取り上げたように、「外交官補沼野ハ其官印ヲ奪ヒ宮中ニ帰リ、紛擾ノ末同一時半日本全権等ハ擅ニ之ヲ取極書〔条約〕ニ押捺シ……云々」[25]と、沼野安太郎が韓国の外部大臣の印章を勒奪し、林権助公使などが押捺したとしている。

『大韓毎日申報』一九〇五（光武九）年一一月二五日付の是正記事は「日本公使館通訳の前間恭作と外部補佐員の詔野《ママ》を外部に行かせて勅令があると称して印信を勒奪させた。その時、無数の日本兵が外部を水も漏らさず包囲し、日本公使館書記官の国分象太郎氏《ママ》が漱玉軒の門前にあらかじめ立って待ち、印信を受け取ってまた闕内に入った」と、前間恭作、沼野安太郎、国分象太郎の三名を挙げている。

フランツの報告書は、日本人が直接印章を持ち出して条約文書に捺印したと記すだけで、具体的な人物名や人数は不明である。

康成銀が依拠した鄭喬は、「前間恭作、詔野《ママ》（沼野安太郎）の二名が外部に行って米人のスチーブンスから外部大臣の印章を受け取り、漱玉軒（王宮）の前で待っていた国分象太郎に渡した。国分象太郎はこの印章を条約の締結会場に持ち込み、条約に捺印した」（原文は「時、日本人知其調印之難強、使公使館通訳員前間恭作・外部補佐員詔野《ママ》、往外部、称有勅令而求其印、須知分斯〔スチーブンス〕即与之、無数日兵環圍外部、防其漏失、日本公使館書記官国分象太郎、預待於漱玉軒門前、仍受其印、入会議席、遂捺之」（『大韓季年史』（下）、巻七、国史編纂委員会、一九七一年、一七三頁）と、前間恭作、沼野安太郎、スチーブンス、国分象太郎の四名を挙げている。スチーブンスを除けば、鄭喬の文章は、前述したように、明らかに『大韓毎日申報』一九〇五（光武九）年一一月二五日付の是正記事の影響を受けている。

このように『チャイナ　ガゼット』は沼野安太郎、林権助など、『大韓毎日申報』の是正記事は前間恭作、沼野安太郎、国分象太郎の三名、『大韓季年史』（下）は前間恭作、沼野安太郎、スチーブンス、国分象太郎の四名と、それぞれ異なっている。それにもかかわらず『大韓季年史』（下）に依拠する理由を康成銀は何ら説明していない。ところで先に取り上げた李泰鎮は前間恭作一名である（「韓国併合は成立していない」（上）、一九九八年）。同一の事件の関係者について、李泰鎮は一名、康成銀は四名（「『乙巳五条約』の強制調印」、二〇〇五年）と大きく異なっている。

康成銀は「『乙巳五条約』の強制調印」を発表した際に、先行論文の李泰鎮論文を問題にしておらず、後にこの論文を「一次史料から見た『乙巳五条約』の強制調印過程」と改題して、笹川紀勝・李泰鎮編『国際共同研究　韓国併合と現代』、明石書店、二〇〇八年）に転載した際にも、李泰鎮の論文との相違を問題にしていない。もし日本が韓国外部大臣の印章を勒奪した事件があったとすれば、事件の全容を解明するためには事件関係者と人数を確定することが不可欠である。にもかかわらずこうした基礎的なことを康成銀がしていないということは、康成銀の外部大臣印章勒奪説も実証的な根拠がないということに他ならない。

次に第二点について。康成銀は海野福寿や筆者に対して、「日韓双方の公式記録にあまりにも依拠しすぎ……他の史料、とくに朝鮮人側の史料をもっと重視すべき[26]」と批判しながら、「『乙巳五条約』の強制調印」の外部大臣印章勒奪説に関する考察では、先の『チャイナ　ガゼット』から鄭喬の『大韓季年史』（下）までの文献の内、「朝鮮人側の史料」と言えるのはわずかに鄭喬『大韓季年史』（下）一点しかない。しかもこれは現場の記録ではない。残りは日本の『日本外交文書』が四点、日本の民間人の著書二点、オーストリア・ハンガリー帝国の外交文書が一点で、圧倒的に日本の記録に頼っている。

筆者も多年にわたり資料発掘に努めているが、第二次日韓協約の締結当時の韓国政府の記録（『議政府日記』、ソウル大学校奎章閣蔵）や、朴斉純外部大臣の日記（『朴斉純日記』、韓国国史編纂委員会蔵）に、第二次日韓協約の締結に関する記録がないように、韓国（大韓帝国）側の資料が少ないのを痛感しているが、資料発掘の努力は続けられるべきである。

そこで本章では、第二次日韓協約の締結当時に韓国政府の外部協弁（外部次官）を務めた、尹致昊の私的な英文日記を資料として取り上げ、第二次日韓協約締結の当日、外部大臣の印章が具体的にどのように取り扱われて条約の調印まで至ったのかを明らかにして、外部大臣印章勒奪説の妥当性を検討したい。尹致昊の英文日記を用いることは、康成銀の言う朝鮮人側の非公式記録の利用にもなるであろう。

三　尹致昊の日記に見る外部大臣の印章の状況

尹致昊の日記を取り上げる前に、彼の経歴について触れておく。彼は一八六五（高宗二）年に生まれた。父は尹雄烈、母は全州李氏で、本貫は海平、号は佐翁である。

一八八一年に紳士遊覧団が訪日した際、魚允中の随行員として同行し、そのまま日本にとどまって同人社で学んだ。日本滞在中は金玉均等の開化派と交流するとともに、英語を学んだ。一八八三年に駐韓米国公使フートの通訳として帰国した。一八八四年に金玉均ら開化派の甲申政変が失敗すると、一八八五年に上海に亡命し、現地の中西書院で学んだあと、米国に渡り、ベントビルト大学、メモリ大学などで学び、一八九五年に帰国した。

帰国後、外部協弁等に登用され、一八九六年には閔泳煥の随行員として、ロシアのニコライ二世の戴冠式に出席した。一八九七年から翌年にかけて独立協会運動に中心的に関わったが、運動が終息すると、一八九九年から徳源監理兼府尹等の地方官を務めた。その後一九〇四年から翌年まで外部協弁に任じられた。第二次日韓協約（一九〇五年）は、彼が外部協弁の時に締結された。一九〇六には大韓自強会を設立して会長を務めるともに、教育活動やＹＭＣＡ活動に乗り出した。

韓国併合後、一九一二年の一〇五人事件で投獄されたが、一九一五年に釈放された。その後、実力養成運動の立場から、ＹＭＣＡ活動、教育活動に力を注いだ。一九三〇年代以降の戦時体制の下では日本の戦時動員を拒否せず、一九四五年に貴族院議員となった。第二次大戦終了後の一九四五年一二月に死亡（自殺）した。[27]

次に第二次日韓協約締結時（一九〇五年一一月一七日付）における韓国外部の組織を、外部大臣の印章の保管をポイントに置いて見てみよう。直接に関係する法令は以下の三つである。

1
「勅令第一三号　各部官制通則」（光武九年二月二六日）
第一〇条　各部に大臣官房を置き左開事務を掌る
　三　部印及大臣官章に関する事項
第一三条　各部に左開職員を置く
　協弁　局長　参書官　主事
第一四条　各部協弁は一人で勅任とする
第一六条　各局の局長は各一人で、一等局長は勅任或いは奏任で、二三等局長は奏任で、各部官制で定める(28)

2
「勅令第一四号　外部官制」（光武九年二月二六日）
第二条　大臣官房では官制通則に掲げる者の外に左開事務を掌る
　一　条約書保管に関する事項
第三条　外部参書官は六人を定員とする
第四条　外部は左開二局を置く
　交渉局　通商局
第五条　交渉局は一等局、通商局は二等局とする
第六条　交渉局では外交に関する事務を掌る(29)
第八条　外部主事は十九人を定員とする

3
「外部分課規定」（光武九年四月一三日）
第一条　大臣官房に左開四課を置き其事務を分掌せしむ
　秘書課　文書課　繙訳課　会計課

第二条　秘書課では左開事務を掌る
三　部印及大臣官章管守に関する事項[30]

以上の法令から、外部の職員構成は協弁（勅任）一名、局長二名（交渉局、通商局）、参書官六名、主事一九名からなり（「勅令第一三号　各部官制通則」第一三、一四、一六条、「勅令第一四号　外部官制」第三、四、八条）、外部大臣の印章を所掌するのは大臣官房の四課（秘書課、文書課、繙訳課、会計課）の中の秘書課であることがわかる（「勅令第一三号　各部官制通則」第一〇条の三、「外部分課規定」第一条、第二条の三）。課長は参書官が任に就いたものと考えられる。

外部官僚の人事構成に関する資料としては、『官案』（ソウル大学校奎章閣、奎一八〇〇四―七―六）がある。官僚の履歴は『外部官員履歴書』（ソウル大学校奎章閣、奎二〇六五七）と、安龍植『大韓帝国官僚史研究』（全四冊、延世大学校社会科学研究所、ソウル、一九九四―一九九六年）がある。『外部官員履歴書』は『大韓帝国官員履歴書』（国史編纂委員会、一九七二年）にも収められている。

当時の外部の人事構成を、前述の『官案』によって調べてみると、外部大臣は朴斉純、協弁は尹致昊、交渉局長は李始栄、通商局長は丁大有、参書官は魚允迪、李建春、李鍾協、朴慶陽、金聖基、元応常の六名、主事は鄭衡沢以下一九名であった。

次に第二次日韓協約締結に関する外部協弁尹致昊の一九〇五年一一月一八日の日記[31]（拙訳）を見てみよう。外部協弁の尹致昊は一一月一七日夜半から一八日未明にかけての外部の動きを、外部の申主事から次のように聞き出している。

〔尹致昊は〕眠れない夜の後、韓国の独立の運命を知るために朝早く外部に行った。事務室で寝ていたShin《マ》 Jusa《マ》〔シン主事〕を起こした。彼は私に次のように述べた。

「Mr. 魚《ママ》と私は、昨夜〔一七日夜〕一〇時頃退勤しようとしていた。我々は条約〔第二次日韓協約〕がすぐに調印されるということについての認識はなかった。昨日一日中見張っていたNumans《ママ》は時間の経過と共にイライラしだした。

一〇時ちょっと過ぎに電話が鳴り、朴斉純外部大臣の声で「印章を届けるように」と言うのをはっきりと聞いた。外部大臣の印章は外部の秘書課（the Bureau of the Private Secretary）に保管されていたので、私はただちに秘書課のKim Jusa《ママ》〔キム主事〕に朴斉純大臣の言を伝えたが、Kim Jusa《ママ》〔キム主事〕はやって来なかった。使いが繰返しKim Jusa《ママ》〔キム主事〕のもとに遣られ、その一方で夜は更けていった。

日本公使館の通訳官Mr. Maiwa《ママ》が印章を督促しに宮殿からやって来た。Numans《ママ》は大変イライラしていた。交渉局長（the Director of Diplomatic Bureau）Mr. Yi Si Yong《ママ》〔イ・ション〕がやって来た。我々、つまりUo《ママ》〔魚〕、Lee《ママ》〔イ・ション〕、そして私〔シン主事〕は協議して印章を届けないことに決めた。

Yi Si Yong《ママ》〔イ・ション〕は宮殿における戦いの結果を知るために朴斉純外部大臣に電話をした。朴斉純外部大臣は折り返し電話をして来て、『すべてが正しく行なわれたので、印章を届けるように』と言った。これを聞いて我々は印章を届けるほかはなかった。そこで私は印章を宮殿に持って行った。

日本兵が外部のメインホールから宮殿の閣議室まで二列に並んでいた。部屋の中は多数の日本人と韓国人の官僚で一杯だったので、私は誰彼と見分けることはほとんどできなかった。私がわかったのは、朴斉純外部大臣と林権助特命全権公使が小さなテーブルをはさんで向かい合って座っているのだけだった。条約〔条約文〕はテーブルの上にあり、私が印章を朴斉純外部大臣に渡すとすぐに、〔朴斉純外部大臣と林権助特命全権公使との間で〕署名と捺印が行なわれた。

それから私は日本人の列をすり抜けて職場に戻った」

韓国の独立は、今朝の一時か二時頃に、条約の署名によって静かに譲り渡されたのだ。(32)〔後略〕

この日記の信憑性について人名と内容から検討する。人名を先の『官案』に拠って確認すると、最初に出てくるShin Jusa《ママ》とは、申主事のことと思われる。主事の中で申という姓としては申泰淳一名がいる。『官案』では、「泰淳」を修正して「泰完」と書き改めている。一九〇六年一月に改名したようである。(33) 申泰淳の父は申錫五、本貫は平山で、忠清北道報恩郡に居住している。申泰淳は外部に一九〇四（光武四）年二月二日付で配属された。(34) 彼は前述の尹致昊の日記から明らかなように、第二次日韓協約締結時に朴斉純外部大臣の指示により、外部大臣の印章を外部から条約締結交渉の会場に届けた。このことは本章が初めて明らかにするものである。

次にMr. 魚《ママ》とUo《ママ》は参書官の魚允迪であろう。申泰淳も魚允迪も外部のどの部局に所属していたのかはわからない。Kim《ママ》 Jusa《ママ》は金主事のことで、秘書課の職員であると思われるが、金という姓の主事は金華圭、金鳳善、金奭永の三名いて目下のところ特定できない。交渉局長（the Director of Diplomatic Bureau）Mr. Yi Si Yong《ママ》とLee《ママ》は言うまでもなく、交渉局長の李始栄である。

以上の検討から、尹致昊の日記の人名は、当時の『官案』の内容と一致していることがわかる。

次に内容については、外部大臣の印章を外部の秘書課で保管していると記述しているので、「外部分課規定」（光武九年四月一三日）の第二条の三と合致している。これらの二点からこの日記は資料としての信憑性が高いと言える。

なお、Numans《ママ》とMr. Maiwa《ママ》は、沼野安太郎と前間恭作と考えられるが、尹致昊が沼野安太郎や前間恭作をこのように表記した理由はわからない。

次に尹致昊の日記に記されている、尹致昊が申泰淳主事から聞いた一一月一七日夜半から一八日未明にかけての外部の動きを簡単に整理すると、次の通りである。

①沼野安太郎は一一月一七日、一日中外部で見張っていた。

②夜一〇時すぎ、朴斉純外部大臣から外部に印章を持って来るようにという指示があった。
③印章を保管していた秘書課の金主事は、朴斉純外部大臣の指示に従わないで大臣に印章を届けなかった。
④前間恭作が印章の督促に外部にやってきた。
⑤李始栄交渉局長が来て魚允迪参書官、申泰淳主事の三人で印章を朴斉純外部大臣に届けないことを決めた。
⑥朴斉純外部大臣から外部に、再度印章を持って来るようにという指示があった。
⑦申泰淳主事が大臣の印章を朴斉純外部大臣に届け、渡した。
⑧印章が届くとすぐに朴斉純外部大臣によって条約の署名と調印が行われた。

一見して明らかなように、どこにも外部大臣の印章を日本が勒奪した事実はない。

続いて李泰鎮と康成銀の勒奪説を検証しよう。まず李泰鎮の勒奪説について。彼の勒奪説は『大韓毎日申報』一九〇五（光武九）年一一月二五日付二面の是正記事と、『チャイナ　ガゼット』一九〇五年一一月二三日付の記事に依拠している。『大韓毎日申報』の是正記事はすでに見たように次の通りである。

> 所謂朴外大〔朴斉純外部大臣〕に外部の印を持って来させたというのはまったく事実ではない。蓋し日本人は〔第二次日韓協約の〕調印の強行が難しいことを知り、日本公使館通訳の前間恭作と外部補佐員の詔野《ママ》を外部に行かせて勅令があると称して印信を勒奪させた。その時、無数の日本兵が外部を水も漏らさず包囲し、日本公使館書記官の国分象太郎氏《ママ》が漱玉軒の門前にあらかじめ立って待ち、その印信を受け取って闕内にまた入った。(35)

この是正記事は、前間恭作と「詔野《ママ》」（正しくは沼野安太郎）の二名が外部大臣の印章を勅令があると偽って勒奪した後、国分象太郎に渡したとするものであるが、申泰淳主事の証言とまったく異なり、信用できない。

次に『チャイナ　ガゼット』一九〇五年一一月二三日付の記事は、「翌一八日午前一時外交官補沼野ハ其官印ヲ奪ヒ宮中ニ帰リ、紛擾ノ末同一時半日本全権等ハ擅ニ之ヲ取極書〔条約〕ニ押捺シ其調印済トナリ」としている。

ここで『チャイナ　ガゼット』が挙げているのは、（a）沼野安太郎が外部大臣の印章を奪ったこと、（b）日本全権等が外部大臣の印章を「擅ニ……押捺シ」たことの二件である。尹致昊の日記の記載でこれらを確認して見よう。

まず（a）について。沼野安太郎は外部の外国人スタッフで外部の事務室に詰めることができた。しかし尹致昊の日記に沼野安太郎が外部大臣の印章に接触した記述がないことから明らかなように、沼野安太郎は印章を勒奪するどころかこれに接触もしていない。

ちなみに沼野安太郎の行動については、一一月一六日に、林権助公使が伊藤特派大使に「わたしは外務省〔外部〕に早朝から人をやって、その国璽保持官を見張ってゐねばなりません」[36]と話しているので、林公使が沼野安太郎に外部大臣の印章を「見張」らせた可能性はある。

（b）について。申主事は外部大臣の印章を朴斉純外部大臣に渡し（7）、朴斉純外部大臣はすぐに条約の署名と調印を自ら行っている（8）。

（a）（b）とも明白に事実に合わないので、『チャイナ　ガゼット』の報道は誤りと言える。

以上の検討から明らかなように、李泰鎮が依拠した『大韓毎日申報』一九〇五（光武九）年一一月二五日付二面の是正記事と、『チャイナ　ガゼット』一九〇五年一一月二三日付の記事のいずれも信憑性に欠けるので、李泰鎮の勒奪説は成り立たない。

次に康成銀の勒奪説について。先に康成銀が挙げた資料は『チャイナ　ガゼット』一九〇五年一一月二三日付の記事、駐日オーストリア・ハンガリー帝国公使館のフランツ、張仁煥、鄭喬等の記述である。『チャイナ　ガゼット』一九〇五年一一月二三日付の記事は、既に述べたように信憑性に欠ける。フランツの「日本人が直接印章を持ち出して条約文書に捺印した」という主張は、先の尹致昊の日記で、申泰淳主事が外部大臣の印章を自ら王宮に持参し、この印章を受け取った朴斉純外部大臣が自らの手で条約に署名捺印したと証言しているので、否定される。したがって、海野福寿に対して外部大臣の印章を「印章保管者」が持ってきたかのように書いている[37]のは「間違い」と康成銀が批判した[38]のも否定される。

康成銀が否定したのとは反対に、林権助公使から桂臨時兼任外務大臣宛の一九〇五年一一月二八日付の電報第四七八号の一節「〔朴斉純外部大臣が〕其署名ヲナスニ先立チ、印章ヲ持チ来ル様、外部ニ数回電話ヲ掛ケタルモ、印章ノ保管者タル秘書課長不在ノ為メ、印章ハ一時間遅レテ初メテ保管者ニヨリ宮中ニ持チ来ラレタリ」[39]はほぼ事実であったのである。

米人スチーブンスが印章を強奪したという張仁煥の説は何ら裏付けがなく信憑性に欠ける。

康成銀が引用した鄭喬の「日本軍の護衛の下で公使館通訳前間《ママ》〔原文では前間恭作〕、外部補員沼野《ママ》〔原文では詔野〕が外部に行き、スチーブンスから印章を受け取り、王宮前で待機していた公使館書記官国分象太郎に渡した」（『大韓季年史』下）に関しては、尹致昊の日記における申主事の証言とまったく異なり、信憑性に欠ける。もし鄭喬の主張するような事実があるのであれば、康成銀は証拠資料を提示すべきである。

以上の検討から明らかなように、康成銀が依拠した資料は信憑性に欠けるので、康成銀の勒奪説も成り立たない。

おわりに

本章は、李泰鎮と康成銀の外部大臣印章勒奪説を取り上げて、その当否を検討した。この説は韓国併合条約無効論を支える第二次日韓協約勒約説の一つで、韓国併合問題を考える時に無視できない議論であるが、これまで正面からこの説を取り上げて議論されたことはなかった。本章はこうした状況に対して、学問的に応えようとしたものである。

これまでの検討により、李泰鎮と康成銀の主張は依拠する資料の信憑性や資料の利用の仕方等に問題があると共に、外部大臣印章問題に関与したとする人物も異なるなど、学問的な裏付を欠いていることが明らかになった。したがって、李泰鎮と康成銀の外部大臣印章勒奪説は成立しない。

李泰鎮と康成銀の外部大臣印章勒奪説の共通する問題点は、第二次日韓協約締結に際して、一九〇五（光武九）年一一月一七—一八日の間、韓国の外部大臣印章が外部でどのように取り扱われたのかという韓国政府の外部の現場に視点を置いた考察が弱いことである。本章はこの点に留意して考察を進めた。

これまでの検討を通じて、本章は次の諸点を明らかにした。

（1）『大韓毎日申報』一九〇五（光武九）年一一月二五日付に「是正記事」が存在すること。

（2）韓国社会における第二次日韓協約に対する歴史認識が、当初、『皇城新聞』一九〇五（光武九）年一一月二〇日付の「五件条約請締顚末」→『大韓毎日申報』一九〇五（光武九）年一一月二五日付の「是正記事」→『大韓毎日申報』一九〇五（光武九）年一一月二七日付の「韓日新条約請締顚末」の過程で形成されたこと。

（3）第二次日韓協約の外部大臣印章勒奪説は、『大韓毎日申報』一九〇五（光武九）年一一月二五日付の「是正記事」以降、韓国社会で広まったこと。

（4）今まで利用されてこなかった尹致昊の英文日記を利用して、今日まで不明であった、第二次日韓協約が締結された一九〇五（光武九）年一一月一七日深夜から一八日未明にかけての外部（外務省）の外部大臣印章をめぐる情況の一端を解明したこと。

（5）朴斉純外部大臣が外部に外部大臣の印章を条約調印会場に届けることを指示したことを明らかにしたこと。

（6）これまでまったく不明であった、外部大臣の印章を条約調印会場の朴斉純外部大臣に届けた外部官僚の姓名が申泰淳主事であることを特定したこと。

これらによって、『チャイナ　ガゼット』一九〇五年一一月二三日付の記事と、『大韓毎日申報』一九〇五（光武九）年一一月二五日付の「是正記事」の内容が否定されるとともに、日本による外部大臣印章勒奪説、さらには押捺説も否定された。そもそも『皇城新聞』一九〇五（光武九）年一一月二〇日付の「五件条約請締顚末」では、「朴外大に命じて外部の印章を持って来させ……云々」、つまり朴斉純外部大臣が皇帝高宗の勅命を受けて印章を外部から条約調印会場に持って来させたとある。皇帝高宗の勅命があったかどうかは別としても、外部大臣の印章は日本によって勒奪されたのではなく、朴斉純外部大臣が外部から持って来させたと考えるのが自然である。

今後は（2）の『皇城新聞』の「五件条約請締顚末」→『大韓毎日申報』の「是正記事」→『大韓毎日申報』の「韓日新条約請締顚末」への流れの背景にある、当時の韓国社会内部の政治動向に注目して、第二次日韓協約、さらには併合条約をめぐる動きを把握する必要がある。

（1）「韓国併合は成立していない　上」（『世界』一九九八年七月号、岩波書店、東京）三一〇頁。
（2）「略式条約で国権を委譲できるのか　下」（『世界』二〇〇〇年六月号、岩波書店）二七四—二七五頁。
（3）『大韓毎日申報』一九〇五（光武九）年一一月二一、二三、二六日付。『駐韓日本公使館記録』（活字版）二四、（77）「秘第九四号」（国史編纂委員会、果川、韓国、一九九八年）三九〇—三九一頁、崔埈『韓国新聞史』（一潮閣、ソウル、一九六五年）一二八—一三〇頁、拙稿「日露戦争と韓国問題」（東アジア近代史学会編『日露戦争と東アジア世界』、ゆまに書房、東京、二〇〇八年）六九頁。
（4）『大韓毎日申報』一九〇五（光武九）年一一月二五日付二面雑報欄三段。
（5）林権助『わが七〇年を語る』（第一書房、東京、一九三五〈昭和一〇〉年）二三〇頁。
（6）注（3）拙稿「日露戦争と韓国問題」、六六—六九頁。
（7）拙稿「大韓国国制と第二次日韓協約反対運動——大韓帝国の国のあり方」（日韓歴史共同研究委員会編『第2期日韓歴史共同研究報告書』（第3分科会篇　日本語版）、日韓歴史共同研究委員会、東京、二〇一〇年三月）一一三—一一九頁。拙稿「建

国から併合に至る大韓帝国」(『東アジア近代史』第一四号、東アジア近代史学会、宇都宮、二〇一一年三月)四四―四五頁。
(8)『日本外交文書』明治　第三八巻第一冊、事項一一、二八七、「日韓協約調印事ニ関スル新聞記事ニ付報告ノ件」。
(9)同前。
(10)『大韓毎日申報』一九〇五(光武九)年一一月二五日付二面雑報欄三段。
(11)注(1)三一〇頁。
(12)『日本外交文書』明治　第三八巻第一冊、事項一一、二九七、「日韓協約調印情況ニ関スル新聞報道ニ関連シ実状報告ノ件」。
(13)同前。
(14)『韓国併合史の研究』(岩波書店、東京、二〇〇〇年)二一五―二一六頁。
(15)「『乙巳五条約』の強制調印」(『一九〇五年韓国保護条約と植民地支配責任』、創史社、東京、二〇〇五年)一二一頁。この論文は、後に笹川紀勝・李泰鎮編『国際共同研究　韓国併合と現代』(明石書店、東京、二〇〇八年)に、「一次史料から見た『乙巳五条約』の強制調印過程」と改題して収められている。
(16)『日本外交文書』明治　第三八巻第一冊、事項一一、二九四、「日本ハ韓帝及諸大臣ヲ強圧シテ日韓協約ニ調印セシメタリトノ新聞報ニ関スル件」。注(15)康成銀「『乙巳五条約』の強制調印」一二一頁。
(17)注(12)「日韓協約調印情況ニ関スル新聞報道ニ関連シ実状報告ノ件」。注(15)康成銀「『乙巳五条約』の強制調印」一二二頁。
(18)注(12)「日韓協約調印情況ニ関スル新聞報道ニ関連シ実状報告ノ件」。注(15)康成銀「『乙巳五条約』の強制調印」一二三頁。
(19)ソウル大学校人文大学ドイツ学研究所訳『韓国近代史についての資料――オーストリア・ハンガリー帝国外交報告書(一八八五―一九一三)』(新丘文化社、一九九二年)五五一―五五二頁。注(15)康成銀「『乙巳五条約』の強制調印」一二四頁。
(20)『日本外交文書』明治　第四一巻第一冊、事項二〇、八九〇、「『スチーヴンス』殺害犯人張仁煥裁判状況報告ノ件」、八四三頁。注(15)康成銀「『乙巳五条約』の強制調印」一二四―一二五頁。
(21)『大韓季年史』(国史編纂委員会、一九七一年)、下、巻七、一七三頁。注(15)康成銀「『乙巳五条約』の強制調印」一二五頁。
(22)注(15)康成銀「『乙巳五条約』の強制調印」一二五頁。
(23)同前。

（24）康成銀は「『乙巳五条約』の強制調印」（『一九〇五年韓国保護条約と植民地支配』、創史社、東京、二〇〇五年、九四―一三四頁）を、笹川紀勝・李泰鎮編『国際共同研究　韓国併合と現代』（明石書店、東京、二〇〇八年）に収める際に、「一次史料から見た『乙巳五条約』の強制調印過程」と改題し、自稿を「一次史料から見た」ものとして強調している。

（25）注（8）「日韓協約調印事情ニ関スル新聞記事ニ付報告ノ件」。

（26）注（15）康成銀「『乙巳五条約』の強制調印」一二〇頁。

（27）『尹致昊日記』（全一一冊）（国史編纂委員会、韓国果川、一九七三―一九八九年）、金乙漢『佐翁尹致昊伝』（乙酉文化社、ソウル、一九七八年）、柳永烈『開化期の尹致昊研究』（ハンギル社、ソウル、一九八五年）、尹慶老『百五人事件と新民会研究』（一志社、ソウル、一九九〇年）、梁賢恵『尹致昊と金教臣』（新教出版社、東京、一九九六年）、佐翁尹致昊文化事業《マ》会編『尹致昊選集1　尹致昊の生涯と思想』（乙酉文化社、ソウル、一九九八年）、韓国精神文化研究院編『韓国人物大事典』（中央日報社、ソウル、一九九九年）、金永義『佐翁尹致昊先生略伝』（初版は、基督教朝鮮監理会総理院、一九三四年。再版は、佐翁尹《マ》致昊文化事業《マ》委員会〈ソウル〉から『尹致昊選集2』として一九九九年に刊行）、民族問題研究所編『親日問題研究叢書人名編2　親日人名事典』（ミニョン、ソウル、二〇〇九年）、朴枝香『尹致昊の協力日記』（イスプ、ソウル、二〇一〇年）等。

（28）『大韓帝国官報』、光武九年三月一日付、号外。

（29）同前。

（30）注（28）光武九年四月一三日付。

（31）尹致昊の日記は、韓国の国史編纂委員会から一九七三年から一九八九年にかけて、全一一冊で刊行された。内容は、第一冊は一八八三年一月から一八八七年一一月までは漢文、一八八七年一一月から一八八九年一二月まではハングル、一八八九年一二月からは英文である。第二冊から第一一冊までは英文で、最後は一九四三年一〇月までとなっている。本章で取り上げる一九〇五（光武九）年一一月一八日条は、国史編纂委員会本の第六冊に掲載されている。

ここで日記に関連して、尹致昊の伝記についても見ておく。尹致昊の伝記としては、注（27）で触れたように、戦前に金永義の『佐翁尹致昊先生略伝』が基督教朝鮮監理協会総理院から一九三四年に刊行され、一九九九年に佐翁《マ》尹致昊文化事《マ》業委員会（ソウル）から再刊されている。外部大臣の印章に関わる件について、この伝記では次のように記されている。

外部では魚允迪と李始栄が宿直していたが、佐翁〔尹致昊〕先生は、このとき病床にあった。深い憂慮の中にいる外部から、三時頃急に日本公使館前間恭作と外部顧問沼田《ママ》〔沼野安太郎〕が走ってきて、外部大臣の印章を求めた。彼ら〔魚允迪、李始栄〕は驚愕し、事態の深刻さを知った。しかしそんなとんでもない要求に印章を渡すことはできなかったが、彼ら〔前間恭作、沼野安太郎〕の要求が朴斉純の了承なく行われたのかと考えた。〔中略〕彼ら〔魚允迪、李始栄〕は宮中に電話して確認すると、それは明らかに朴斉純の了承があって〔前間恭作、沼野安太郎が〕要求したものであった。しかたなく彼ら〔魚允迪、李始栄〕は、主事・申泰定に印章を届けさせた（再刊本二三五―二三六頁）。

要点を書き抜くと次の通りである。

a　外部では魚允迪と李始栄の二名が宿直していた。
b　前間恭作と外部顧問沼田《ママ》〔沼野安太郎〕が走ってきて、外部大臣の印章を求めた。
c　魚允迪、李始栄は宮中に電話して確認した。
d　前間恭作、沼野安太郎の要求は朴斉純外部大臣の了承を得たものであった。
e　魚允迪、李始栄は仕方なく主事・申泰定に印章を届けさせた。

尹致昊の日記と比べて相違点と共通点とがある。まず、相違点としては、印章を要求してやって来た人物として前間恭作と沼野安太郎の二名が挙げられていること、申という主事の名前が申泰定となっていることなどである（前述の『官案』による限り、申泰定主事という人物は当時の外部にはいない）。『略伝』は日記を参考にしていないようである。共通点としては、李始栄（交渉局長）と魚允迪（参書官）の二名の名前が挙がっていること、外部大臣の印章の引き渡しは朴斉純外部大臣の了承によること、などである。

『佐翁尹致昊先生略伝』を尹致昊の日記と比較すると、『略伝』では前間恭作と沼野安太郎の二名が外部大臣の印章を求めて外部に来たとしているなどの相違が見られるが、外部大臣の印章を外部から条約調印会場に移送する件は、朴斉純外部大臣の指示によるものであることで一致している。したがって、『佐翁尹致昊先生略伝』も明確に外部大臣印章勒奪説を否定していると言える。

(32)　尹致昊『尹致昊日記6』（英文）、（韓国国史編纂委員会、一九七六年）、一九〇五（光武九）年一一月一八日条、一九六―一九七頁。
(33)　安龍植『大韓帝国官僚史研究Ⅲ』（延世大学校社会科学研究所、ソウル、一九九五年）三二九頁。
(34)　『外部官員履歴書』、ソウル大学校奎章閣、奎二〇六五七。
(35)　注（4）。

(36) 林権助『わが七〇年を語る』（第一書房、東京、一九三五年）二二四頁。
(37)『韓国併合史の研究』（岩波書店、東京、二〇〇〇年）二一五―二一六頁。
(38) 注(15)康成銀「『乙巳五条約』の強制調印」一二二頁。
(39) 注(12)「日韓協約調印情況ニ関スル新聞報道ニ関連シ実状報告ノ件」。

3　大韓帝国期の皇室財政研究の現況と展望

趙　映俊

はじめに

大韓帝国（光武政権）によって行われた一連の政策および事業の性格に対して、半世紀にわたって論争が続いている。一九七〇年代中葉に発生したいわゆる「光武改革」論争が研究成果の蓄積過程から少しずつ形をかえて繰り返されているのである。例えば二〇〇四年には『教授新聞』で高宗皇帝に対する評価をめぐって紙上論争があったが、論争に加わった研究者がそれぞれの立場の違いを確認する水準にとどまった(1)。二〇〇八年にも『ハンギョレ新聞』で似た形態の企画コラムが連載されるなど、論争は依然として続いている(2)。二〇一〇年には「韓日併合一〇〇周年」という象徴的意味が加わって、韓国と日本など国内外の諸学会・機関で学術大会ないしは展示会が企画され、進行した。そのような多くの関心と重要性にもかかわらず、大韓帝国の性格解明や皇帝高宗に対する評価、さらには「光武改革」の本質把握が容易でないだけでなく、学界の合意点や接点を見出すことは非常に難しい。わずか一〇余年間（一八九七―一九一〇）存続した政治体制についての解釈がこのように分かれている理由は、大韓帝国の国家運営を「韓日併合」という韓国近代史最大の政治的事件と関連させて解釈しなければならないという――ないしは解釈せざるを得ないという――研究者の義務感に起因するものと見なければならない。

経済史に限れば(3)、大韓帝国への評価は特に土地制度史と財政史の分野で論争が行われている。土地制度史の観点からは光武量田とそれによる地契発給を近代的土地調査事業と評価できるかが鍵となった。その理由は私有財産権の保障という経済発展論や新制度経済史学の観点から要求される「制度」確立の検出の有無が重要視されたためである(4)。財政史の観点からは皇室財政への評価をめぐって激しい対立がある。それは皇室の財政的位相が大韓帝国の性格規定において核心的な評価基準にならざるを得ないからである。本章では既存の財政史研究を批判的に再検討し、今後の研究方向を提示することで関連する論議の進展に寄与したいと考える。

既存の財政史研究では「宮府一体」や「人君無私蔵」と表現される封建的・家産的特徴を持つ朝鮮後期の王室財政と政府財政の重複が「甲午・光武改革」を経て解体され、宮内府・内蔵院体制が制度的に確立されたという点が強調される。しかし皇室財政の制度的分離にもかかわらず、実際の規模においては政府財政を圧倒する規模が独自に維持されたことから、近代性の観点からは到底肯定的な解釈を下しがたい運営の姿が観察された。その後保護国期に入り、日本人により「強制的に」裁断され、近代化がなされたと評価されている。

このような結論を導きだす過程において、既存の研究では資料活用、方法論、イデオロギー、事実関係の検証などでいくつかの誤りがあったと考えられる。本章では既存の研究の成果を効果的に紹介し、主要な争点を明確にしつつ批判的に考察した後、今後の研究において解明されなければならない課題を設定し、その実現の可能性を展望する。そのようにすることで韓日併合の歴史的性格を大韓帝国の財政運営の特性と連関させて理解させることができると期待される。

一　研究の潮流と動向

大韓帝国の皇室財政に関する論議が近代歴史学の水準の下でなされ始めたのは主に植民地期日本人の歴史学者によって資料収集と整理が行われてからである。当時すでに主要な政策と制度についての理解がなされていたことは周知の事実である。しかし本格的な論議はなされなかった。その後、全般的な財政状況に関する初歩的な考察がされ始めたのは一九七〇―八〇年代になってからである（趙璣濬 一九六五・申相俊 一九七〇・金大濬 一九七三・金玉根 一九七七・堀和生 一九八〇・黄夏鉉 一九八二・李潤相 一九八六）。その過程で皇室費をはじめとする予算の内訳、宮内府および内蔵院の新設や財政収支の悪化などの基礎的情報が学界に紹介された。このような研究成果によって皇室財政に対する研究がより深く行われる必要があることが認識された。特に金大濬（一九七三、三二―三四頁）が整理した「所管別歳出予算および構成比」（表6）は全体予算の推移と合わせて皇室費の推移まで表しており、後続の研究で積極的に受容されたという点で特記に値する。(5)

一九九〇年代に入って資料の活用上の変化と合わせて皇室財政についての多様な接近がなされた。その潮流は大きく四つの方向で把握することができる。第一は皇室財政に対するマクロな接近を通じた財政規模と構成、推移に関する理解であった。まず徐栄姫（一九九〇、三五九頁）は宮内府に関する研究で「内蔵院は機構としては以前の内需司を継承したものであり、したがって内需司とその所属であった龍洞宮、於義宮、寿進宮、明礼宮などの所管の財源（宮庄土、各種雑税、利権）を管理することになったわけであるが、光武年間になってその他の多様な利権が内蔵院に属するようになり国家財政を凌駕する大機構に拡張した」という点を提示し、「実際に光武年間に高宗は各種の銀行設立、貨幣改革準備、鉄道敷設などに頻繁に内帑金を下賜」したが、「宮内府が集積した財源がそのように投与されたであったろうと想定することには無理がない」と推論を行った（徐栄姫 一九九〇、三六〇頁）。全般的に西洋政治体制の変動過程およびマルクス主義的な資本主義移行という観点から朝鮮の近代的変動を扱っており、さまざまな但し書きを通じ、結論を留保しながらも近代化ないし改革への高宗の意図を明確にする形式をとったという点で非実証的な限界を露にせざるを得なかった。

金允嬉（一九九五、八六―八七頁）は皇室関連の予算外の支出に注目し、「一九〇一年以後予算外支出額が急激に増えたことを見ることができるが、その理由は大韓国国制の宣布以後失墜した皇権の回復を可視的に示すことのできる事業であり、それまで管理が十分になされなかった王陵の改修作業を実施したため」であると評価した。しかし、そのような統計は『日省録』の記事を整理して活用したものであり、サンプルの偏り（sampling bias）から自由ではない。また全体的にこの論文は推定や推測に依存しており、正確な数値による厳密な実証が求められる。

以上のような実証上の問題を解決するために李潤相（一九九六）は内蔵院（経理院）の会計帳簿（『会計冊』）を本格的に分析した。帳簿の分析は予算だけでなく、実際の財政収入と支出を把握することができるという点で方法論上画期的であった。特に「皇帝の命令を受け宮闕に入れた資金」としての「内入金」の規模と比重を具体的に明らかにしたという点で既存の研究と区別される(6)。しかし内入金の用途については推測にとどまっており、近代化事業と連繫させて過剰な解釈を行ったという点に限界があった。

その後、金載昊（一九九七）は長期的・制度論的な観点から内蔵院問題に接近して、大韓帝国期の財政に対する総合的な理解を追求し、李潤相（一九九六）の会計帳簿研究を補完した。特に大韓帝国期財政の家産制的（patrimonial）な特性についての指摘とそれが持つ経路的特質、すなわち近代的財政制度の「形成」過程としての意義を強調したという点で、一九九〇年代に行われた大韓帝国期財政研究が一段落したと見ることができる。

第二は皇室の収入源についての個別的、ミクロな接近である。皇室の収入源は大きく土地と、土地以外のものに区分できる。土地は皇室の最大の収入源であったため、それに関連する研究は活発に展開された。紙面の関係上一つ一つ挙げることは難しいが、いくつかの代表的な事例のみを見れば、[7] 例えば朴賛勝（一九八三、二五九―二六〇頁）は駅土、屯土、宮坊田を含めた各種の収税源を皇室が蚕食していったという事実を指摘し、それを「王室財政の強化は一方では国家財政の侵食を意味」すると評価して「民人に対する収奪の加重を意味するもの」であり、「そのような王室財政の強化は生産的な投資にはほとんど繋がらなかったことから同時代人に決して肯定的に受け入れられなかった」と見た。李潤相（一九八六、二八五頁）も内蔵院で荘園、紅蔘、鉱山、種牧、水輪、雑税などを全て管理していたことを「王室財政が膨大な規模に拡大したことを意味」すると評価していた。

土地以外のものは主に雑税や各種利権、さらには近代化事業に関連したものであり、楊尚弦（一九九六・一九九七・一九九八・一九九九・二〇〇六ａ）と朴性俊（二〇〇五・二〇〇七ａ・二〇〇七ｂ・二〇〇八ａ）が代表的な研究である。これらのミクロな接近法については、意味を付与できないものではないが、前述したマクロな接近と整合性のある解釈を導出していないという問題を指摘できる。例えば楊尚弦（一九九六、一六二頁）では蔘税の徴収において内蔵院の『会計冊』との乖離が観察されることを指摘しながらも、その理由については説明できなかった。それは逆に李潤相（一九九六）で分析した『会計冊』の収録内容についての理解が表面的なものに過ぎず、より深い分析が求められていることを意味する。また楊尚弦（一九九九）では内蔵院が管理した海税について紹介しながらも、内蔵院が全国的に海税を毎年どの程度得ていたかについて一目瞭然に提示できず、それは最近進展している均役海税に関する長期的観点からの考察（趙映俊、二〇一〇ｂ・二〇一一）ともまだ繋がらないものである。

第三は皇室の財政機関と他の機関との間の関係を解明しようとする接近である。まず度支部と皇室財政の相互関連性、皇室財政が国家財政運営に占めた位置などを明らかにする必要があることが金允嬉（一九九五、七四頁）で指摘されていたが、具体的な分析事例が示されたのは外画に関する研究が行われてからである。李栄昊（一九九五）は一九〇二―一九〇四年間の内蔵院で度支部の外画銭を活用し、それを通じて各種商品の貿易活動に従事していたことを明らかにした。このような外画銭の活用が内蔵院の経済的基盤を拡大させていたことは金允嬉（一九九八、一三七―一三八頁）によっても指摘されており、「大韓帝国期に内蔵院外画銭の増加は皇室の貿物費調達と度支部の財政悪化により発生したもの」であると評価されていた。外画を通じて内蔵院などの皇室が政府財政を含めた「国家財政全体を支配」するようになったメカニズムが金載昊（二〇〇〇ａ）によって整理されることになる。

度支部の他にも軍部のような機関が皇室の財政機関である内蔵院と関係を結んでいた。例えば楊尚弦（二〇〇六ｂ、二〇六―二〇七頁）によって「高宗皇帝は内蔵院の資金を動員して軍備を充当するように指示もした」とし、「会計帳簿上は軍部や度支部が内蔵院から借入をする形式ではあったが、内蔵院の資金支援がなかったら度支部や軍部の財政運営に困難があったであろうという点で別途分離して考えられなかった」と見た。

第四は皇室財産の整理と国有化に関する分析である。李相燦（一九九二）、金載昊（一九九二）が皇室財政、財産が日帝によって整理される経過と内容を詳細に紹介し、朴珍泰（一九九九・二〇〇二）などの後続研究によってより詳細に考察されることになる。これらの研究は、植民地化が進行する過程で皇室の経済的基盤がどのように解体されていったかということを制度史的によく示しているという点で、後続研究の指針となった。

以下では、右記のような現在の研究状況でとらえられた争点を代表的な四点に分けて整理し、批判的な検討を通じて限界を指摘すると同時に、その解決方案を示す。

二　主要争点についての批判的検討

（1）不透明な歳出経路

研究成果が蓄積された過程で確認された最大の論争点は予算ではなく、実際の収支であり、その中でも皇室財政の歳入よりは歳出の側にあった。皇室の財政支出の項目中、最大の比重を占めていたと確認された「内入」の性格を解明しがたいという点が指摘されている（李潤相　一九九六、二七一頁・金載昊　一九九七、一二五頁）。内入を単純に「用途不明」と処理せざるを得ないため、その資金がどこに流れていき、どのように用いられたのかということについて実証的な究明が全く行えず、『会計冊』研究が行われてから一〇年が過ぎた後にも依然として足踏み状態にある（李潤相　二〇〇六、一二一頁）。その根本的な原因は皇帝直属の個人金庫ないし倉庫に該当すること、またはいわゆる「内帑」の実態に対する究明が行われていないことにある（金允嬉　一九九五、一〇二頁）。内入、さらには内帑についての理解が不在な状況で「内下」そして下賜金についての説明もやはりよく行うことができない。一部の研究者は資金の流れが「内蔵院→内入→内帑→内下」の経路であったと把握しようとしたことがあったが、その方向性は不分明であり、具体的に確認されていない。

しかしこの問題を解決できる可能性が全くないわけではない。一つの方法は、闕内の殿宮、内蔵院、一司七宮、銀行（大韓天一銀行）、典圜局などの資料を総合して考察する方法により接近するものであり、もう一つの方法は、甲午以前の財政と甲午以後および大韓帝国期の財政を相互比較する方法により接近するものである。後者のように前後の時期の比較が必要な理由は、皇室での支出が経路依存的な特性を持つという点が看過される場合、内入と近代的事業との間の連関性を追究しようとする傾向が強まってしまうからである。このような二つの方向からの接近を通じて内入・内帑・内下の関連性が充分に把握できることが期待され、その過程で皇室財政の物品と資金の移動経路、さらには循環構造が再構成される必要もある。

（2）カバー範囲の問題

次の争点は皇室財政の統合的規模がどの程度の水準であったか不明であるという点である。まず李潤相（一九九六、二二九頁）で明らかになった内蔵院の収支状況は主要な特定帳簿――内蔵院（経理院）の『会計冊』――の単純な集計以上の意義を持たない。皇室財政の帳簿体系に対する積極的解明がなされていない状況では、一部の資料だけをもって多くのものを説明したと自負することは難しいことではないか。例えば、奎章閣が所蔵している皇室財政関連帳簿は『銭会計冊』（奎一九一一三）―『銭会計抄』（奎一九一一四、奎一九一一七）、『内蔵院会計冊』（奎一九一一六）―『内蔵院会計草冊』（奎一九一一五）、『米会計冊』（奎一九一一八）―『米会計抄』（奎一九一一九）、『租会計冊』（奎一九一三〇）―『租会計草冊』（奎一九一三一）、『柴炭会計冊』（奎一九一二〇）―『焼木炭会計冊』（奎一九一二二）などから構成されているが、[8] 李潤相（一九九六、二二九頁）では『会計冊』（奎一九一一三）の分析だけから内蔵院（経理院）財政の面貌を知ることができると断定しているのである。金載昊（一九九七、一二一頁）により『米会計冊』（奎一九一一八）と『租会計冊』（奎一九一三〇）の追加集計がなされたが、それもやはり帳簿体系についての理解に基づくものではなかった。

甲午・光武年間を経て財政の近代化がなされ、産業政策の実現を追求したといえるかもしれないが、皇室会計の近代化はほとんど伴わなかった。近代財政の移植過程でその手段としての近代会計が同時に移植されなかったという点は財源を支出する過程での透明性を確保できなかったり、意図的に確保しようとしなかったりしたことを示す。すなわち財政の前近代性を会計史的な視角で補完する必要があるのである。仮説的な話であるが、財政部門で「前近代財政→準近代財政（反動財政）→近代財政」への転換がなされた水準と会計部門での「前近代会計→準近代会計→近代会計」への移行がなされた水準が対応しなかったとみることはできないだろうか。このような仮説的な接近を実証的に究明するためには、近代化の過程での官府会計の変化の姿に対する緻密な考察がなされねばならない。

それに加え、『教授新聞』の紙上論争で李栄薫が指摘したように、内蔵院以外に存在した皇室財政の他の領域である「一司七宮」およびその他の宮房に関する本格的な論議が行われていないという点が、既存研究の分析のカバー範囲の限界として指摘できる。例えば、李潤相（一九八六、二九六頁）で皇室費自体の急増とは別個にそこに含まれない王室の独自の財政があったという点が指摘されたことがあったが、それは既存には度支部に属していた税源が内蔵院の管理下に入ったという問題に焦点をあてたものに過ぎなかった。さて、そのような財源を含んだ皇室財政の全体規模はどの程度であり、国家財政における皇室費の比重との比較が可能なのか、といったことについては論議されたことがない。それ以前の時期、すなわち朝鮮後期の政府財政の供上と王室財政としての宮房財政の規模などが対比されていたことを勘案すると（趙映俊 二〇一〇a）、大韓帝国期の皇室財政についても同様の推定が可能であろう。これは資料の現存状況に制約される問題ではないため、充分に補完されうる領域であり、ただ関心の拡張が要求されるのみである。[9] つまり、既存の研究では一部の帳簿を通じて復元できる情報だけが概略的に活用される水準にとどまったのであるが、今後はより積極的に資料活用を通じて立体的な再構成が必要であり、また可能であるのである。

（3）長期的観点の欠如

大部分の既存の研究では大韓帝国を時期別に区分し、予算や実収支の状況を比較する方法をとっているが、前後の時期に継続する長期的な観点からの比較を通じて大韓帝国期の皇室財政の歴史性をより明確にする必要がある。なぜなら、大韓帝国期に限定した分析をもって韓日併合や近代化の努力を説明しようとする接近法には無理があるためであり、短期的な分析により歴史性が欠如してしまう実例は多数の研究において容易に観察できる。[10] 財政統計の時系列を高宗初年から植民地期に至る一〇〇年間とし、全体の趨勢の中で大韓帝国の皇室財政が持つ特質を明らかにしようとする試みがなされる必要があり、その過程で皇室財政の構造、規模、比重などが把握されて前後の時期との比較が可能になれば、大韓帝国期の歴史的意義が明確になるのである。

そのためには大韓帝国の前後時期についての財政史研究の進展を待つ必要がある。一九世紀王室財政に対する研究が本格化しており（趙映俊 二〇〇八）、李王職の財政側面についても基礎研究が進行しているため（李潤相 二〇〇七）、[11] これから研究が深化する可能性が充分にある。

長期分析での鍵は貨幣換算および実質変数への転換問題である。貨幣換算問題は比較的容易に解決できるとはいえ、既存の研究で活用した内蔵院・経理院の会計帳簿分析結果では、皇室費の絶対額推移を名目費で見ようとするのみで、実質額の推移については関心がなかった。それは既存の研究が行われていた当時、確保できて信頼できる物価統計がなかったためである。最近になって物価史の成果が多数産出されてはいるが、ソウル地域の信頼できる物価指数はまだ確保されていない。今後物価史の研究がより進展すれば、皇室費の実質額推移とそれが持つ意味に対してより積極的に解釈できるようになると期待される。[12]

（４）財源の皮相的把握

近代化政策、産業化政策の施行または――それが失敗した場合が多かったため[13]――そのような試みだけをもって大韓帝国期の高宗の役割について積極的に評価しようとする傾向もあった。しかし長期的計画が欠如したまま目的が不分明な事業を推進することに財源が消費されていたという点を指摘することができる。特定事業に下賜金を与えたから高宗の努力があったと評価できるかもしれないが、その財源がどこに由来するものであるかに対してより明確に調べる必要がある。例えば、税金であるのか、地代であるのか、貨幣の鋳造利益であるのか、そうでなければ事業の収益金であるのか、などといったことによって全く異なる評価が下されうるからである。

各種政策などの意思決定過程で国民的合意や同意を想像しがたい専制的君主制であったため、無理な事業推進の過程で民間に負担が転嫁される部分も多かった。例えば一司七宮に関する最近の研究で明らかにされたように、皇室の増大する支出を維持するために市廛の納品代金を決済することができない状況が続き、負債が累積しても民間には解決する道理がなかった（趙映俊 二〇〇八）。民間では政府が借款を導入して事業を行おうとすることに対して期待を持っていたかもしれないが、皇室支出の負担は結局民間に転嫁されており、それを部分的ではあるが――「愛恤金」の名目で――解決したのは保護国期の日本人であった。すなわち、公式的に制度化されて府中から分離された宮中以外に別の皇室の領域が存在し、その通路を通じて無責任な転嫁が活性化していたのである。まさにこの点が内蔵院の記録、啓下冊に見える支出記録が実際の支出なのか、そうでなければ帳簿上の支出という二重帳簿体制であったのか、より綿密な再検討が必要な理由でもある。

転嫁経路の複合相についてのもう一つの問題が貨幣部門にも見いだせる。例えば「光武改革」研究班（一九九二、三五六頁）では呉斗煥（一九八五）と都冕会（一九八九）を引用しながら「貨幣部門に関する限り『光武改革』に対する評価は大変否定的」としていたが、むしろその点に注目しなければならない。大韓帝国は皇室中心の財政運営であったことが財政制度の紊乱をもたらしたが、それは商業部門と貨幣部門の双方に転嫁される方式で展開した。その結果、財政紊乱による債務累積に伴う商業の疲弊という直接的な要因と、財政紊乱が貨幣制度の混乱を経て庶民と商業の疲弊に繋がる間接的な要因の二つの要因から、庶民や商人層が二重苦を経てその崩壊を加速化したとみることができる。すなわち財政―商業―貨幣・金融を結ぶ方式の視角から接近すれば、それまで進行してきた各分野での研究と連繋した解釈を期待できるのである。

三　新たな評価の可能性と展望

以上見てきたように、大韓帝国期の皇室財政について既存の研究は粘り強く進められてきたが、残された課題も山積している。しかしそのような課題を解決することのできる展望は暗くないという点が本章の要旨である。ただしこれからこの分野の研究が進行する過程で一つ念頭に置かねばならないのは、推測や推定によって論旨を展開するのではなく、正確に意味が付与された数値に基づいて厳密な実証が求められるということである。ある資料にある数値が載っているとき、それが持つ意味を正確に把握するためには膨大な関連資料との連関性を理解しなければ、その数値の意味を付与することができないのである。その作業を遂行した後に、次のような質問に対する答えを再び行うことができる。近代化政策、産業化政策というものは誰のための、何のための政策であったのか？　その費用を継続して負担させながら長期的な危機状況を打開する能力をもたなかったのは皇帝と政府の能力不在のためであったのか？　そうでなければ体制上の問題なのか？　それでもなければ外部の、すなわち日本の責任なのか？　またそのような状況で高宗はそうせざるを得なかったのか？　それともその程度では最善を尽くしたのか？　このような疑問点に対し答える過程で大韓帝国期の財政の「近代的公共性」に関する根本的な再確認がなされ、大韓帝国と「光武改革」が韓日併合の歴史的性格をどのように規定したのか判断ないし評価することができるのである。

（1）　二〇〇四年四月から一二月まで李泰鎮、金載昊をはじめとする十余名の研究者が熱い討論を行い、『高宗皇帝歴史聴聞会』（プルンヨクサ、二〇〇五）（韓国語）という単行本が出された。

（2）　二〇〇八年四月から五月まで『ハンギョレ新聞』が「われわれの時代の知識論争――高宗をどう見るか」という紙上論争

を六回にわたり進行した。

(3)「光武改革」論争一般についての研究史整理は「光武改革」研究班(一九九二)、李玫源(一九九五)、徐栄姫(二〇〇三)、ホンソンオク(二〇〇六)などを参照されたい。

(4)「制度」に関連した経済史学からの最近の論議としては岡崎哲二(二〇〇五)を参照されたい。

(5)李潤相(一九八六、二九四―二九五頁・一九九六、一三〇―一三一頁・一九九七、一三二―一三三頁)、李香蘭(一九九〇、七四頁)、朴性俊(二〇〇八b、一〇四頁)など。

(6)「内入」の性格についての問題はすでに金允嬉(一九九五、七五頁)によって提起されている。

(7)ここでは一九八〇年代の代表的な研究を抜粋して紹介したが、皇室関連の土地を含んだより詳しく一般的な論議は朴性俊(一九九八・二〇〇一)、金洋植(二〇〇〇)、李栄昊(二〇〇一)などを参照することができる。

(8)文書と帳冊および傍系の資料まで含めば多くの種類の資料が包括される。なお一司七宮のものは別途に存在することが指摘できる。

(9)これと関連して、一司七宮以外にも大韓帝国期に新設された宮についての研究がなされていることには励まされる(朴性俊 二〇〇八b・二〇〇九)。

(10)金允嬉(一九九五、九〇頁)では内需司の業務を以前の時期と連繫させて説明できずにおり、李潤相(一九九六、二二八、二七六―二七七頁)では大韓帝国期の皇室財政の構造が甲午以前の王室財政と根本的にどのように異なった構造を持つことになったのかということを説明できていない。

(11)新城道彦(二〇一一)のように植民地期の朝鮮皇室に対する研究水準が一層高まっているが、その財政的側面に関する研究がまだ充分な支えとなっていないことが残念である。

(12)長期的分析と合わせて行わなければならない一つの課題は、金載昊(二〇〇〇b・二〇〇〇c)で日本との比較が試みられたような比較史的接近である。日本だけでなく前近代の皇室(ないしは王室)が存在した他の国家についても比較研究が進むことを期待する。

(13)外国借款の導入については一部研究がなされてはいるが(全旌海 一九九二・二〇〇三)、やはり結局失敗に終わったという点で注目を得られていない。

参考文献

「われわれの時代の知識論争――高宗をどう見るか」、『ハンギョレ新聞』、二〇〇八年四月―五月。（韓国語）
「光武改革」研究班（一九九二）『「光武改革」研究の現況と課題』、『歴史と現実』八、三四二―三六六頁。（韓国語）
岡崎哲二（二〇〇五）『コア・テキスト経済史』、新世社。
教授新聞（二〇〇五）『高宗皇帝歴史聴聞会』、プルンヨクサ。（韓国語）
金允嬉（一九九五）「大韓帝国期皇室財政運営とその性格――度支部の予算外支出と内蔵院の財政運営を中心に」、『韓国史研究』九〇、七三―一〇九頁。（韓国語）
金允嬉（一九九八）「開港期財政運営の変化と外画の役割」、『韓国史学報』五、一二〇―一五八頁。（韓国語）
金玉根（一九七七）「開港前後期の財政分析」、『経済学研究』二五、一五―四四頁。（韓国語）
金載昊（一九九二）『「保護国期」（一九〇四―一九一〇）の皇室財政整理――制度的変化を中心に」、『経済史学』一六、一―五七頁。（韓国語）
金載昊（一九九七）「甲午改革以後近代的財政制度の形成過程に関する研究」、ソウル大学経済学科博士学位論文。（韓国語）
金載昊（二〇〇〇a）「大韓帝国期の皇室の財政支配――内蔵院の『外画』を中心に」、『経済史学』二八、一―三七頁。（韓国語）
金載昊（二〇〇〇b）「近代的財政制度の成立過程における皇室財政――韓国と日本との比較」、『朝鮮学報』一七五、四三―八一頁。
金載昊（二〇〇〇c）「皇室財政と『租税国家』の成立――韓国と日本との比較」、『社会経済史学』六六（二）、一二七―一四七頁。
金大濬（一九七三）「李朝末葉の国家予算に関する研究――予算分析を中心に（一八九六―一九一〇）」、『経済学研究』二一、二七―五七頁。（韓国語）
金洋植（二〇〇〇）『近代権力と土地――駅屯土調査から払下げまで』、ヘナム。（韓国語）
呉斗煥（一九八五）「韓国開港期の貨幣制度及び流通に関する研究」、ソウル大学経済学科博士学位論文。（韓国語）
徐栄姫（一九九〇）「一八九四―一九〇四年の政治体制変動と宮内府」、『韓国史論』二三、三三七―三九六頁。（韓国語）
徐栄姫（二〇〇三）『大韓帝国政治史研究』、ソウル大学出版部。（韓国語）
新城道彦（二〇一一）『天皇の韓国併合――王公族の創設と帝国の葛藤』、法政大学出版局。
申相俊（一九七〇）『韓国財務行政の近代化過程――甲午改革―韓日合併期、一八九四―一九一〇年』、新潮文化社。（韓国語）
全旌海（一九九二）「大韓帝国初期韓露銀行に関する研究」、建国大学史学科修士学位論文。（韓国語）

全旌海（二〇〇三）「大韓帝国の産業化施策研究――フランス借款導入と関連して」、建国大学史学科博士学位論文。（韓国語）
都冕会（一九八九）「甲午改革以後貨幣制度の紊乱とその影響（一八九四―一九〇五）」、『韓国史論』二一、三七一―四五八頁。（韓国語）
朴性俊（一九九八）「大韓帝国期内蔵院の駅屯土経営の性格」、『朝鮮時代史学報』六、一五九―一九〇頁。（韓国語）
朴性俊（二〇〇一）「韓末陵園墓位田の変化と光武査検」、『慶熙史学』二三、四二九―四五一頁。（韓国語）
朴性俊（二〇〇五）「一八九四―一九一〇年海税制度の変化と税制整備の方向」、『韓国史研究』一二八、二一九―二五六頁。（韓国語）
朴性俊（二〇〇七ａ）「甲午改革――大韓帝国初期（一八九四―一九〇〇年）海税査検と徴収体系」、『韓国文化』四〇、二八三―三一三頁。（韓国語）
朴性俊（二〇〇七ｂ）「大韓帝国期海税管轄権をめぐる葛藤と内蔵院の海税管轄権掌握」、『韓国史学報』二六、二四五―二八四頁。（韓国語）
朴性俊（二〇〇八ａ）「一九〇一―一九一〇年海税徴収体系の変化」、『歴史文化研究』三一、三三三―六四頁。（韓国語）
朴性俊（二〇〇八ｂ）「大韓帝国期新設宮の財政基盤と皇室財政整理」、『歴史教育』一〇五、九九―一三五頁。（韓国語）
朴性俊（二〇〇九）「大韓帝国期新設宮の地主経営」、『歴史教育』一〇九、二二九―二七三頁。（韓国語）
朴珍泰（一九九九）「一九〇四―一九〇七年皇室制度整理に関する小考」、『大真論叢』七、四五―六一頁。（韓国語）
朴珍泰（二〇〇二）「統監府時期皇室財産の国有化と駅屯土整理」、『史林』一八、三一―六九頁。（韓国語）
朴賛勝（一九八三）「韓末駅土・屯土における地主経営の強化と抗租」、『韓国史論』九、二五五―三三八頁。（韓国語）
堀和生（一九八〇）「日本帝国主義の朝鮮植民地化過程における財政変革」、『日本史研究』二一三、一―三八頁。
楊尚弦（一九九六）「大韓帝国期内蔵院の人蔘管理と蔘税徴収」、『奎章閣』一九、一二三―一七七頁。（韓国語）
楊尚弦（一九九七）「大韓帝国期内蔵院の鉱税徴収と鉱物独占購入」、『蔚山史学』七、四九―八八頁。（韓国語）
楊尚弦（一九九八）「大韓帝国期内蔵院の鉱山管理と鉱山経営」、『歴史と現実』二七、二〇九―二四六頁。（韓国語）
楊尚弦（一九九九）「大韓帝国期内蔵院の海税管理」、『蔚山史学』八、一―六一頁。（韓国語）
楊尚弦（二〇〇六ａ）「韓末海税管理機関の変遷」、『歴史文化研究』二五、四一―八〇頁。（韓国語）
楊尚弦（二〇〇六ｂ）「大韓帝国の軍制改編と軍事予算運営」、『歴史と境界』六一、一七九―二一二頁。（韓国語）
李玟源（一九九五）「大韓帝国の成立と『光武改革』、独立協会に対する研究成果と課題」、『韓国史論』二五（韓国史研究の回顧

と展望Ⅲ）二四三―二九〇頁。（韓国語）
李栄昊（一九九五）「大韓帝国時期内蔵院の外画運営と商業活動」、『歴史と現実』一五、二〇九―二四二頁。（韓国語）
李栄昊（二〇〇一）『韓国近代地税制度と農民運動』、ソウル大学出版部。（韓国語）
李香蘭（一九九〇）「大韓帝国の皇室財政に関する研究」、淑明女子大学史学科修士学位論文。（韓国語）
李潤相（一九八六）「日帝による植民地財政の形成過程――一八九四―一九一〇年の歳入構造と徴税機構を中心に」、『韓国史論』一四、二六九―三五二頁。（韓国語）
李潤相（一九九六）「一八九四―一九一〇年財政制度と運営の変化」、ソウル大学国史学科博士学位論文。（韓国語）
李潤相（一九九七）「大韓帝国期皇帝主導の財政運営」、『歴史と現実』二六、九三―一三七頁。（韓国語）
李潤相（二〇〇六）「大韓帝国の経済政策と財政状況」、韓永愚ほか『大韓帝国は近代国家か』、プルンヨクサ、九七―一三四頁。（韓国語）
李潤相（二〇〇七）「日帝下『朝鮮王室』の地位と李王職の機能」、『韓国文化』四〇、三一五―三四二頁。（韓国語）
李相燦（一九九二）「日帝侵略と『皇室財政整理』（一）」、『奎章閣』一五、一二五―一五三頁。（韓国語）
趙璣濬（一九六五）「李朝末葉の財政改革」、『学術院論文集』五、八四―一一七頁。（韓国語）
趙映俊（二〇〇八）「一九世紀王室財政の運営実態と変化様相」、ソウル大学経済学部博士学位論文。（韓国語）
趙映俊（二〇一〇ａ）「朝鮮後期王室財政の構造と規模――一八六〇年代一司四宮の財政収入を中心に」、李憲昶編『朝鮮後期財政と市場――経済体制論の接近』、ソウル大学出版文化院、一〇五―一三四頁。（韓国語）
趙映俊（二〇一〇ｂ）「英祖代均役海税の収取と上納――『輿地図書』の集計分析」、『韓国文化』五一、三―二八頁。（韓国語）
趙映俊（二〇一一）「『賦役実摠』の雑税統計に対する批判的考察――巫税・匠税・海税・場税を中心に」、『韓国文化』五四、二八一―三一〇頁。（韓国語）
ホンソンオク（二〇〇六）「『光武改革』論に関する研究史的整理」、西江大学教育大学院修士学位論文。（韓国語）
黄夏鉉（一九八二）「日帝の対韓植民地支配構造の形成過程――目賀田改革を中心に」、『東洋学』一二、三〇九―三四二頁。（韓国語）

4　大韓帝国期皇室財政の基礎と性格

李　栄　薫

一　問題提起

一八九七年に成立した大韓帝国がどのような性格の国であったのかをめぐっては、現在まで幾度かの論争があった(1)。一方の研究者たちは、大韓帝国の皇帝が追求した政策と政治様態を植民地化の危機を克服しようとした近代的改革として評価した。他方の研究者たちは、大韓帝国の様々な政策には近代的改革の条件を認め難いとして反論した。この論争がどれほど生産的であったのか疑問である。なぜなら、論争が前提としていた事実認識の土台が不十分かつ不透明であるためだ。

論争は大韓帝国期皇室財政の志向が何であったのかを主要論点とした。皇室財政は大きく四つの部分から成り立っている。第一に、政府が皇室を支えるために政府予算の一環として支援した宮内府の財政、第二に、皇室が別途の財源を公式的に確保し運営した、宮内府傘下の内蔵院の財政、第三に、古くから続く宮房の財政、第四に、別庫とも呼ばれる皇帝個人の秘資金運営だ。現在まで皇室財政に関する研究は、主に宮内府と内蔵院の財政を対象にしてきた。

とくに内蔵院財政の実態が実証的かつ詳細に明らかになった（金允嬉 一九九五・李潤相 一九九六a・一九九六b・金載昊 一九九七・二〇〇〇）。しかし、皇室財政の他の部分である宮房と別庫財政の実態がほとんど明らかにされておらず、皇室財政の全貌は依然不透明な状態だといえる。

周知のとおり、宮房に関しては多くの財政記録が伝わっている。しかし、これまで宮房に関する研究が放置されてきたのは、皇室財政全体に対してそれが占める比重が少ないだろうという前提があったと思われるが、はたしてそうであったのかは検討すべきだろう。宮房財政の規模が小さくないのであれば、または、むしろ宮内府と内蔵院の財政よりも大きいのであれば、現在まで宮内府と内蔵院に関する研究だけで下されてきたいくつかの結論に、修正が加えられるかもしれない。また、宮房財政の研究は、一七世紀以降、宮房が成立し存続してきたそれまでの時代との関連という視角から、大韓帝国期皇室財政が帯びる歴史的特質を明らかにすることもできる。一九世紀以来、王室財政は一定の方向の変化をみせてきており、大韓帝国期の皇室財政は特別新しいというよりも、それを継承したということもできる。

処々でその存在が確認されている皇帝個人の別庫に関しても、関連資料が残っていないため、その全貌を解明するには事実上不可能なのが実情である。よく知られているように、皇帝は売官売職を広範囲に行っており、そのことによってかなりの収入を得ていた。たとえば、ホーマー・B・ハルバートによると、観察使のポストの価格は五万ドルに相当した（ハルバート 一九九九、七五頁）。そのほかに、考慮すべき皇帝個人の収入源として、典圜局をあげることができる。しばしば指摘されてきたように、皇帝は典圜局を自分の直属機構として掌握していた。皇帝は典圜局が鋳造した貨幣を自身の意思と必要によって流通させたが、それは皇室財政の運営と強く関連していたはずだ。にもかかわらず、現在までそれに対して大きな関心が向けられていなかったが、やはり資料の不足がもっとも大きな原因であった。しかし、宮房財政の資料のなかには、このような問題点をある程度解消することができる情報が含まれている。宮房財政が別庫、または典圜局と密接な関連のもとに運営されていたためだ。

このような問題意識から、本章では、明礼宮という宮房の財政記録の分析を試みた。まず、一七九三―一八九四年にかけての同宮房の主要収入源と支出用途の推移を紹介する（第二節）。それを土台に大韓帝国期の宮房財政を、それ以前の時代との連続、または断絶の観点から、検討しようと思う（第三節）。そして、皇室財政のもう一つの軸をなす内蔵院と典圜局との相互関係についても言及する（第四、五節）。そのうえで、大韓帝国期皇室財政の歴史的特質については依然として不明確な点は多く残されてはいるが、ある程度の輪郭を本章で描きたいと思う。

明礼宮は、一九〇六年時点で合計一五箇所あった宮房のなかのひとつである（和田 一九二一、五〇四―五〇五頁）。そして、明礼宮は全宮房のなかでは大きなほうだが、それに関する分析のみで宮房財政の全貌を語ることは難しい。本章のこのような問題点は、今後、全宮房を対象とする別途の研究を通して検証され補完される必要があると考える。

二　旧来の宮房財政

（1）一七九三―一八五四年

明礼宮は、王室の中宮殿に属する内帑として宮中の内焼厨房と外焼厨房に各種食材を供給することを主要機能とする宮房であった。所在地は漢城府城内の中部皇華坊であった。ここにはもともと壬辰倭乱当時、義州から戻ってきた宣祖が滞在していた慶運宮があった。その後、光海君が昌徳宮を新築してそこに移ると、慶運宮は仁穆大妃の居所となった。明礼宮は、一六二三年ごろ、仁穆大妃の内帑、すなわち慶運宮の施設の一部として設置されたとみられる[(2)]。その後、一九世紀末まで明礼宮はおもに中宮殿の内帑としての役割をした。後日、一八九七年、ロシア公使館に播遷していた高宗皇帝が景福宮に戻らずに慶運宮に移り宮域を拡充すると、明礼宮は慶運宮の北側に移動した。

明礼宮はその収入と支出について詳細な記録を残していたが、現在、奎章閣には、一七九二―一九〇六年のものが伝わっている。『明礼宮捧上冊』は、毎年月別に収入の品目と数量を記録し集計した帳簿である。『明礼宮上下冊』は、おなじ形式で記載された支出に関する帳簿である。『明礼宮会計冊』という帳簿も伝わっているが、明礼宮の倉庫に保管されている各種物品の在庫を、半年ごとに調査した資料である。これらの資料を総合的に検討すると、この期間の明礼宮財政の構造と推移をほぼ完全に把握することができる。

表1は捧上冊にもとづき、一七九三―一七九四年、一八五三―一八五四年、一八九二―一八九三年の年平均収入規模と収入源を調査したものだ。二箇年の年平均を求めたのは、凶年による生産の変動を緩和させるためだ。収入は、銭、米、豆、木、布など約二〇余種の品目にのぼるが、これらをすべて両単位の銭に換算して統合した。換算に必要な各品目の銭表示価格はみな捧上冊か上下冊から容易に求めることができる(3)。

一七九三―一七九四年までの明礼宮の収入は、大きく供上、内下、奴貢、宮房田、その他の五種からなる。供上は戸曹、宣恵庁、均役庁のような政府の財政機関が、王室に奉ずるという主旨で行われる多様な名分の定期的上納をいう。内下は、王や王妃が宮房の不足した収入を補充するために下賜することをいう。奴貢は、一七九三年当時全国三二箇所の郡県に分布していた一二七口の奴から受納した身貢収入をいう。婢貢はすでに一七七四年に廃止され、奴貢のみが残っていたが、それも一八〇一年に廃止された。宮房田は、明礼宮に属する有土、無土、柴場、草坪などの土地からの収入をいう。一六世紀になっても、王室の主要収入源は全国に分布した数万口の奴婢であった(宋洙煥 二〇〇〇、四〇四―四〇五頁)。一七世紀以降奴婢制が衰退すると、王室は代替収入源として全国各地に宮房田を設置した。有土とは宮房の所有地をいい、地代が納められた。有土宮房田が拡大すると、官僚たちは「王者は私蔵できない」という儒教的公の名分を立ててそれを牽制した。よって、一七世紀末、有土の増設は中断され、そのかわり、土地の所有権ではなく地税だけを宮房に移属させる無土という宮房田が生まれた(李栄薫 一九八八、一三九―一八七

表1　明礼宮の年平均収入規模と収入源の推移

（単位：両）

	1793-1794年		1853-1854年		1892-1893年	
	銭換算額	%	銭換算額	%	銭換算額	%
総収入	19,697	100.0	32,954	100.0	2,916,290	100.0
うち供上	8,553	43.4	17,131	52.0	145,842	5.0
内下	1,000	5.1	3,000	9.1	2,572,616	88.2
奴貢	280	1.4				
宮房田	9,145	46.4	8,742	26.5	184,824	6.3
その他	719	3.7	4,081	12.4	13,008	0.5

資料：『明礼宮捧上冊』（奎章閣図書 19003-91, 92, 55, 54, 6, 5）.

頁）。一七九三―一七九四年当時の明礼宮は、全国に四一箇所の有土、一七箇所の無土、四箇所の柴場、二箇所の草坪を保有していた。最後に、その他は、明礼宮に属する願刹からの進上、明礼宮に属する洑・漁箭・主人などからの収入、別の機関や人物からの不定期的な移転、別の機関に貸与して環収した米穀などをひとまとめにしたものである。

一七九三―一七九四年まで明礼宮のもっとも大きな収入源は宮房田で、四六・四％の比重であった。その次が政府の供上で四三・四％であった。このように、王室は政府の供上だけでは生活ができず（せず）、私蔵として奴婢と土地を保有していたが、これらからの収入が政府の供上より大きかった。朝鮮王朝の王室は政府の上に置かれた超越的権威の公的存在であるだけではなく、それ自身の奴婢と土地財産を持ち、民または政府と利害関係の対立をみせる私的存在でもあった。王室財政の公的性格と私的性格は朝鮮王朝の理念的土台である儒教的公の名分に規制され適切な均衡をなしていた。宮房田の収入と政府の供上が近い比重をなしていた一八世紀末王室財政の実態から、朝鮮王朝王室の以上のような歴史的特質を読むことができる。

収入規模は、その後の一八五三―一八五四年のあいだで一万九六九七両から三万二九五四両に、六七％も増加した。同期間の各種品目の価格には、変化はなかった。実際の市場価格は若干上昇したが、その幅は大きくなく、明礼宮は同期間同一価格で財政を運営していた。いいかえれば、六七％も収入規模の実質的な増加があった。それにもかかわらず、宮房田の収入は、九一四五両から八七四二両に減少した。それは、有土の宮房田からの農業生産が増進せず、地代収入が停滞または減少したためだ。同じ時期、韓半島の中・南部で水稲作生産性の停滞ないし減少が広くみられるが（李栄薫・朴二沢 二〇〇四、二六一—二六二頁・李栄薫 二〇〇七、二七〇—二七三頁）、明礼宮の宮房田も例外でなかったということだ。

宮房田のかわりに収入規模の増加をもたらしたのは政府の供上と王室の内下だった。戸曹と宣恵庁は、一八一九年正月から毎月一五〇両ずつ、合計三〇〇両をあたらしく供上しはじめた。そのほかに、いくつかの新しい供上が行われ、供上の比重は四三・四％から五二％に増加した。王室の内下も五・一％から九・一％に増加した。三・七％から一一・四％に大きく増えたその他の収入の大部分も、実質は王室の内下だとみられる。そのなかには、典洞宅が毎年四〇〇〇両ずつ明礼宮に移転したものが含まれている。典洞宅の実態はわからないが、王室の一部か王族だったようだ。これを内下に含めれば、その比重は二〇％に上昇する。

同期間の政府の供上と王室の内下が増加したのは、支出の増加を充当するためであった。表2は、上下冊から一七九三、一八五三、一八九三年の年間支出規模を、食料費、材料費、工業費、賃料、その他の用途に分類して調査したものだ。年ごとの支出は収入とは違って弾力的ではないので、二年間の平均をとらなかった。食料費は宮中で各種の食べ物をつくる内・外焼厨房、生果房、生物房などで用いられる多様な材料の支出や購入費をいう。明礼宮の奴婢たちが市中で購入を代行した貿易価についてては、その具体的な内訳はわからないが、すべて食料費に含めた。材料費は、柴木・炭のような燃料費、宮中の内人たちのための被服費、厨房で使われる各種布類と紙類の費用、紙・筆のような事務用品費、灯油・柴油のような照明費などをいう。工業費は、宮中で行われた染色・薫造・沈醤・園芸・馬飼育の費用と各種の器物・器皿の購入ないし修繕費をいう。賃料は、明礼宮に属する内人・次知・掌務・熟手・奴・婢・庫直・治匠など諸般宮属に定期的に支給される報酬、人夫の雇価のような各種運搬費、宮属たちの旅行費、王室の王

表2　明礼宮の年平均支出規模と用途の推移

（単位：両）

	1793年		1853年		1893年	
	銭換算額	%	銭換算額	%	銭換算額	%
総支出	17,559	100.0	38,208	100.0	4,446,912	100.0
うち食料費	9,641	54.9	15,515	40.6	3,542,335	79.6
材料費	811	4.6	2,657	7.0	121,185	2.7
工業費	592	3.4	2,386	6.2	221,345	5.0
賃料	4,245	24.2	12,938	33.9	372,177	8.4
その他	2,270	12.9	4,712	12.3	189,870	4.3

資料：『明礼宮上下冊』（奎章閣図書 19001-4, 15, 8）.

族・内人・内官・守宮・願刹に対する贈与などを含む。

一七九三年の支出は一万七五五九両で、一七九三―一七九四年までの平均収入一万九六九七両より少ない。一八世紀末、明礼宮の財政は黒字基調だった。反面、一八五三年の支出は三万八二〇八両で、一八五三―一八五四年の平均収入三万二九五四両を超過した。当初の黒字基調がいつの間にか赤字基調に転換した。その理由は、表2でみられるとおり、一七九三年にくらべて、食料費と賃料の支出が増加したためだ。とくに賃料が約三倍にも増加した。上下冊によると、明礼宮の宮属は一七九七年六三名から一八三四年七七名に増加した。宮属の数が増加したのは宮中で展開した王室の日常生活がより煩雑になったためだ。たとえば、食料費の増加が語るように、宮中での宴会と祭祀がより頻繁になり、規模が大きくなった。宮中で行われた各種工業の比重が約四倍に増加したのも王室の暮らしの規模が大きくなったことを代弁している。

図1は『明礼宮会計冊』によって、一七九三―一八五三年の間の五年ごとに年末現在高の状況を調査したものだ（一八二三年欠）。年末の在庫の品目は五〇余種以上と多様であるが、そのなかで九〇％以上を占める金、銀、銭、米の在庫のみを銭に換算、合計した結果である。一七九三年末には、明礼宮の現在高は四万六二三〇両に達するほど豊かだった。米で換算すると、七七〇五石に達する規模である。一八世紀の経済的安定と倹素な王室財政がこのような大規模な備蓄を可能とした。

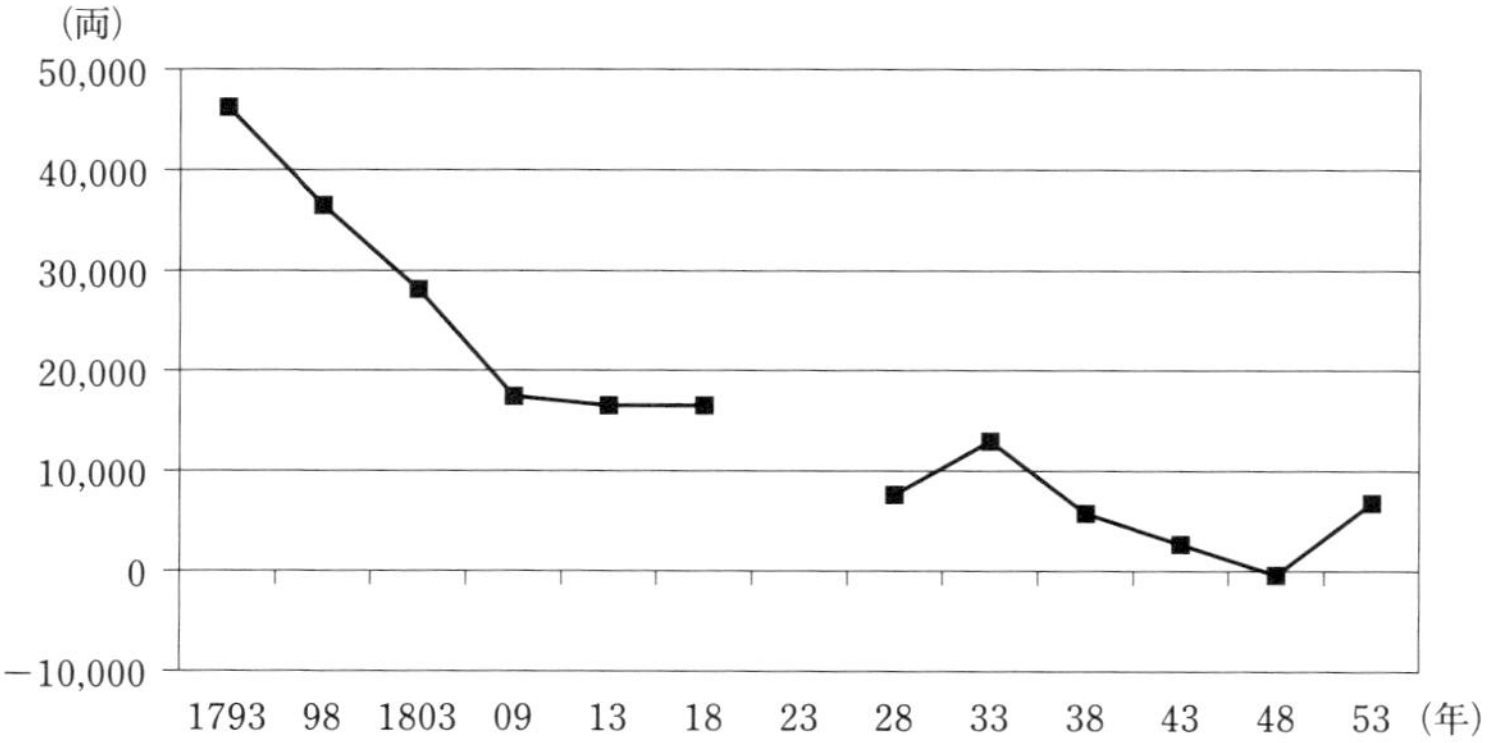

図１　明礼宮年末現在高の推移（1793-1853年）

資料：『明礼宮会計冊』（奎章閣図書 19004-33, 27, 34,95, 36, 24, 88, 32, 84, 18, 40, 12）.

以降一八〇九年まで、明礼宮の年末現在高は一万七〇〇〇両前後に急速に減少した。その原因が何であるか、明礼宮自体の赤字累積によるのか、もしくは別の政府機関への移転のためなのかは今後別途に調査する必要がある。その後、純祖年間（一八〇一―一八三三年）にかけて、明礼宮の年末残高は、毎年起伏がありはするが、一万三〇〇〇両を前後する水準に安定した。明礼宮の現在高がふたたび悪化したのは、憲宗年間（一八三四―一八四九年）のことだ。その結果、一八四八年明礼宮の現在高は一時五五八両の赤字を記録した。ともかく、一九世紀に入り、明礼宮の財政は王室の支出が大きくなって赤字基調に陥り、それにしたがって一八世紀からひきついだ豊かな在庫を少しずつ消尽していった。

（2）一八五五―一八九四年

一八五五年から朝鮮王朝はそれまでに経験したこともない経済的危機に直面した。農業生産が急速に減少し、物価が持続的に上昇し、市場が分裂した（李栄薫 二〇〇七）。この危機の期間に明礼宮の収入は表1にみられるように、一八五三―一八五四年の三万二九五四両から一八九二―一八九三年の二九一万六二九〇両に、約八八倍にも膨張した。同期間、物価も急速に上昇した。たとえば、米一石の価格は六両から一三八両に、二三倍も上がった。これを勘案すると、明礼宮の実質収入は、同期間三・

八倍増加した。

危機の時代を反映して、宮房田からの実質収入は減少した。額面では八七四二両から一八万四八二四両に約二一倍増加したが、物価が二三倍にも上昇したためだ。政府の供上も額面では八・五倍増加したが、物価の上昇幅におおきくおよばなかった。危機の時代に政府財政の状態も悪化したためである(4)。そのなかで、明礼宮の実質収入を三・八倍にも引き上げたのは、王室からの内下であった。内下は一八九二―一八九三年に年平均二五七万両を超過し、総収入の八八・二%を占めるようになった。

一八八〇年代の宮房田と関連して付言すれば、明礼宮は一八八六―一八九一年に、全国六一箇所に分布する新しい宮房田を、購入か開墾の方式で確保した(5)。ところで、明礼宮はこの新しい宮房田を内別置という別途の会計として管理した。反面、一七世紀から存続してきた宮房田は元庫として管理した（李栄薫　一九八五、三六六―三六七頁）。いま分析している明礼宮の捧上冊と上下冊は、元庫に属する旧来の宮房田のみを対象にしている。したがって、表1に提示した一八九二―一八九三年の宮房田収入のなかには、内別置に属する新しい宮房田の収入が含まれていない。このことから、一八八〇年代に入り明礼宮の財政は、城内皇華坊に所在する宮房を窓口とする公式会計と、宮中の王妃が私的に管理する内別置会計に二元化されるようになったといえる。おおよそこの時期から大韓帝国期皇帝の別庫につながる別途の会計も同様に成立したのではないかと推測されるが、詳細な検討は今後の研究課題である。

明礼宮に対する王室の内下は、一八世紀からずっと受け継がれたものであるが、不定期でまた少量であった。おおよそ銀で下賜されたが、現物の時もたびたびあった。捧上冊によると、銭の形態で大量の内下が毎年、ほぼ定期的に行われるようになったのは一八八二年からである。宮中で国王の別庫と王妃の内別置という会計が成立したのと時期を同じくして、明礼宮に対する内下も規模が大きくなり定期化されたと推測される。捧上冊は国王が下賜したものを内下、王妃が下賜したものを内別置として区分したが、内別置の規模はそれほど大きくなく、また定期的ではなかっ

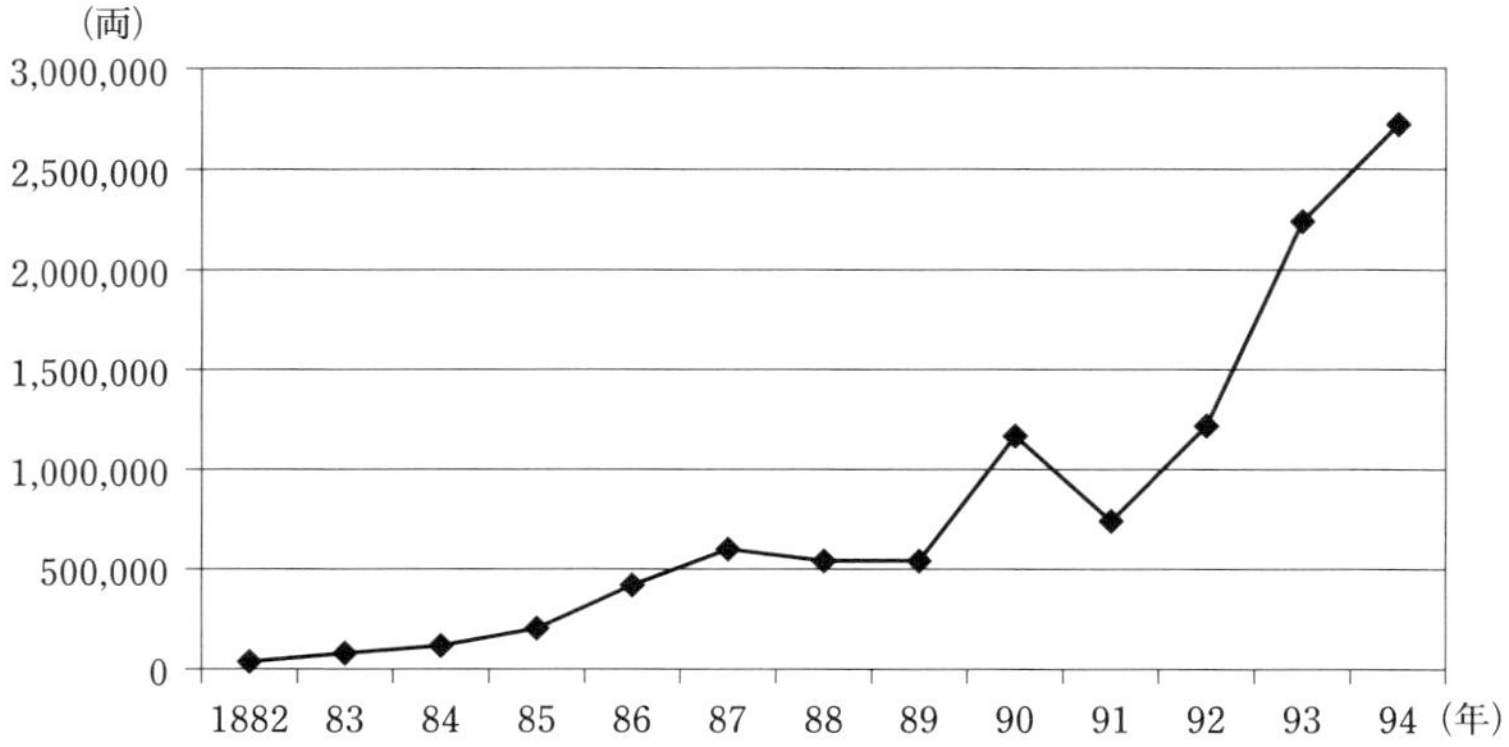

図2　明礼宮への内下の推移（1882-1894年）

資料：『明礼宮捧上冊』（奎章閣図書 19003-1, 21, 20,19, 18, 17, 16, 7, 43, 42, 6, 5, 4）.

た。以下では、内別置を内下に統合して、合わせて提示する。一八八二年から一八九四年までの内下の年度別推移を提示すると図2のとおりである。内下は一八八二年三万八一〇〇両にすぎなかったが、一八八七―一八八八年に年間五〇万両を超え、一八九一年以降急増し、一八九四年には二七〇万両以上の巨額に達した。

この内下金が一八八二年から発行された当五銭であることは容易に推測できる。まさにこの年から銭形態の内下が行われるようになったためだ。ある年の捧上冊は内下銭が江華からきたものだと表記している。当五銭は京畿道と平安道の各所で鋳造されたが、そのなかの一箇所が江華府だ。この事実も明礼宮に運搬された内下金が当五銭であることを示している。先行研究が指摘しているように、当五銭の発行は、王妃閔氏を中枢とする閔氏政権の有力な財政手段であり、閔氏一族の蓄財の方策でもあった。当五銭の発行は物価を急に引き上げるなど、様々な弊害をうみだした。これに対する批判が大きくなると当五銭は一八八五年からしばらくの間発行が自制されていたが、一八八九年から一八九四年に廃止されるまで、実質価値が名目価値に及ばない悪貨の形態で大量発行された（呉斗煥 一九九一、六一―八一頁）。このような当五銭の歴史と図2の推移は、年度別に正確ではないが、ほぼ一致している。これもやはり当五銭が内下の手段に違いないことを示している。

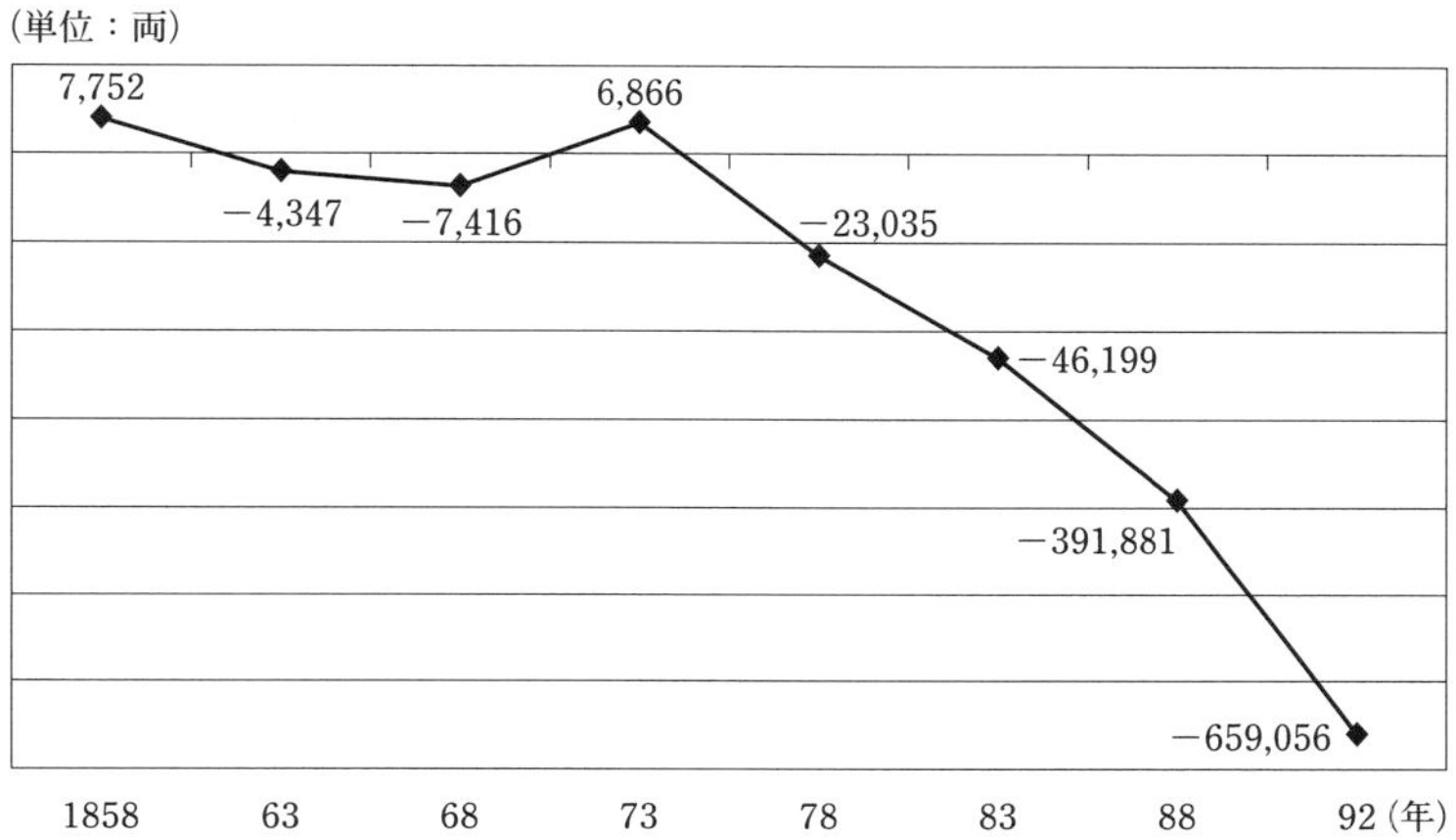

図３　明礼宮の年末現在高の推移（1858-1892 年）

資料：『明礼宮会計冊』（奎章閣図書 19004-12, 42, 13, 53,14, 28, 15, 54, 19077-2）.

要するに、国王高宗と閔妃は一八九二―一八九三年、明礼宮収入の八八・二%を当五銭で充当した。それにもかかわらず、同期間の明礼宮の支出は表2からみられるように、収入二九一万両をはるかに超える四四四万両に達していた。この時期の明礼宮の財政は、巨大赤字構造だった。同時期の明礼宮の会計冊は、この赤字が「加用」すなわち借入によって埋められていたことを語っている。図3は一八五八―一八九二年の会計冊から確認できる米と銭の年末現在高の推移である。

明礼宮の年末現在高は、一八六三年、高宗の時代となり借入基調に転換した。一八七三年には一時借入基調を脱出したが、一八八三年まで少しずつ累積借入を増やしていった。そうしているうちに、一八八四年以降急速に累積借入が増大しはじめ、一八九二年には六六万両の巨額に達した。同期間、閔妃を中心とする閔氏一族の執権は確固としたものであった。大規模借入はこのような政治的背景でなされた。借入先がどこなのか、政府財政なのか市中の商人なのかは会計冊では確認できない(6)。

この危機の時代に、閔妃は何のためにこれほど過度に明礼宮の財政を拡張したのか。表2にみられるように、一八九三年、明礼宮は三五四万両以上の食料費を支出した。総支出に占める食料費の比重は七九・六％に達した。食料費がこれほど増加したのは、非常に頻繁となった告祀・茶礼と宴会のためだった。上下冊によれば一八九三年の一年間で二九回の告祀と茶礼が行われた[7]。閔妃は王室の安寧を祈願するために、宮中に神堂を建てて、巫堂と僧を呼び込み告祀と茶礼をおこなった。それだけでなく、一八九三年の一年間に合計三七回の宴会を催した。国王の誕生日を祝賀するためのものもあるが、大部分が、宮中の後苑で臨時に内外の賓客を迎えての、王室の威厳と恩恵を誇示するために催された宴会だった。一八九四年二月の捧上冊の一節には、二二〇万両の巨額を内下しながら、「誕日熟設条」とある。王の誕生日を祝うに十分な宴会を催すための用途という意味だ。宴会がおわれば賓客たちのために賜饌がなされた。日本から輸入された盆に食べ物をいっぱいに盛り、風呂敷につつんで人夫に背負わせ賓客たちの家に運ばせた。あわせて焼厨房、生物房、生果房に所属した熟手たちに工銭が十分に払われた。表2でみられるように、食料費だけでなく、工業費と賃料が大きく増加したのはこのためである。一八九三年の上下冊で告祀・茶礼と宴会に関連した食料費、工業費、賃料をすべて合わせると、当年の総支出四四四万両の半分をこえる二四七万両に達した。

閔妃以前の宮主たちがこのように贅沢な宴会を催したことはなかった。大院君の統治と開港以降、何度か大きな政変を経験した過程で、王室の日常生活を儒教的公の名分によって規制してきた政治勢力はみな消去されてしまった。そのあげく、王室は一八八四年以降千年王国の宴を享受した。きわめて公的な取り扱いがされてきた銅銭を乱発して宴会で浪費することは、一八世紀の謹厳であった朝廷としては想像もできないことであった[8]。この良き時代は一八九四年の清日戦争により終わりをむかえた。王室を庇護してきた清帝国が朝鮮から後退した。日本の支援によって成立した内閣は、立憲君主制によって王室を制しようと、政治的改革を推進した。試練の時代が王室を待っていた。

三　甲午更張の衝撃と回復

明礼宮財政は一八九四―一八九五年の甲午更張によってかなりの打撃をうけた。まず、無土宮房田が廃止された。甲午更張は、宮房田と衙門屯土に付与されてきた免税の特権を廃止した（甲午陞総）。それにしたがって、民有地として該当の地税を宮房に上納してきた無土宮房田が廃止された。また、無土が廃止される過程で有土の一部も共に廃止された。有土のなかには事実上の民有地としてきわめて低い水準の地代のみを宮房に納める、無土と境界があいまいなものがあった。このような部類の有土を、甲午更張当時、第二種有土といった（李栄薫 一九八八、一三五―一三六頁）。実際、甲午更張以前にすでに一二箇所の第二種有土が明礼宮の受け取り対象から離脱していた。一八世紀末以降のことであった。このような趨勢の延長で甲午更張によって無土が廃止されると、一三箇所の第二種有土も共に廃止された。前述したとおり、一八世紀末、明礼宮の有土は全国四一箇所に分布していた。その有土は、甲午更張以降は二二箇所にすぎなくなった(9)。宮房田の収入源としての価値はめっきり減少した。

甲午更張が明礼宮に加えたもっとも深刻な打撃は、当五銭を廃止したことだった。それにしたがって、一八九二―一八九三年の総収入の八八・二%をも占めていた王室からの内下は、大きく減少するほかなかった。一八九五年には宮主の閔妃が日本の刺客に弑害された事件が発生した（乙未事変）。明礼宮はもっとも頼もしい政治的後援者を喪失した。

甲午更張によって成立した内閣は、日本貨幣と同一称量の新式貨幣を発行した。新式貨幣一元は旧常平通宝五両に該当した。明礼宮の上下冊は一八九五年正月から支出手段を旧常平通宝から新式貨幣に替えた。そのときから諸般の物価が一律的に五分の一に切り下げられる変化があったことがわかる。ところで、貨幣の単位はその後もあいかわら

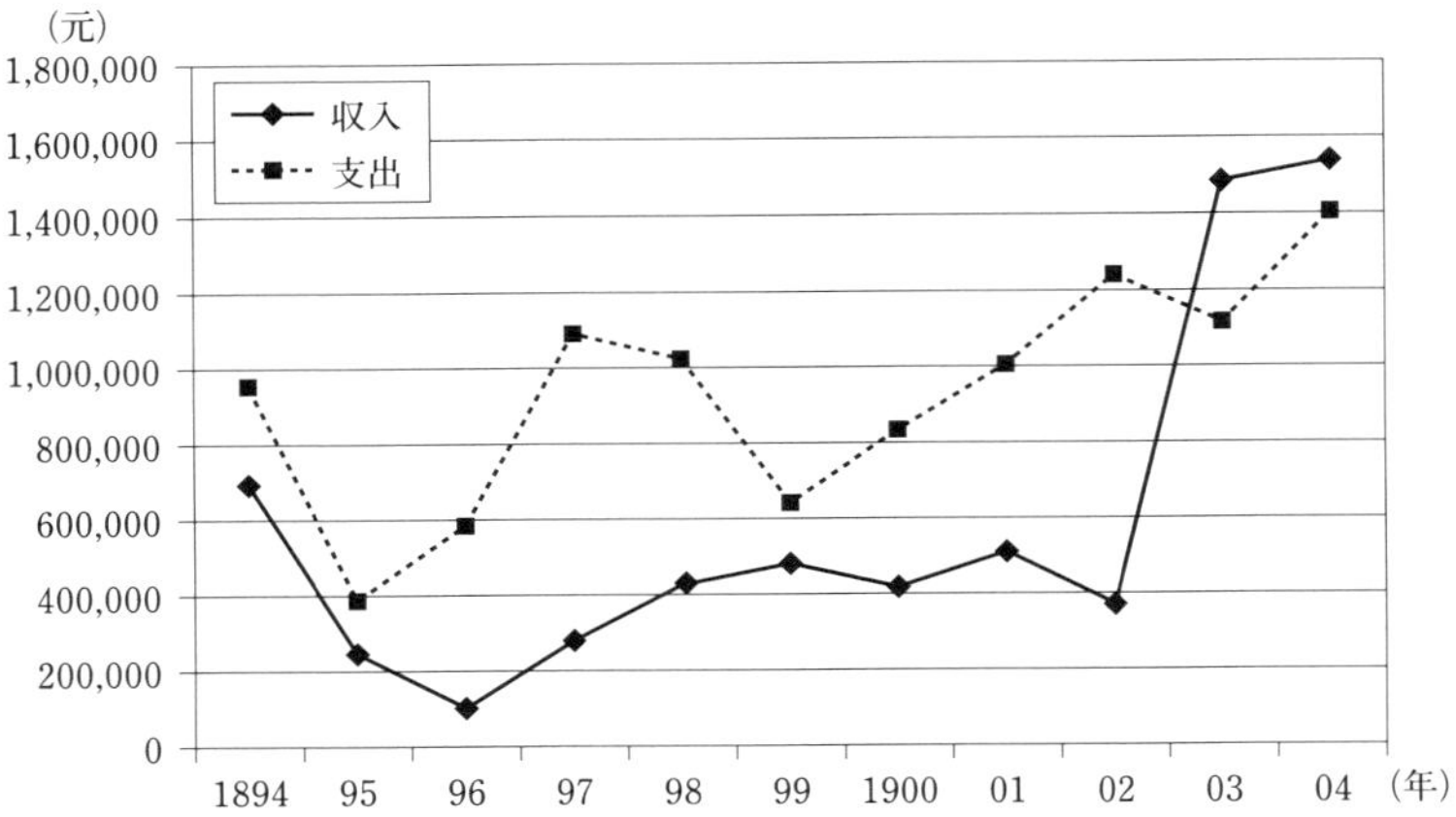

図４　明礼宮の収入と支出（1894-1904 年）

資料：『明礼宮捧上冊』（奎章閣図書 19003-4, 41, 40, 39, 38, 37, 36, 35, 34, 33, 32），
『明礼宮上下冊』（奎章閣図書 19001-68, 73, 67, 57, 6, 64, 16, 61, 63, 9, 74）．

ず両で表記されていた。一見なんの変化もないようだが、実際には支出手段が旧貨幣から新貨幣に替わったことに留意する必要がある。捧上冊の場合は一八九五年八月まで旧貨幣を使用し、その後新貨幣に替わった。しかしここでも貨幣の単位はあいかわらず旧来の両で表記された。

図４は一八九四―一九〇四年、明礼宮の収入と支出の推移である。一八九四年の収入と支出は旧貨幣によってなされたが、比較の便宜のために、五分の一に切り下げた。同期間の貨幣の単位は、捧上冊か上下冊ではあいかわらず両だったが、読者の混乱を避けるために、元で表記した。

明礼宮の収入は甲午更張の衝撃をうけて、一八九四年の六九万余元から一八九六年までに一〇万余元に大きく減少した。以降、一八九七年大韓帝国の成立を迎え、一八九九年までに四八万余元に回復し、その水準で一九〇二年まで停滞した。以降、一九〇三―一九〇四年に一四八万余元以上に急増した。各年の収入において八〇%または九〇%以上の収入源は内下であった。一九〇三年に収入が大きく増加したのは、内下が前年の三三万余元から一二七万余元に大きく増加したためだ。捧上冊はそのなかの一〇〇万元に対して「末下条」と用途を明らかにしている。すなわち、市

表3　明礼宮の収入内訳と支出用途（1903-1904年）

（単位：両）

1903-1904年			1903年		
	銭換算額	%		銭換算額	%
総収入	1,512,853	100.0	総支出	1,124,101	100.0
うち供上	30,497	2.0	うち食料費	873,241	77.7
内下	1,457,014	96.3	資材費	12,066	1.1
宮房田	24,842	1.6	工業費	14,324	1.3
			人件費	187,063	16.6
その他	500	0.1	その他	37,406	3.3

資料：『明礼宮上下冊』（奎章閣図書 19003-33, 32），『明礼宮上下冊』（奎章閣図書 19001-9）．

中の商人から各種の品物を購入しながら代価を支出していないものについて、それを返済する目的である。図4にみられるように、一八九四年以降、支出はつねに収入を超過した。明礼宮財政は一八九四年以前でそうであったが、それ以降もあいかわらず借入れによって運営されていた。それを返済するために一九〇三年と一九〇四年に大量の内下がなされ黒字に転換したが、累積してきた借入れがどれほど返済されたのかは疑問である。一九〇三年の黒字規模がそれほど大きくないだけでなく、一九〇四年には支出が増加し、収入と支出がほとんど同じ規模になったためだ。

一九〇三―一九〇四年の収支状況をより詳細に提示すると表3のとおりである。両年の平均収入一五一万余元は大部分が内下によった。内下の比重は九六・三%にもなった。二・〇%の供上は宮内府からの支給をいうが、甲午陸総によって廃止された無土の収入を補塡するために一八九七年からおこなわれた支給と、歴代国王の肖像を祀った真殿での享需を充当するための支給などをいう。宮房田は前述したとおり、収入源としての価値を失い、その比重は一・六%しかなかった。

一九〇三年の支出用途をみると、食料費が七七・七%の比重を占めているが、その点で一八九三年とほとんど同じである。その原因をしらべると、景孝殿で行われた七八回の上食と茶礼がもっとも重要だった。景孝殿は一八九五年に弑害された閔妃の魂殿である。閔妃は、一八九三年には生きている宮主として頻

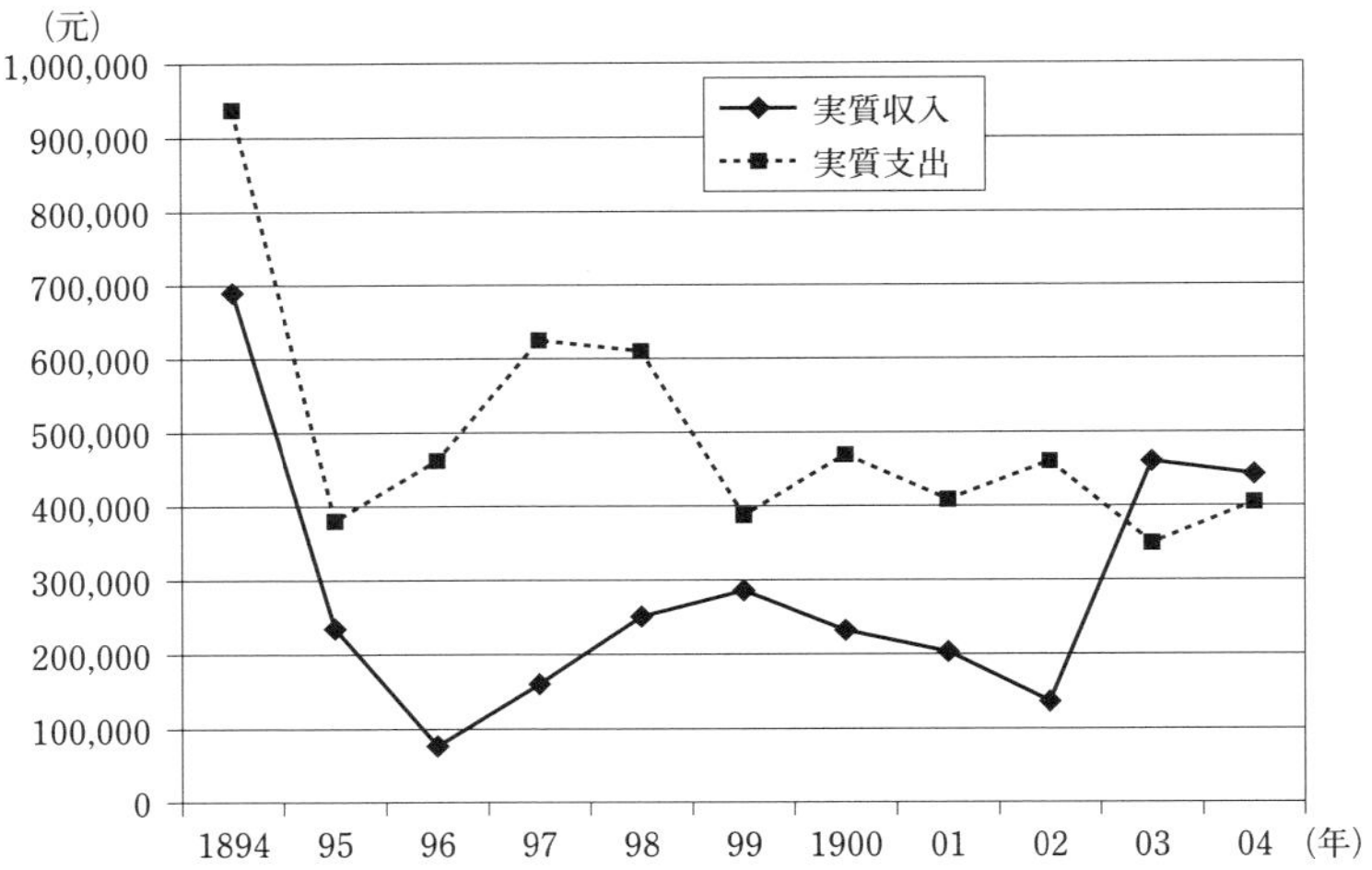

図５ 明礼宮の実質収入と支出（1894-1904年）

資料：図4に同じ.

繁に告祀と宴会を主催するだけでなく、一九〇三年には死んだ宮主として頻繁に上食と茶礼をうけた。そのほかに、一九〇三年の一年間に、皇帝に進御床が二八回も捧げられた。そのうちの九回で、賜饌床までが振る舞われた。一九〇二年五〇歳の時に耆老所に入り老人暮らしをはじめた皇帝は、尊体を保全するために随時にその内帑によって珍羞盛饌の床を捧げるようにさせた。さらに一九〇三年は彼の即位四〇周年であったので、政府は盛大な宴会を準備し、明礼宮もその費用の一部を負担した。食料費に次いで人件費が一六・六％という大きな比重を占めたのは、明礼宮に属する宮属たちが一一〇名にも増加していたためである。

周知のとおり、大韓帝国期、典圜局は大量の白銅貨を発行しはげしいインフレーションを誘発させた。上下冊がつたえる各種財貨の価格は、一八九四—一九〇四年に平均三・四倍にも上昇した。同期間の年度別物価指数を作成し[10]、各年度の実質収入と支出を提示すると図5のようである。ここでみられるように、一九〇四年の実質収入と支出は一八九四年の半分にも満たない水準であった。

要するに、明礼宮財政は、閔妃が活発に活動していた一八九三―一八九四年が絶頂期だった。甲午更張と乙未事変によって明礼宮は大きな打撃をうけた。その後も王室の内下がなされ、その金額は一九〇三―一九〇四年には年間一四五万余元の巨額に達したが、財政の実質規模は絶頂期の半分にすぎなかった。その間、公的規範から逸脱した皇室は、虚礼と浪費で明かし暮らしたという点だけは変わらなかった。この虚礼と浪費をささえた内下の出所はどこだったのだろうか。

四　内蔵院財政との関係

大韓帝国の皇帝はかれの専制権力が成立する一八九九年を前後して、政府財政に属する様々な公的財源を宮内府傘下の内蔵院に編入させた。たとえば、一八九八年、内蔵院は人参専売を実施して、参税を徴収した。鉱税も内蔵院に属することになった。一八九九年には旧来の衙門屯土の牧場土が、一九〇〇年には旧来の駅土が内蔵院に移管された。一九〇一年には漁税と塩税が内蔵院に移った。そのほかに内蔵院は沿江税や庖肆税のような様々な名目の雑税を新設・増徴した。その結果、内蔵院財政が膨張しはじめた。『内蔵院会計冊』によると、一八九七―一九〇〇年の内蔵院の年平均収入は、二〇万両にすぎなかったが、一九〇一―一九〇二年に二〇〇万両、一九〇三年に五八九万両、一九〇四年に三〇〇四万両に増加した（李潤相　一九九六a、一六一―一六二頁）。とくに一九〇四年の急速な膨張が印象的である。また、一九〇五年、統監府の財政顧問部は、同年の皇室財政の収入を総四九一万四〇〇〇元に、そのうち六六・二％を内蔵院の収入に推算した（金載昊　一九九七、一一八頁）。

既存の研究はこのような事実を土台に、大韓帝国期皇室財政のなかで、内蔵院がもっとも大きな比重を占めていたとみなしてきた。しかし、いまやその点を再考するときである。内蔵院の収入と支出は旧貨幣でなされた。したがって、内蔵院の会計冊上の貨幣単位、両は、旧貨幣の両である。その点で、明礼宮の捧上冊などでの両が、新貨幣の元であるのとは違う。この点に強く留意する必要がある。

内蔵院が旧貨幣をあいかわらず収入と支出の手段に採択していた理由は、つぎのようである。一八九四年、甲午更張で当五銭が廃止された時、当五銭がすべて回収されたのではなかった。一八九四年の全国の通貨量七〇〇〇―八〇〇〇万両のうち、旧来の常平通宝、すなわち当一銭は一〇〇〇―二〇〇〇万両程度であり、のこり六〇〇〇万両前後もの多額が当五銭だったと推定されている（呉斗煥 一九九一、九三―九五頁）。したがって、一八九四年以降にも、当五銭はあいかわらず支配的通貨をなしていた。ただし、当五銭の価値は、強制的に五分の一に切り下げられ、旧来の当一銭と同価値として評価された。このように評価を切り下げられた当五銭をさして、当坪といった。一八九五年以降、新貨幣が発行されたが、その発行高は、一九〇一年まで旧貨幣より少なかった。たとえば、一九〇一年の旧貨幣の通貨量は、日本円で五〇〇〇万円であるのに対して、新貨幣白銅貨と赤銅貨の通貨量は、二〇〇〇万円と推定されている（呉斗煥 一九九一、二〇三頁）。そのうえ、新貨幣の流通範囲は、ソウル、京畿、黄海、平安に局限されており、残りの地域には、あいかわらず旧貨幣が支配的通貨をなしていた。旧貨幣の地域で内蔵院に上がってくる各種税の量は少なくないが、それはみな旧貨幣のままだった。このような理由で、内蔵院はあいかわらず旧当一銭や当坪を収入と支出の重要手段とした(11)。

会計冊によれば、内蔵院の収入と支出は一九〇三年まで銭、銀貨、紙幣、木、布などによってなされていた。銭は旧貨幣の当一銭や当坪、銀貨は新貨幣の本位貨幣（一元）、紙幣は日本第一銀行券をさしている。会計冊は旧貨幣当一銭をさして常平銭だといった。たとえば、一九〇三年一月の会計冊は、常平銭五〇〇〇両が仁川から運搬されてきたと記録している。二月にも六五一九両の常平銭が仁川から運搬されてきた。このほかに内蔵院は、一九〇三年六月にかけて常平銭五六〇〇両を皇帝に内入した。内蔵院は旧貨幣当一銭や当坪を保管するために、一九〇三年六月にかけて、二八〇〇座の銭櫃を製作、または宣恵庁から借用した。新貨幣白銅貨と赤銅貨が内蔵院の会計冊にあらわれるのは一九〇四年からであるが、それもそれほど大きな比重ではなかった。新貨幣を運搬したり、保管するための櫃を銅貨櫃といったが、一九〇四年、内蔵院は八回にわけて四八〇〇座の銅貨櫃を製作したり借りたりした。

要するに、内蔵院は明礼宮が一八九五年から新貨幣を財政手段に採択したのとは対照的に、旧貨幣をそのまま使用した。したがって、明礼宮と内蔵院の財政規模を比較するためには、内蔵院の両単位収入額または支出額を、五分の一に切り下げる必要がある。このようにして、さきに紹介した内蔵院の収入額と図4に提示された明礼宮の収入額を比較した結果、一八九六—一九〇〇年の内蔵院収入規模は、明礼宮の二—三%に過ぎないことがわかった。一九〇一—一九〇三年は一七—二六%である。収入が三〇〇四万両に急膨張した一九〇四年は、明礼宮の三・二倍だ。つまり、一九〇三年までの内蔵院財政の規模は明礼宮とは比べ物にならないのだ。明礼宮以外にそれに近い財政規模の内需司、寿進宮、龍洞宮などの宮房があった。この数が全部で一五に達していた宮房の財政をすべてあわせると、一九〇四年ですら内蔵院をはるかに超過していたものとみえる。従来の内蔵院を大韓帝国期皇室財政の中心としてみなしてきた理解は、修正される必要がある。

つぎに、大韓帝国期明礼宮の財政を支えてきた内下の出所について調べてみよう。内蔵院であった可能性はまったくない。内蔵院が取り扱った貨幣は旧貨幣で明礼宮が使用した新貨幣ではなかったというだけでなく、その財政規模が一九〇三年まで明礼宮の二六%以下で、明礼宮収入の八〇—九〇%を占める内下を供給する能力がないためだ。収入が明礼宮より三・二倍多くなった一九〇四年の場合は検討する必要がある。同年内蔵院が皇帝に内入した金額は一〇三一万両、すなわち二六〇万元であった（李潤相　一九九六a、一九五頁）。そのなかの一四六万余元が明礼宮に支給された内下であった可能性がある。

しかし、明礼宮の上下冊が提供するいくつかの情報は、このような可能性を否定している。一九〇四年明礼宮は一三四万四一〇〇元の内下金を推来しているが、六七二〇元五〇銭の運搬費を支出した。一元あたり運搬費は〇・五銭である。この運搬費は一九〇一年以来変化がなかった。いいかえれば、明礼宮への内下金は一九〇一年以来、同一の場所から出発した。参考に一八九九年の一元あたりの運搬費を調査すると、一〇倍にもなる五銭である。このときには、はるかに遠い所から内下金が出発したということだ。これと関連して、以前には仁川にあった典圜局が一九〇〇年漢城府の龍山に移ってきた事実を考慮する必要がある。運搬費が一〇分の一と安くなった理由を説明するものはそれ以外にないからだ。いいかえれば、一九〇四年に明礼宮に入ってきた大量の内下金の出発地は、一九〇一年に移設された龍山典圜局であった。巡検に護衛され人夫が銅貨櫃を運搬する行列を想像してほしい。これほど大韓帝国の実態をよく示している場面はないだろう。

五　典圜局の運営実態

大韓帝国期に典圜局は総額一八〇三万余元の貨幣を鋳造した（甲賀 一九一四、三七頁）。中央銀行が不在であったその時代に、典圜局が鋳造した貨幣は、どのような経路をへて市中に通貨として発行されたのか。典圜局の運営実態に関しては、奎章閣、ソウル大学図書館、国史編纂委員会にわずか数点の文書が残っているだけだ。奎章閣の「典圜局文書」（経古三三四九・一 H一九三·jb）は、一九〇〇年七月一五日から九月六日まで、典圜局の管理沈相薫が仁川典圜局技師韓旭に下した二七件の訓令を綴ったものだ。大部分の訓令は皇帝の啓単にもとづいて、何の用途で、いくらの銅貨をすぐに出給せよという内容である。たとえば、七月一五日の訓令を紹介すると、皇帝の万寿聖節を迎え、進饌費一万元を上納する用途で啓単を添付して訓令を下したので、到着後すぐに同金額を上納するために巡検に護送させろとある。そのほかには、皇子義和君に対する贈与、漢城電気会社のボスウィック（Borswick）に対する支払い、郵船会社に対する支給、典圜局が雇聘した日本人たちに対する賞与などが用途である。このように、典圜局の主要貨幣は、典圜局の管理が皇帝の啓単にもとづいて、皇帝が指定した所に現送する方式で発行された。指定された用途と現送場所は、大部分が皇室の消費や事業と関連したものであった。

ソウル大学図書館の「典圜局文書」（経三三三一・四九五一　T一二八．j）は、一九〇四年典圜局の管理署理崔錫肇が、月末ごとにその月に鋳造した銅貨を皇帝に「捧上」した内容である。この文書が伝えている同年の鋳造総額は、三五〇万四五五元である。[12]その後、一九一四年に典圜局の甲賀宣政が明らかにした同年の鋳造総額は、三四六万二六三五元である（甲賀　一九一四、三七頁）。二つの金額がほとんど一致するのをみると、「捧上」の実際の意味は、鋳造額についての報告であったとみられる。同文書を作成した崔錫肇は別の場所で「一九〇二年典圜局の鋳造総額二八〇万元のうち一五〇万元が、帝室用にわけられ別庫に保管されていた」と言及したことがある。[13]このことから、当時の皇帝は鋳造額に関する典圜局の報告を受けたのち、そのなかで一部分を自分の秘資金を管理する倉庫に動かすようにしたかを知ることができる。このような皇帝の処分のための基礎資料として作成された報告書が、上記のソウル大学図書館の文書だと考えられる。

この文書は、明礼宮に下された皇帝の内下金が典圜局から直接運搬されたことを明確にしていることに大きな意義がある。明礼宮の捧上冊によると、皇帝は一九〇四年七月、一〇四万二〇一五元を明礼宮に内下した。[14]ところで、上の文書で崔錫肇が報告した、同年六月と七月の鋳造額は一〇五万三三一六元である。ふたつの金額がほとんど一致するところをみると、同じ金だったといってもよいだろう。いいかえれば、皇帝は典圜局の報告にもとづいて、同年六月と七月に鋳造した銅貨全部を明礼宮に動かすように命令したということだ。

また、この文書は、典圜局の活動が銅貨の鋳造に留まらなかったことを示している。同年五月典圜局は銅貨以外に、二二万二二二九円の紙幣を捧上したが、官参を売却した金額のなかで、のちに「還清」する条件で「貸用」したものだとしている。一九〇四年三月以降、官参は三井会社によって委託販売されたが（李潤相　一九九六a、一七三頁）、紙幣二二万余元を「貸用」したところはここだったのだろう。このようなことは、一九〇〇年の奎章閣文書でも確認されている。同八月一六日付の訓令は、紙幣の使用が多いので、あらかじめ銅貨三万元にあたる紙幣を換えておくようにと典圜局へ命じたものであった。いいかえれば、典圜局は皇帝が必要とする貨幣を、種類に応じて、供給するところであった。典圜局の銅貨鋳造も、どこまでも皇帝個人の要求に応じるためのところに違いはなかった。

最後に、国史編纂委員会の文書を紹介する。同委員会が写真・ガラスフィルムで所蔵しているこの資料は、五張からなっているが、第一—四張が内蔵院卿兼典圜局長である李容翊によって作成されたものだ。最後の第五張は一八八四年、典圜局が設立される時、典圜局総弁などを任命した古文書だ。第一—四張の内容を紹介する。まず、第四張をみると、ここには一九〇〇年初めのあるとき、高宗皇帝が侍従朴昌善を通して口頭で李容翊に下した命令が引用されている。典圜局の現在高がいくらであり、昨年に人参製造にかかった費用のなかで、人から借りた金があったのか、何の金で人参を製造したのか、ひとつひとつ詳細に報告しろという内容である(15)。これに対する李容翊の直接の報告が、第一張である。一九〇〇年三月五日に作成されたこの報告書の内容は、つぎのようである。第一に、一九〇〇年二月末現在、典圜局の現在高は八一万元であるが、そのうち一三万元は当年松都の参圃を間買するために内蔵院参政課に支給するので、現在高は六九万元である。第二に、前年の人参製造費は合計五〇万元であるが、すべて典圜局の鋳造貨で充当し、他人の金は一銭も借りていない。第三に、北布、すなわち咸鏡道産麻布八五同を購入し、朴昌善の家に置いた。第四に、人参を至急販売する必要がある。もし数日遅くなると、価格が下落するおそれがある。

一九〇〇年四月、李容翊は現金現在高に関するもうひとつの報告書を作成した。それが、第三—四張である。ここで報告されている現金現在高は、当坪と銭坪の二種に区分されている。当坪はさきに紹介したように、当一銭に評価が切り下げられた当五銭をいう。銭坪は貨幣単位が元であることから、新貨幣だと思われる。したがって、この報告書は新貨幣を鋳造した典圜局の在庫ではなく、それと別途に管理された現在高を対象にしている。もう少し検討する必要があるが、皇帝個人の資金を取り扱った別庫の現在高だと考えられる。そうすると、別庫の運営と関連して、ほとんど唯一伝わるきわめて重要な資料だといえる。その内容は次のようである。まず、当坪と関連して、第一に、六七万両で米穀を購入し、京郷各地に預けておいた。第二に、一五八万両は七箇所に殖利銭として預けて置いたが、必要があれば今日にでもすぐ取り立てることができる。第三に、二〇万六三〇〇両はまだその用途に関して指示を受けていない。(16) 第四に、以上のように米穀の購入資金を除外した現金現在高は、一七八万六三〇〇両であるが、そのなかで二〇万両は紙幣八〇〇〇元に換えて保管している。第五に、その他に銀九〇〇両重を買いおいた。つぎに、銭坪と関連しては、五万一三二〇元のなかで本日四〇〇〇元をまず捧納するという簡略な内容のみである。残りの第二張は一九〇〇年七月末に作成されたものであるが、典圜局の現在高が八六万余元だという簡略な報告である。

このように、国史編纂委員会の資料は、李容翊が皇帝にかわって典圜局の鋳造貨幣と別庫の資金を商業的に管理した実態を生々しく伝えている。第二節で示したように、別庫の資金がどのように作られたのか不透明であるので、今後の研究課題としたい。資料が伝える李容翊の商業活動は、人参専売、米穀と北布の売買、高利貸し、両替にいたるまで多様であった。李容翊は典圜局と別庫の資金を元手にした大韓帝国最大の商人であった。より正確にいえば、かれを忠犬として従えた皇帝自身が最大の商人であり、典圜局はかれのこの上なく素晴らしい私金庫であった。

後に、典圜局の事務長となった三上豊は、「典圜局ハ国王ノ典圜局、貨幣モ国王ノ貨幣ト申シテヨイ訳デ、鋳造スルモ此レヲ使フ事モ国王ノ思ヒノ儘デス」と回顧した（三上 一九三二、一七五―一七六頁）。以上のような数点の断片的な文書が伝える典圜局の運営実態は、三上豊の回顧が日本人の偏見だけではなかったことを語っている。悪貨が乱発されるにつれ、物価が騰貴し韓貨の価値が下落するなどの副作用が少なくなかった。しかし、皇帝がこれをすこしも気にかけなかったのは、典圜局とそこで鋳造された貨幣があくまでも皇帝個人の財産であり、また、かれの支払いを待っている皇室の暮らしの規模があまりにも大きすぎたからだ。

しかしながら、当時の急迫した内外情勢はこのような皇帝の放縦をいつまでも放置はしなかった。典圜局の白銅貨乱発は市中の世論を極度に悪化させた。一九〇三年下半期以来、朝廷の元老たちは李容翊を繰り返し弾劾した。同年一二月、結局李容翊は内蔵院卿と典圜局長を免職させられた。その直後、日露戦争が勃発すると、白銅貨の乱発で被害をうけた日本商人たちは、日本軍が典圜局を差し押さえ閉鎖することを要求した。このような恟々とした雰囲気のなかで、李容翊が管理してきた典圜局の貨幣、すなわち皇帝の資産はすべて内蔵院に移管させられた。これに関連して、三上豊は一九〇四年二月（陽暦）、戦争勃発後、白銅貨一二四万元、銀貨九〇万元、金地いくらかが内蔵院の倉庫に移されたと回顧した（三上 一九三二、一五二―一五三頁）。実際、内蔵院の会計冊をみると、一九〇四年一月（陰暦）に白銅貨一四九万九七五〇元、赤銅貨一万二〇〇〇元、銀貨九一万五〇〇〇元が新たに納められたことが記載されている。金地は同年八月になって記載されているが、九二七両重であった。

ロシアとの戦争で勝利した日本は、一九〇五年八月大韓帝国に第二次韓日協約を強要し、財政顧問を派遣した。ソウル大学図書館の文書によれば、典圜局は同年一〇月から鋳造活動を中断した。それは大韓帝国の財政を監督しはじめた日本の働きによるものであった。おなじ影響が内蔵院の会計冊にも確認できる。同年八月、一九〇三年の官参販売価のなかに、三井会社から返金されたものとして三三万四〇〇〇元の紙幣が収入に上げられていた。一一月には北布一三二束が収入に上げられた。その間李容翊の管理のもとでどこかに預けられていた皇帝の財産が、内蔵院の公式会計に上げられたということだ。

先に言及したように、内蔵院の年間収入は、一九〇三年の五八九万両から一九〇四年に三〇〇四万両に大きく増加した。そのようになったのは、以上からわかるように、李容翊が管理してきた皇帝の財産が、一九〇四年の政治情勢に規定され、内蔵院財政に移管されたためである。それ以前まで内蔵院財政は貧弱であったが、一九〇四年に突出して肥大したのは、皇帝の意思とは関係なく、他律的になされた現象であった。

要するに、大韓帝国期皇室財政の中心は、典圜局にあった。典圜局が鋳造した一八〇三万元の貨幣のなかで一部分は明礼宮をはじめとする宮房に現送され、皇室の生活費と儀礼費に支出された。一八九七―一九〇四年の間、明礼宮に移されたものだけでも三四五万元を超えていた。全宮房に分配されたものを合わせると、少なくとも一八〇三万元の半分にはなっているはずだ。皇帝はのこりの金を別庫に移し、商業資金や高利貸しの資金に活用した。これによる収益がどれほどであったのかは推測困難である。ともかく一九〇三年一二月、かれの腹心李容翊が残高として管理した皇帝の資産は、二四二万余元に達した(17)。このことから、皇帝が別庫などに移した金はおおよそ六〇〇―七〇〇万元になると推測される。その金が生産的に殖産興業や軍備拡充の用途に投資された可能性はまったくない。そうであるなら、なにか痕跡でも残っているはずだが、そのようなものが確認できないからだ。三上豊によると、一九〇三年一〇月、皇帝の即位四〇周年を記念するために、政府は合計九〇〇万元にもなる盛大な宴会を準備した（三上 一九三二、一三一頁）。このような非生産的な用途に、皇帝が鋳造したり稼いだりした金の大部分が蕩尽されたということは、皇室財政に関する以上の情報だけでも十分に推測される。

六　結　論

大韓帝国期皇室財政に関する従来の研究は、内蔵院を皇室財政の中心機構としてみなしたうえ、皇室財政のもう一方の軸をなしてきた宮房に関しては、それほど大きな関心を寄せてこなかった。本章は、王室（皇室）厨房に食料を調達してきた明礼宮という宮房を対象として、一八世紀末から二〇世紀初にかけての財政の構造と推移を分析した。一七九三―一七九四年、明礼宮の収入源は大きく宮房田の地代と政府の供上のふたつから成っていた。王室はその私有財産を保有した私的存在でありながら、政府の供上に基づいた公的存在でもあった。王室財政の二重的性格は、儒教的公の名分に支持され、また牽制されながらも、適切な均衡をなしていた。明礼宮財政は黒字基調であり、一八世紀の経済的安定と王室の倹素の風によって相当な量の在庫を保有していた。

一九世紀になると、明礼宮は赤字基調に反転した。在庫資産は一八世紀末から減少しはじめていたが、初期の原因はいまだ明確ではない。そのなかで、明礼宮は一八三〇年代までは伝統的な倹素の風を固守しながらも、収支の均衡をとっていた。財政が目立って悪化したのは、一八四〇年代からであった。累積した赤字で在庫が底をつき、一時借入れが行われもした。一九世紀前半、明礼宮財政が赤字基調に陥ったのは、同時代農業生産の全般的停滞を反映し宮房田の収入が減る一方、王室の生活の規模が大きくなるなかで宮属が増加し、賃料の支出が増加したためだ。

明礼宮の歴史でもっとも重要な変化は、大韓帝国期ではなく、一八八二―一八九四年の高宗年間におこった。明礼宮の実質収入は、一八五四―一八九三年に三・八倍にも膨張したが、その主要期間が一八八二―一八九四年であった。王室は一八八二年から発行された当五銭を明礼宮に支給し、それが全収入の絶対多数を占めた。しかし、明礼宮財政は大幅な赤字であった。明礼宮の支出が大きく増加したのは、宮の主人である閔妃が王室の安寧を祈願する告祀と茶礼を頻繁に行い、王室の威厳と恩恵を誇示するための宴会と賜饌をしばしば行ったためだ。

高宗の登極以来、幾度か大きな政変を経て、王室を儒教的公の名分で牽制してきた政治勢力が大きく弱化した。その上に成立した閔妃政権は、伝統的にきわめて公的な管理が行われてきた貨幣の鋳造を、執権や富を得るための私的手段として行使した。儒教的公的規範から大きく逸脱した王室財政は、一八九四年の甲午更張とこれに続く閔妃の殺害によって大幅に萎縮した。以降、一八九七年の大韓帝国の成立とともに、皇室財政の規模はすこしずつ回復していった。典圜局が発行した新貨幣が、その直接的な財政手段であった。大韓帝国期の明礼宮の主要支出は、閔妃の魂殿に捧げられた上食と茶礼、そして皇帝のための進饌であった。多量の新貨幣が内下されたにもかかわらず、一九〇四年、明礼宮の財政の実質規模は一八九四年の半分にもならなかった。言い換えれば、大韓帝国期の基礎と性格は、一八九四年以前の閔妃が宮の主人であった時期にすでに決定されていた。高宗皇帝は当五銭のかわりに白銅貨をもって、それを半分の規模で復元したにすぎなかった。

要するに、大韓帝国期の皇室財政の基礎は典圜局にあった。皇帝は典圜局の鋳造貨幣を家産として掌握し、皇室の虚礼と浪費にその大部分を支出した。余分の貨幣は皇帝の腹心によって商業資金と高利貸し資金として活用された。従来、人参専売をはじめとして、各種の財源を集中し、皇室財政の中心と考えられてきた内蔵院財政は、明礼宮が代表する宮房財政に比較して、その規模はきわめて貧弱なものだった。一九〇四年に内蔵院財政が突然肥大したのは、皇帝の腹心李容翊が管理してきた皇帝の秘資金が内外の政治情勢に押されて、内蔵院に編入されたせいにすぎない。

本章が将来の課題として残しているものは少なくない。内需司と寿進宮など、べつの宮房の財政記録を活用し、全宮房の財政規模を算出する作業がもっとも急を要する。この作業を遂行すれば、皇室財政と政府財政を比較することができ、両者を統合した大韓帝国の国家財政全体を復元できる。一八世紀までの理学君主たちがきわめて公的に取扱ってきた鋳造通貨が、どうして一九世紀末になってはなはだ露骨に王室（皇室）の家産として掌握され、虚礼と浪費に蕩尽されたのかは、実に知的好奇心を刺激する問題だといわざるをえない。結局、ひとつの王朝の敗亡を招来したこのような国家体制の逸脱は、経済史の領域をこえ、政治史または思想史の領域でその内在的原因が総合的に解明されなければならない問題だと考える。

（1）　このよく知られた論争は、一九七〇年代、姜萬吉と愼鏞廈が大韓帝国の諸般の政策について異なる評価を提出したことから始まった（姜萬吉　一九七八・愼鏞廈　一九七八）。以降、一九九〇年代になって金鴻植らと韓国歴史研究会近代史分科土地台帳研究班が、大韓帝国の量田・地契事業に関して、相違した解析を下した研究書を刊行したことで、第二の論争の波がおこった（金鴻植ほか　一九九〇・韓国歴史研究会　一九九五）。続いて、二〇〇〇年代には、近代的改革論を引き継ぐ李泰鎮の著書が刊行され（李泰鎮　二〇〇〇）、教授新聞の紙上で李泰鎮と金載昊を中心とした公開論争が始まり、第三の論争の波がおこった（教授新聞 二〇〇五）。

（2）『光海君実録』一五年一月癸卯、『仁祖実録』七年一一月己亥。

（3）各品目の年度別価格、価格が欠如している年度の補足、これを含む銭への換算過程に関する詳細な説明は、別途執筆中である王室・皇室財政に関する拙著でなされる予定である。

（4）中央政府に属する各司の年末現在高も一八世紀末に合計五〇〇―六〇〇万両だったが、一八七〇年代まで一〇〇万両以下に持続的に減少した（박석윤・박석인 一九八八、一四六―一四七頁）。

（5）『明礼宮元結及田畓収税井間冊』（奎章閣図書一九五七七）。

（6）黄玹は高宗と閔妃が元子のための祭祀を全国各地で行うために、内需司だけではなく、戸曹と宣恵庁の公金をすべて蕩尽したと指摘した（『梅泉野録』巻二）。既存の研究によれば、一八八〇年代に政府財政はひどく悪化し、市場の商人や貢人に貢価を適切に支出できなかったため、ソウルの市廛商業は危機におちいった（Owen Miller 2010）。この点を考慮すると、高宗と閔妃の借入先は市中の商人まで収奪的に拡張したとも考えられる。

（7）宮中の儀礼や風俗として、茶礼や告祀は一九世紀にかけて、その頻度が高くなっていった。たとえば、茶礼は一七九三年の場合、年一回行われただけであったが、一八五三年になると、年七回になった。告祀の場合もおおよそ同じような趨勢である。そして、ふたつとも閔妃が宮主となった高宗年間に急激に増加した。このような変化がなにを物語っているのかは政治史と思想史の研究課題だといえる。

（8）たとえば、一七―一八世紀の朝鮮王朝の銅銭発行は、市場経済の発展という歴史的背景のもとで、政策的には凶作が発生した地域を救済し、山間地域の賦税負担を軽減するという目的で行われたものだった（李栄薫・朴二沢 二〇〇七、六八―七六頁）。したがって、銅銭の鋳造と流通はきわめて公的に管理された。

（9）もともとの四一箇所から二五箇所が消滅したが、二二箇所が残ったのは六箇所の有土が新設されたためである。

（10）一八九四―一九〇四年の各年度上下冊から、消費額が多い米、粘米、赤豆、白清、真油、真末、塩、木の八種の財貨の年平均価格を調査したのち、米と粘米に各〇・二、赤豆以下六種の財貨に各〇・一の加重値を付与し算出した同期間の物価指数は次のようである。一八九四：一〇〇、一八九五：一〇二、一八九六：一二六・七、一八九七：一七三・七、一八九八：一六六・一、一八九九：一六六・七、一九〇〇：一七六・五、一九〇一：二四四・六、一九〇二：二六六・二、一九〇三：三二〇・三、一九〇四：三四四・三。この物価指数がどの程度市場の物価変動を代弁しているのかについての検討は今後の研究課題である。

（11）内蔵院が当坪を収入手段にしたことを示す例をひとつ紹介する。一九〇一年、京畿道高揚郡の咸順明は、「内蔵院が所管する本面草坪の監官である本人の兄順道が税金当坪四万七〇〇〇両をいまだに収刷できないでいるが、本郡ではそのうち一万七〇〇〇両を本郡に納上しろといって監獄につないだので、本人の兄順道を内蔵院に押上し、一万七〇〇〇両を帰正にして欲しい」という主旨の請願を内蔵院に提出した。元の出所は奎章閣の『京畿道各郡訴状』（一九〇一年八月日）。国史編纂委員会、韓国歴史情報統合システムからの引用。

(12)　この文書の貨幣の単位は、圜と表記されているが、元を異称したものだろう。

(13)　『高宗時代史』一九〇二年一二月三一日。

(14)　明礼宮上下冊で内下金の運搬費が支出されたのは、同年一二月である。これは人夫たちに対する支払いが年末になされたためだ。

(15)　このほかに、一八九四年以降の各鉱山の鉱税収入がいくらなのか報告するようにとの命令があった。これに対して李容翊は、詳細に調査し十数日後に報告すると答えている。

(16)　一部の文字が摩耗し内容を正確に把握することができない。

(17)　内蔵院の会計冊によると、内蔵院に編入されたこの金は、一九〇四年末に大部分が皇帝に内入された。既存の研究では、皇帝がその金で秘密外交の資金、反日義兵の軍資金、私立学校設立資金などに使用したと推測したものもあるが、支持しがたい。その金の大部分は典圜局が閉鎖され、別の収入源がなかった皇帝が、一九〇六年まで続いた皇室の巨額の生活費を工面するのに使ったのは明らかだ。

参考文献

資　料

明礼宮捧上冊（奎章閣図書一九〇〇三）
明礼宮上下冊（奎章閣図書一九〇〇一）
明礼宮会計冊（奎章閣図書一九〇〇四）
明礼宮元結及田畓収税井間冊（奎章閣図書一九五七七）
内蔵院会計冊（奎章閣図書一九〇〇一）

論　著

（韓国語）

姜萬吉（一九七八）「大韓帝国の性格」、『創作と批評』第一三巻二号。

教授新聞（二〇〇五）『高宗皇帝歴史聴聞会』、青い歴史。

金允嬉（一九九五）「大韓帝国期皇室財政運営とその性格——度支部の予算外支出と内蔵院の財政を中心として」、『韓国史研究』第九〇号。

金載昊（一九九七）「甲午改革以後近代的財政制度の形成過程に関する研究」、ソウル大学経済学科博士学位論文。

金載昊（二〇〇〇）「大韓帝国期皇室の財政支配——内蔵院の『外画』を中心として」、『経済史学』第二八号。

金鴻植ほか（一九九〇）『大韓帝国期の土地制度』、民音社。

박석윤・박석인（一九八八）「朝鮮後期財政の変化時点に関する考察」、『東方学志』第六〇号、一四六—一四七頁。

宋洙煥（二〇〇〇）『朝鮮前期王室財政の研究』、集文堂、四〇四—四〇五頁。

慎鏞廈（一九七八）「『光武改革論』の問題点——大韓帝国の性格と関連して」、『創作と批評』第一三巻三号。

呉斗煥（一九九一）『韓国近代貨幣史』、韓国研究院、六一—八一頁。

Owen Miller（二〇一〇）「市廛—国家間の取り引きと一九世紀後半朝鮮の経済危機——綿紬廛を中心として」、李憲昶編、『朝鮮後期の財政と市場』、ソウル大学出版文化院。

李栄薫（一九八五）「開港期地主制の一存在形態とその停滞的危機の実相」、『経済史学』第九号。

李栄薫（一九八八）『朝鮮後期社会経済史』、ハンキル社、一三九—一八七頁。

李栄薫（二〇〇七）「一九世紀朝鮮王朝経済体制の危機」、『朝鮮時代史学報』第四三号、二七〇—二七三頁。

李栄薫・朴二沢（二〇〇四）「農村米穀市場と全国的市場統合——一七一三—一九三七」、李栄薫編、『数量経済史で見た朝鮮後期』、ソウル大学出版部、二六一—二六二頁。

李潤相（一九九六ａ）「一八九四—一九一〇年財政制度と運営の変化」、ソウル大学国史学科博士学位論文。

李潤相（一九九六ｂ）「大韓帝国期内蔵院の皇室財源の運営」、『韓国文化』第一七号。

李泰鎮（二〇〇〇）『高宗時代の再照明』、太学社。

韓国歴史研究会近代史分科土地台帳研究班（一九九五）『大韓帝国期の土地調査事業』、民音社。

ハルバート、ホーマー・Ｂ（一九九九）、中腹竜訳註、『大韓帝国滅亡史』、集文堂。原著、Homer B. Hulbert, *The Passing of*

Korea, William Heinemann Co., London, 1906.

（日本語）

甲賀宜政（一九一四）「近世朝鮮貨幣及典圜局の沿革」、『朝鮮総督府月報』第一四巻一二号、三七頁。

三上豊（一九三二）『典圜局回顧談』（稿本）一〇九・一七五—一七六頁。

李栄薫・朴二沢（二〇〇七）「一八世紀朝鮮王朝の経済体制——広域的統合体系の特質を中心として」、中村哲編著、『近代東アジア経済の史的構造』、日本評論社、三八—四四頁。

和田一郎（一九二一）『朝鮮土地地税調査報告書』、宗高書房、五〇四—五〇五頁。

5　韓国併合に関する経済史的研究
——貿易・海運を素材として

堀　和生

はじめに

近代において一つの独立していた社会が帝国主義によって植民地にされる、他国に「併合」（以後括弧を省略）されるとは経済史的にどのようなことであろうか。そして、日本が朝鮮を植民地化し併合した過程は、どのような特質をもっていたのであろうか。これらを明らかにすることが本章の課題である。

経済史の視点から朝鮮の併合過程を解明するために、本章は対外経済関係に焦点を当てることにする。その理由は、併合以前の時代において、朝鮮の国内に関する一国全体を対象とした統計資料がほとんどないのに対して、対外経済関係に関しては、貿易、交通、金融等に統計資料が比較的多く存在しているからである。

本章では、開港以後から併合までの朝鮮の対外経済関係を素材として、朝鮮が自主的な近代化を進めていこうとする過程で、それを取り巻く国際関係がどのようなものであり、とりわけ朝鮮のそのような営みに立ちはだかる日本が、どのように関わったのかを明らかにする。朝鮮の自主的萌芽的な近代化が、日本による帝国主義的な近代化に組み込まれていく過程を、時期別に具体的に検討する。とりわけ、朝鮮の物資流通の変化を分析することで併合過程の歴史的意味を考察するとともに、国際的に比較した場合における朝鮮併合の特質を明らかにする。

一　開港期朝鮮における外国貿易の展開

朝鮮の開港は、一八七六年二月に日本が強要した江華条約によって、日本に対しておこなわれた。これは事実上無関税である点や領事裁判権が認められていることなど、極端に片務的な不平等条約であった。これによって日本はしばらくの間、朝鮮貿易を独占することになった。一八八二年五月に米国と条約が結ばれたので、不平等条約は拡大されたが、日本の貿易独占は条約上消滅した。同様に、一八八三年には英国とドイツ、一八八四年イタリアとロシア、一八八六年フランス等、相次いで列強と条約を締結した。一方、一八八二年九月には宗主国である中国とも条約が締結されて、中国に対しても自由な通商が開かれた(1)。

これらの諸条約によって、朝鮮では以下のように開港開市がおこなわれた。一八七六年一〇月に釜山が、一八八〇年元山が、一八八三年仁川が開かれ、後に一八九七年鎮南浦、木浦、一八九九年群山、馬山、城津、一九〇六年龍岩浦（後、新義州と統合）、一九〇八年清津、一九一〇年新義州、等が順次開かれた(2)。開港期の貿易については、統計資料が整備されておらず実証的な研究は遅れていた。

近代全般における朝鮮貿易の趨勢は、一九一〇年代半ばの第一次大戦期を契機に一変する。貿易の伸びが極めて漸次的であった開港期の趨勢と、急激に増加した植民地期の趨勢との相違は対照的であった。このように巨視的にいえば、朝鮮植民地化による貿易額の本格的な変化は一九一〇年代半ばから始まったといえる。そして、その後朝鮮貿易の増加率は世界的に稀なほど高いものであった。そしてその貿易激増とは、そのまま朝鮮と日本との経済的結合の強

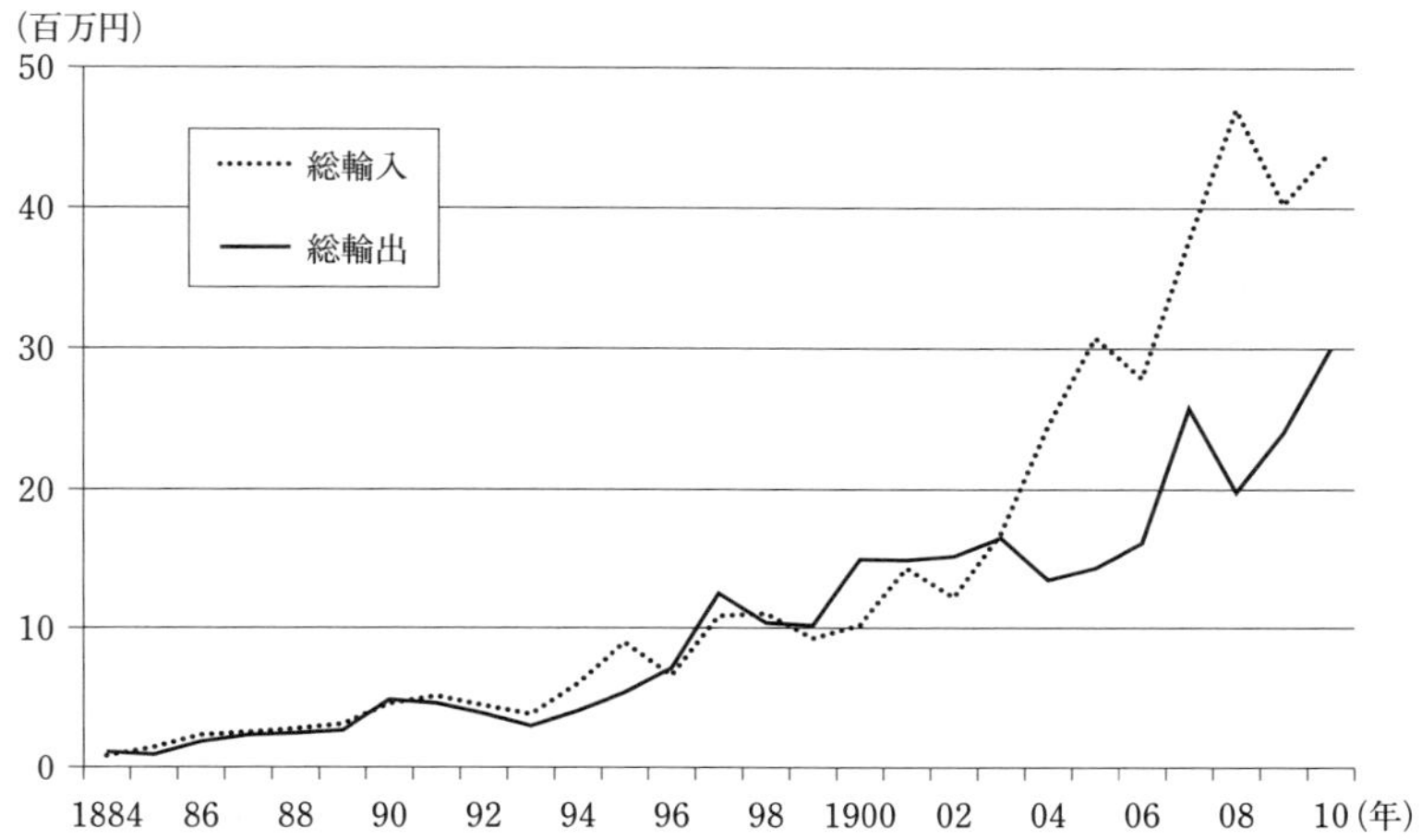

図1　開港期朝鮮の粗輸出入当年価格（商品＋金銀）

出典：Imperial Maritime Customs, China. *Returns of Trade and Trade Reports*, various issues. Foreign Office, U.K. *Diplomatic and Consular Repots. Corea*, various issues. Russia. Ministerstvo finansov, *Opisanie Korei* 1900.

神戸税関『宮尾税関監視官韓国出張復命書』刊行年不詳．横浜税関『税関事務官補斎藤定徳韓国出張調査報告書』刊行年不詳．韓国関税局『韓国外国貿易年表』1908年，1909年．朝鮮総督府『朝鮮貿易年表』各年版．朝鮮総督府『朝鮮輸出入品七年対照表』1911年．朝鮮総督府『朝鮮輸移出入品十五年対照表』1916年．詳しくは，本章注4の堀・木越論文による．

化と融合であった(3)。では一九一〇年代半ば以前において、朝鮮の貿易はまったく停滞的な状況にあったのであろうか。事態はそれほど単純ではない。朝鮮総督府が土地調査事業によって農業の再編成を推し進めた一九一〇年代以前の時期においても、近代朝鮮社会の変化を反映して朝鮮の貿易には変化が生じていた。開港期貿易の推移について、より詳細に検討しよう。

図1は、商品貿易と金銀貿易をあわせた総貿易を当年価格で示したものである(4)。一般的に開港期朝鮮の貿易は輸入超過であったと理解されているが、金銀貿易を含めた総貿易額でみると、一九〇三年以前では、輸入と輸出において極端な不均衡はほとんどない。朝鮮の金は重要な輸出品であったのであり(5)、それは同時期における農産物輸出の動向と深い関連をもっていた(6)。また、開港期朝鮮では金輸出には関税がかからなかったので、当時朝鮮海関は金の輸出に無関心であり、海関が作成した統計中で金輸出は常に過小評価されていた。

このようなことを考慮すれば、開港期の朝鮮貿易はある時点、具体的には一九〇三年までは輸出と輸入の規模はほぼ均衡していた。つまり、外国商人が朝鮮に商品を持ち込んだ場合、彼らが売ることのできる規模は朝鮮側の輸出力に規定されていたのである。当時朝鮮の貿易は、バーター取引であるといわれていた(7)。

図1の輸出をみれば、農作物の豊凶によって変動はあるが、一八八五年から、ほぼ一貫した漸増趨勢をみせている。この輸出の漸次的な増加趨勢は、併合前後から本格的な急増に転じたのである。故に、開港期の輸出の趨勢は第一次大戦まで続いたともいえる。しかしながら、輸入側にはそれ以前に明らかな変化が起こっている。金銀貿易を含めた輸出入が均衡していた状態は一九〇三年で明確に終わり、翌年から輸出額とかけ離れた輸入額の急増が始まった。この一九〇四年とは、いうまでもなく日本が日露戦争に乗じて朝鮮を軍事占領し、朝鮮の植民地化作業に着手した年である。鉄道敷設や港湾整備が進められ、日本系の中央銀行である第一銀行朝鮮支店・韓国銀行やその他の金融機関の改編や創設、日本官吏の派遣や朝鮮政府の改組等が立て続けに強行された。そして、このような日本による植民地政策を支えるために、日本から政府借款と直接投資がおこなわれたので、輸入規模は以前のような朝鮮の輸出規模に規定されたものではなくなった(8)。貿易面においては一九〇四年からまず輸入の増加が始まり、以後輸入が輸出に先行して増加し続ける。

貿易の相手先とその内容を検討しよう。表1のように商品輸出先は、日本、中国、ロシアの三国に限定されていた。ロシアは最大でも数%にとどまる。中国は一九世紀末に二〇%のピークに達したが、その後比率は日露戦争時期を除けば下がっていく。朝鮮と中国の貿易額は、一八八八年に上海—芝罘—仁川の航路が開設されてから急速に増加した。中国商人の拠点は仁川港に集中していたが、中国側の取引地域は輸出と輸入とで大きく違っていた。開港期を通じて、朝鮮の対中国輸出の七五%が華北（芝罘と天津）で、華中・華南（ほとんどは上海）が一九%、満洲が六%であった。朝鮮輸出の多くは朝鮮半島と向かい合う華北地域の港との取引であった。日本は開港直後には朝鮮貿易を独占してお

表1　朝鮮の輸出相手国

（1910年不変価格：1,000円）

年	日　本	中　国	ロシア	その他	輸出計
1885	871	22	2		895
1886	1,044	34	0		1,078
1888	1,724	158	22		1,903
1890	5,925	121	8		6,053
1892	4,188	276	40		4,505
1894	3,155	249	152		3,556
1896	6,040	363	94		6,497
1898	4,287	1,071	54		5,412
1900	7,793	2,121	257		10,171
1902	7,293	1,697	254		9,244
1904	5,073	1,449	2	1	6,524
1906	6,706	927	603	15	8,251
1908	11,046	2,264	779	130	14,219
1910	15,379	3,026	1,155	354	19,914
1912	12,308	3,251	998	254	16,811
1914	23,370	3,693	907	143	28,113

出典：図1と同じ.

り、朝鮮が各国と通商を始めた一八八四年以後でも日本は朝鮮輸出の九割、一九〇〇年代でも八割を占めていた。このように、日本は朝鮮の輸出品の大部分を輸入していたわけである。

では、その輸出品は何であろうか。図2でみるように、そのほとんどは食料と原材料品である〔標準国際商品分類（SITC）一桁分類の〇―四類〕。内訳構成は年ごとの変動が相当に激しく、[9] これは農作物の豊凶によるものである。米と大豆を合わせると、一八九〇年代以降はほぼ常に六―七割を占めていた。そのほか牛皮、海産物、人参等が主要輸出品である。このように開港期朝鮮の輸出は純粋な一次産品で構成されており、しかも数種類の商品が圧倒的な比率を占めていた。そして、それらの輸出品はほとんどすべて日本と中国で消費されていた。このように、当時の朝鮮に欧米が関心を持つ世界商品がなかったことは、重要な意味を持つ。

次に、輸入相手にうつろう。朝鮮の貿易統計において、輸入相手国が正確に明らかになるのは、一九〇七年に日本が朝鮮の税関業務を完全に掌握した時からである。そ

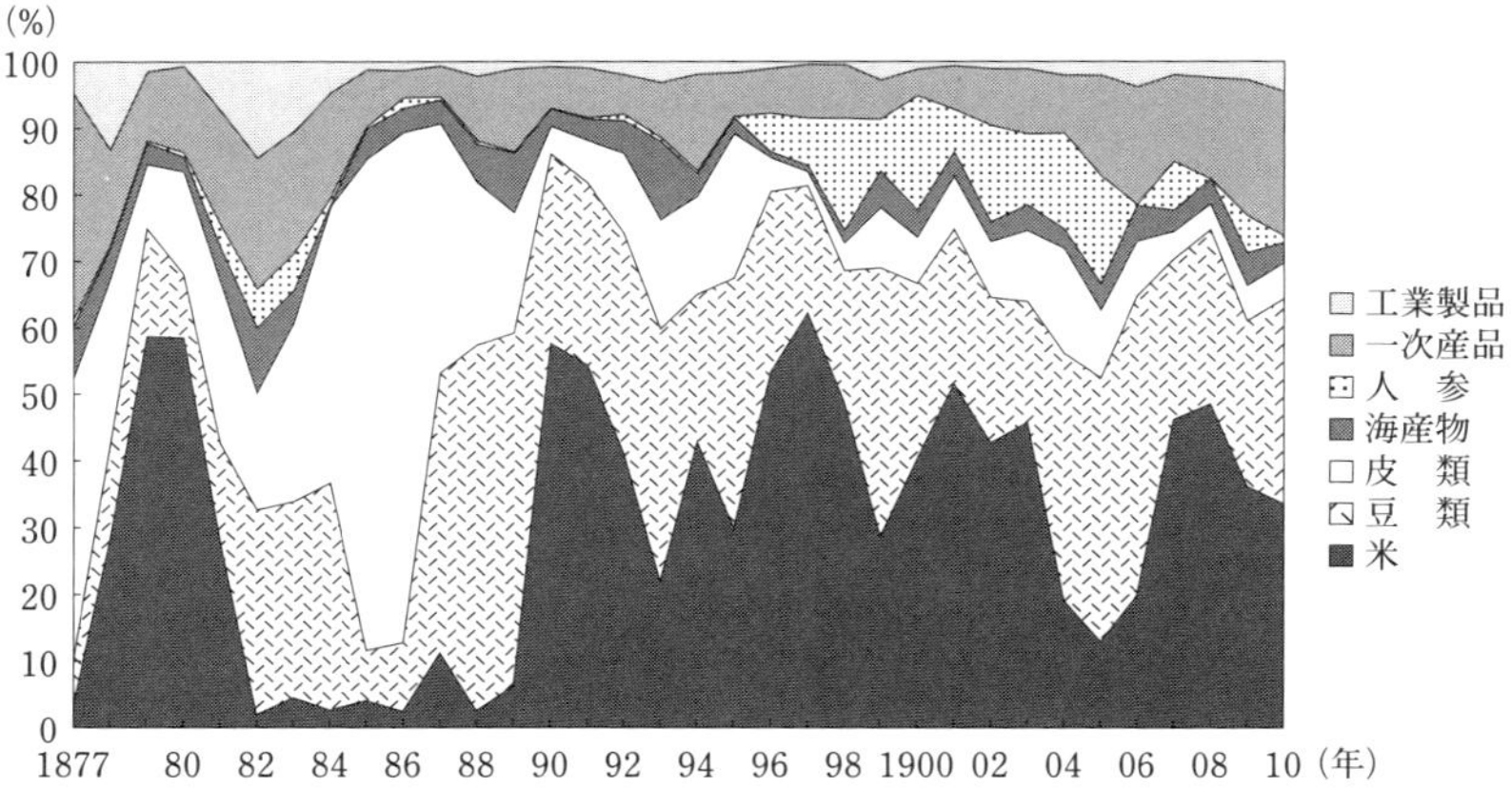

図2　開港期朝鮮の輸出構成（SITC）

出典：図1と同じ.
注：食品・原料とは標準国際商品分類（SITC）の1-4，工業製品とは同分類の5-8である.

れ以前の朝鮮海関の統計では、輸出は貨物の仕向地、輸入は貨物の仕出地が、そのまま貿易相手先として把握された。このため、臨時の航路を除けば、朝鮮と直接に恒常的な航路を設けていた日本、中国、ロシアのみが貿易相手国とされており、一九世紀にはその他の国はまったく登場しない。先に見た輸出の場合は、実際の輸出品がほとんど日本と中国で消費される商品に限られていたので大きな問題は生じない。しかし、二〇世紀初頭すでに世界的な規模における工業製品の流通と結びついていた輸入については、朝鮮の海関統計では事実を捉えることができない。一九〇七年以前の朝鮮の輸入については、中国（主に上海）と日本（主に長崎）を中継地とした非中国品、非日本品が大量に含まれていた[10]。中国と日本の対朝鮮輸出からそれらの中継輸出分を分離したうえで、朝鮮の輸入相手を示したものが図3である。図中の第三国品とは、ごく一部にインド品・米国品を含んでいるとはいえ、実質的にそのほとんどは英国品である。開港直後、日本が朝鮮貿易を独占していた時期に、日本は完全に英国品の中継貿易に徹しており、日本品は一〇％にも満たなかった。日本に産業革命が起きた後、一八九〇年ごろから日本は急速に中継貿易から離脱していった。英国品の中継輸入

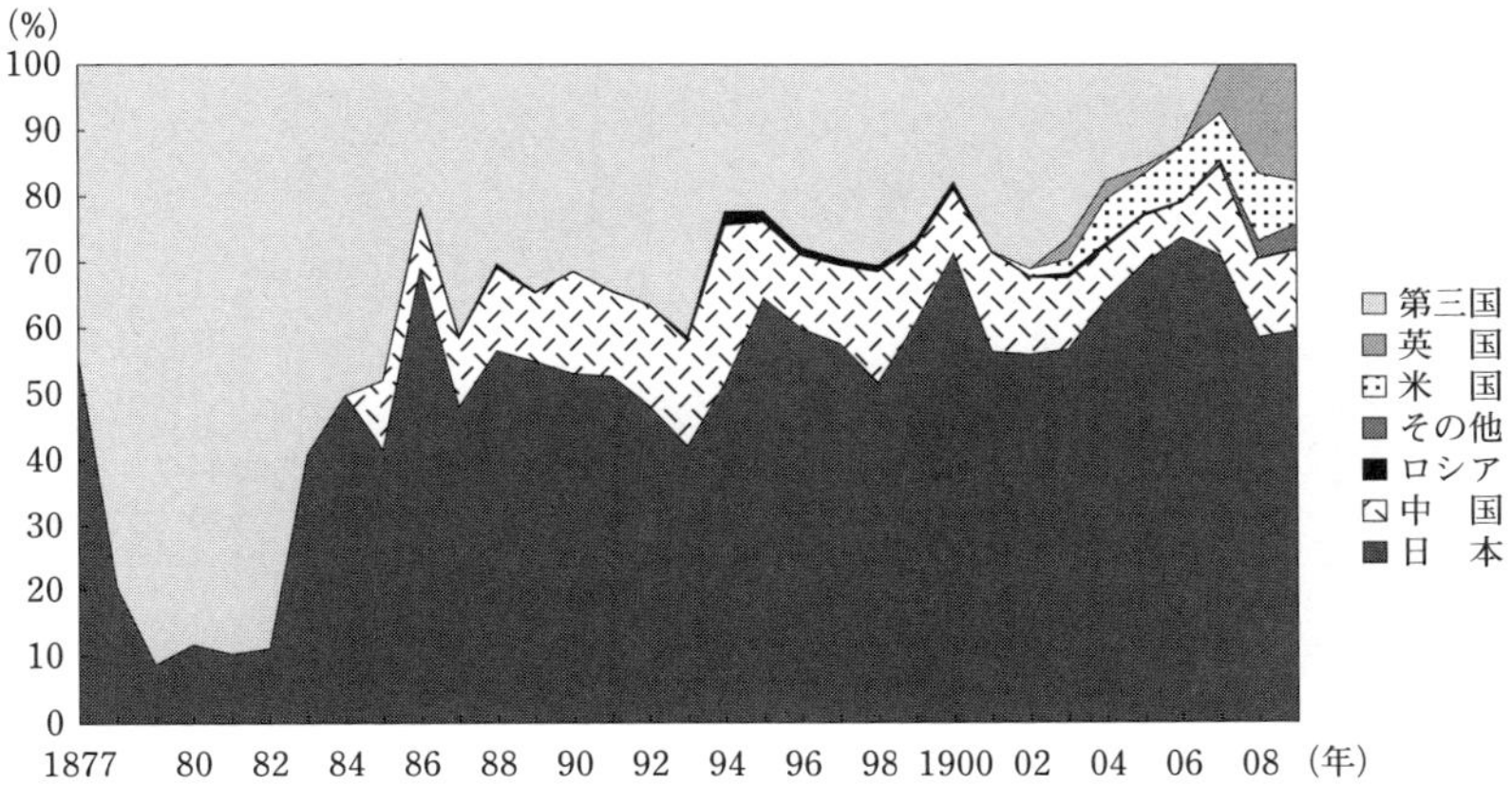

図３　開港期朝鮮の輸入相手国

出典：図１と同じ.

は、新たに参入した中国が日本に代わって担うことになったので、第三国品＝英国品の比率低下の趨勢は緩やかなものであった[11]。中国品の比率は大きな変動がなく、一八九八年をピークにして次第に低下していった。そして、この三〇年間を通してみれば、英国品のシェアを蚕食して一方的に拡大したのは、産業革命後の日本品であった。ただし注目すべきは、日露戦争時に日本の比率は六―七割に達していたとはいえ、列強からの実質輸入額は、一九〇四年から第一次大戦勃発時までほとんど減少していない点である。これは、日本が朝鮮を植民地に再編成する過程で、英国、米国等から輸入しなければならない機械・資本財や石油などの商品が多かったことを示している。さらに、日本が列強から朝鮮併合への同意を取りつけるさいに、この欧米の現実的な通商的利益の維持は重要な説得材料になったと思われる。

　輸入品の構成は図4のように、八―九割は工業製品であり、そのなかで初期においては圧倒的に綿製品が重要であった。この初期の綿製品は、日本と中国が中継輸出した英国品であり、一八九〇年から次第に日本産綿製品がそれらを代替していった。併合直前の朝鮮市場において、日本は低級な綿製品市場を掌握

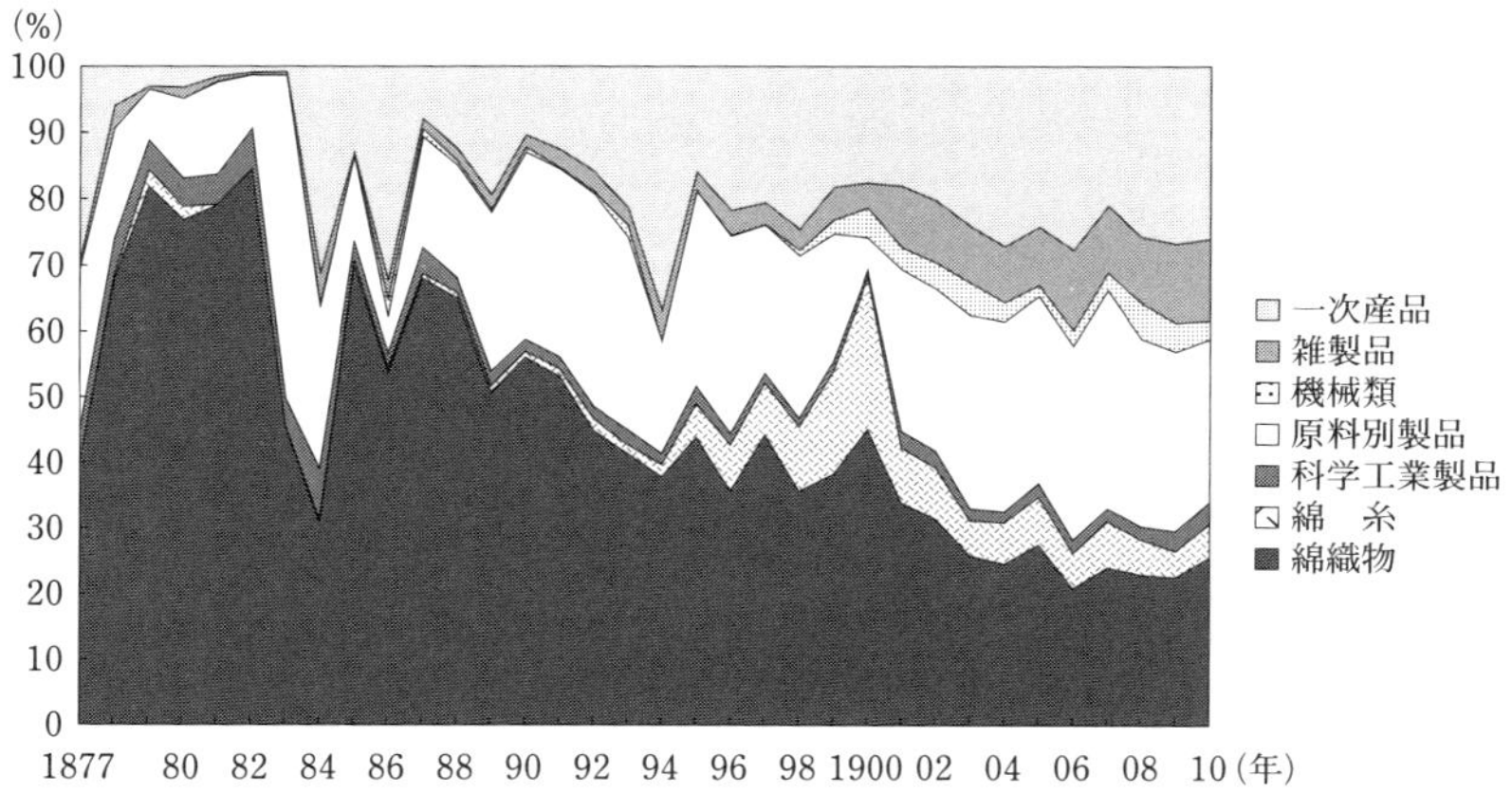

図４　朝鮮の輸入構成（SITC）
出典：図１と同じ.
注：分類については図２の注参照.

し、英国産の高級な綿製品と棲み分けている状態にあった。また、朝鮮市場をめぐる競争関係を検討するには、綿製品以外の動向にも目を向ける必要がある。開港当時には綿製品輸入は決定的な重要性を占めていたが、その比率は時代とともに次第に低下して、一九〇五年時点には三割台にまで下がっていたからである。朝鮮市場において日本綿製品と英国綿製品は競争していたが、実は日本はそれ以外の多様な商品を輸出することで、朝鮮市場における総合的な優位をすでに確立していた。同時期英国の朝鮮輸出の多くが綿製品に集中していたのに対して、日本の綿製品はその四分の一に止まっていた。そして日本は、図4中にあるように、むしろ実に雑多な工業製品を朝鮮に輸出するようになっていた[12]。

このように、まず朝鮮は一次産品を日本と中国に輸出し、主に英国綿製品を日本と中国の中継貿易によって輸入するという形で世界経済に組み込まれた。開港期を通じて、朝鮮の貿易相手国数は比較的少なく、そのなかで日本は中心的な担い手であり、やがてライバルの中国を圧倒することになった。日本は朝鮮に日本製工業品の輸出を始め、次第に英国品を代替するようになり、資本財や高級綿製品を除いて日本品が優位を占めるようになった。一九〇五年に保護国とした時点で、日本はすでに朝鮮の輸出の八割、輸入の七割という地位を確保していた。朝鮮貿易におけるこのような日本の圧倒的な優位は、第一に開港を日本が主導しその後も強い政治的影響力を行使し続けたこと、第二に朝鮮は欧米が関心を持つ茶や生糸のような世界商品をもっていなかったこと、第三に日本が産業革命を遂げ工業品輸出国に急変貌していったこと、等の条件によっていた。このように朝鮮貿易における日本の優位が強まっていく過程について、朝鮮側の反応を含めて朝鮮内の条件を具体的に検討しよう。

二　朝鮮海運をめぐる国際条件と朝鮮の自主的海運業

朝鮮の対外関係を規定した条件として、貿易をになった海運業の動向を検討しよう。開港期朝鮮の海運業については、安秉玲、高秉雲、木村健二、羅愛子[13]等の先行研究がある。それらの主要な関心は、朝鮮に進出した日本海運業にかかわる日本政府、海運大資本、在留日本人らの動きとその利害関係の解明という日本帝国主義についてと、それと対抗した朝鮮人官僚、企業家、商人らによる海運業創設の試みという近代化の性格についてであった。本節ではそれらの成果を踏まえたうえで、変化の激しいこの時期の朝鮮海運業の運営実態について、数量的データを使って新たな解明をすすめよう。

朝鮮開港から植民地期末までにおける朝鮮海運業の長期的な趨勢を、朝鮮の港に入出した船舶のトン数でみると、基本的には貿易の趨勢と同様である。つまり、開港期の漸次的な増加の趨勢と、植民地期の急速な増加の趨勢という対照である。しかし、詳細に見ると輸入船舶トン数は、貿易の転換より若干早く一九〇四―一九〇五年から増加が始まっている。

開港期の朝鮮海運について検討するために、入港船舶の国籍別トン数を示したものが表2である。貿易と同じよう

表2　朝鮮開港場の入港延トン数

（単位：1,000 トン）

年	日　本	朝　鮮	中　国	米　国	欧州各国	合　計
1886	153	2	5		2	162
1888	177	5	5		10	196
1890	284	7	8		15	314
1892	326	9	15		41	390
1894	245	36	11	0	74	365
1895	168	41	0	0	197	406
1896	425	26	1	0	48	499
1898	502	90	9	1	58	660
1900	694	105	2	4	37	842
1902	938	178	4	2	119	1,241
1904	784	190	30	33	355	1,392
1905	1,369	199	28	116	288	2,001
1906	2,269	102	16	161	218	2,768
1907	2,669	75	14	142	189	3,089
1908	3,011	217	30	31	142	3,432
1909	3,289	298	26	1	85	3,699

出典：Imperial Maritime Customs, China. *Returns of Trade and Trade Reports*, various issues.
Foreign Office, U.K. *Diplomatic and Consular Reports. Corea*, various issues.
韓国関税局『韓国外国貿易年表』1908 年，1909 年.
朝鮮総督府『朝鮮輸移出入品十五年対照表』1916 年.

に、朝鮮の海運業において日本籍船舶が当初から圧倒的な位置にあり、日清戦争と日露戦争の二つの時期を除くと、日本はつねに九割近くの比率を占めていた。貿易のみならず海運業においても、この時期日本は朝鮮の対外関係を決定的に制約できるほど強い主導権を握っていた。すなわち近代朝鮮は、開港後に形式上は世界各国と広く外交関係を取り結んだことになっているが、実質的には日本の独占的な影響力のもとにおかれていた。日本の入港船舶の絶対数は、一九〇六年からさらに急速に増えている。このことは、朝鮮海運業をより強く規定することになろう。

表2では全体としては日本の優位のみが目立つが、日本を除いた船舶の動向を見ると、幾つかの興味深い事実が明らかになる。まず、欧州各国の船[14]舶の入港は、一八九四―一八九五年と一九〇四―一九〇五年という二つの時期に集中している。いうまでもなく、これは日清戦争と日露戦争の時期であり、戦時の特別需要をねらった商品搬入と

いう輸送であったと思われる。また、貿易において一定の位置を占めていた中国は、海運の領域ではほとんど無視できる存在にすぎなかった。中国商人による中国品の輸入と欧州品の中継輸入は、中国海運、中国籍船舶を使ったものは少なく、むしろその大部分は日本の船舶に依存していた。朝鮮の対外経済関係においては、貿易に加えて海運業においても、日本が終始圧倒的な優位を占めていたことは重要である。さらに表2では、朝鮮の船舶（朝鮮籍船舶）が一九〇六—一九〇七年を除くと(15)、ほぼ継続的に増加していたことも注目される。とりわけ、一九〇五年までの時期においては、朝鮮人による海運業が一定の発展を遂げていた。すでに朝鮮の対外国海運業において日本籍船舶が量的に圧倒的であるという状況のもとで、朝鮮人船舶による発展の動きが生まれていた。

朝鮮政府は一八八五年から順次三隻の汽船を購入し、旧来の租税運搬業務（漕運）を近代化する措置を執った。さらに、一八八九年には政府の高官によって利運社という汽船会社が設立された。朝鮮政府は先の汽船を付与し、さまざまな特権を与えて保護育成しようとした。この利運社は政府の租税物資のみならず民間の貨物や普通旅客の運搬もおこない、航路を拡大し、汽船会社として良好な業績をあげた。とりわけ、国内沿岸航路では日本人の零細業者と競争して一定の発展を遂げた。この利運社は複雑な事情によって一八九九年に業務を停止したが、一九〇〇年七月には仁川と漢城の商人を中心にした大韓協同郵船会社（資本金二〇万円）が創設され、韓国政府から二隻の汽船払い下げを受けた。同社は四隻の汽船で四つの航路を運営し、利益を上げつつ業務を拡大した。とりわけ、仁川—鎮南浦—平壌航路では日本の汽船会社を抑えて優位を占めていた(16)。

この朝鮮人海運業が、どのような内容の事業をおこなっていたのかをみてみよう。表3は、朝鮮開港場の貿易を対外国と対沿岸（対開港場のみ）に分け、さらに貿易品を外国品と朝鮮品に区分した統計である(17)（非開港場については後述）。一八九〇年代はデータの欠落があるが復元できた数値でみると、朝鮮内開港場間の沿岸貿易は外国貿易に劣らず増加している。一八九三—一九〇三年の一〇年間に、開港場間の朝鮮品移出は、朝鮮品の対外国輸出とほぼ同じ

表3　開港場と非開港場貿易額および成長率

貿易額　（単位：1,000円）

年	開港場 対外国		開港場 対沿岸（開港場間）		非開港場 対沿岸	
	外国品輸入	朝鮮品輸出	外国品移入	朝鮮品移出	外国品移入	朝鮮品移出
1884	963	445	65	100		
1886	2,536	504	71	124		183
1888	3,077	867	36	504	4	224
1890	4,754	3,550	68	725	12	773
1892	4,623	2,444	119	1,012	379	962
1893	3,905	1,698	73	782	386	1,002
1894	5,924	2,311	—	1,100	—	—
1896	6,670	4,729	314	769	—	—
1898	11,921	5,709	1,159	2,380	—	—
1900	11,069	9,440	1,957	2,515	—	—
1902	13,693	8,317	1,843	3,740	1,534	1,907
1903	18,411	9,478	2,501	4,203	2,178	1,778
1904	27,403	6,934	4,589	4,265	2,152	816
1905	32,972	6,904	4,840	4,433	2,350	1,204
1906	30,305	8,133	3,266	4,347	2,277	1,847
1907	41,612	16,480	3,250	2,612	2,652	2,649
1908	41,021	13,464	2,656	2,435	4,785	3,504
1909	36,646	15,400	2,759	3,170	4,519	5,229

期間中の成長率　（単位：%）

1893－1903	16.8	18.8	42.3	18.3	18.9	5.9
1903－1909	12.2	8.4	1.7	－4.6	12.9	19.7

出典：図1と同じ．信夫淳平『韓半島』1901年．
Imperial Maritime Customs, Korea. *Returns of Trade and Trade Reports*, various issues.
注：(1) 非開港場の貿易は非開港場側からの方向と数値．(2) —はデータなし．

成長率であり、外国品直接輸入のそれより高い。日露戦争時に日本が朝鮮内政に介入を始める前には、開港場間の沿岸海運業が相当な進展を遂げていたことを示している。

ではその開港場間の沿岸貿易とはどの航路であり、何を運搬し、どのような特徴を持っていたのだろうか。その沿岸貿易が大きく伸びた一八九八―一九〇三年間について各港の増加寄与率を見ると、朝鮮品移出では鎮南浦、木浦、群山三港で八七・四%と圧倒的比率を占め、その移入では仁川一港のみが五五・五%を占めていた。そこで、主要四港の朝鮮品移出入を図示したのが図5である。一八九七年

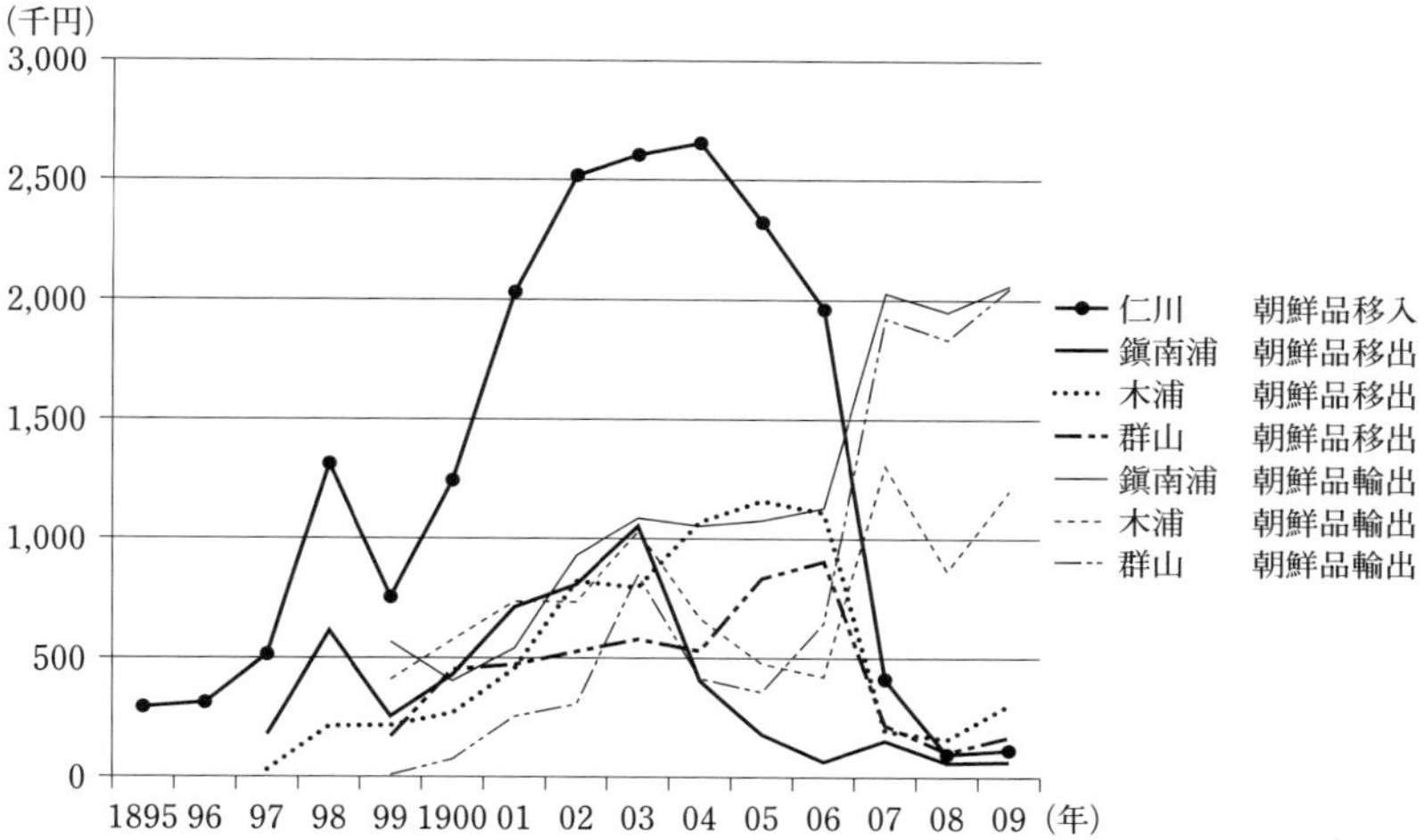

図５　主要４開港場別朝鮮産品の輸移出入額の推移

出典：図１および表３と同じ.

に開港した鎮南浦がまず移出を伸ばし、木浦と群山がそれに続いている。そして、それら三港の移出朝鮮品をもっぱら移入したのが仁川であった。つまり、日本が朝鮮の権力を握る以前の沿岸貿易の拡大とは、朝鮮西海岸の鎮南浦・木浦・群山から仁川へ、すなわちその後背の漢城（ソウル）への輸送であった。一九〇三年仁川の朝鮮品移出はわずか七・六％（一九〇二年は四・一％）しかないので、この航路は朝鮮品に関するかぎり極端な片荷輸送であった。しかし、外国品の沿岸貿易をみると、この朝鮮品の流れとは逆になっている。開港場間貿易における外国品再移出は仁川が最も多く、一九〇三年には六〇・五％を占めていた。そして、同年それら仁川の再移出のうち九三・二％は鎮南浦、木浦、群山向けであった。このように、九〇年代後半から急速に増加した開港場間の沿岸貿易とは、西海岸三港から朝鮮品を仁川に、そして仁川から外国品を三港に送る航路の拡大であった。その輸送物の内容を見るために、一九〇三年朝鮮品移出の主要品をあげれば、鎮南浦は米六二・九万円（五九・七％）、粟一六・〇万円（一五・一％）、木浦は木綿四六・九万円（五九・二％）、米一四・六万円（一八・五％）、葛布一〇・六万円（一三・三％）、群山は葛布三〇・七万円（五三・二％）、米一七・四万円（三〇・二％）等であった。いずれも当該地域在来の代表的な物資であり、二―三品目のみで八―九割を占めるほど特定品目に集中していた。外国品移入については、港ごとに特に商品に大きな偏りは見られない。

では、この三航路を担った海運の主体は何であろうか。各開港場の入港船舶トン数の国籍を見ると[18]、木浦は九割が日本船で朝鮮船は一割に過ぎないが、群山では一九〇二年までは朝鮮船が六―四割の比率を占めており、その後は次第に日本船に圧倒されていく。それに対して鎭南浦のみは、一九〇三年まで朝鮮船が四割を占めており、五割前後の日本と競り合っていた[19]。この比率には日本船が圧倒的である外国航路船舶が含まれているので、沿岸航路では先に紹介したように、朝鮮船がむしろ優勢であった。

このように、一八九〇年代後半から日本が権力を掌握する一九〇四―一九〇五年までの間に、朝鮮西海岸における特定の開港場間の沿岸航路、鎭南浦―仁川、木浦―仁川、群山―仁川では、近代蒸気汽船によって朝鮮在来の物資が仁川へ運ばれる近代海運業が発展してきていた。仁川港および後背地である首都漢城に向かって流れる朝鮮在来の物資流通が、蒸気船を用いる近代海運に置き換えられたものである。それは政府の租税物資の運搬からはじまったが、後においては民間物資の運搬もになうようになっていた。その領域は西海岸地域から仁川港からの航路が中心であり、このような西海岸一帯から漢城に送られる租税物・商品の輸送において新しい海運業が生まれていた。そして、誕生したばかりの朝鮮人の近代海運業は、この西海岸沿岸地域において一定の橋頭堡を築きつつあった。

日露戦争期直前に朝鮮の近代海運の発展が、ひとつのピークに達していたことは、日本に渡航し日本の港に入港した朝鮮籍船舶の趨勢でも知ることができる。朝鮮の開港場に押し寄せた日本籍船舶の数とは比較にならないが、それでも日本の港に入港する朝鮮籍船舶は一八九三年から次第に増えていた。そのピークが一九〇五年の二二七隻一一万六〇〇〇トンであった[20]。後述の理由のために、日本の港に入港する朝鮮船舶数は翌年には半減し、その後データのある一九一〇年まで減少し続けた。事態は明瞭である。沿岸貿易と朝鮮籍船舶の趨勢に見られるように、朝鮮では日本籍船舶の圧倒的な優位という条件のなかにおいて、近代的な海運業の萌芽が生まれており、朝鮮政府の保護と民間商人層の支援によって、一八九〇年代から一九〇五年までは着実に成長していた。この時期日本勢力による朝鮮の貿易と海運に対する掌握が強まるなかで、それら従属的な動きとは明らかに異なる流れが、量的には大きいとはいいがたいが確かに存在していたことは注目すべきである。(21)

三　保護国期朝鮮沿岸流通機構の再編成

一九〇四年二月、日露戦争の勃発とその直後の「日韓議定書」、同年八月「第一次日韓協約」締結の強要、日本軍の朝鮮各地の軍事占領と顧問政治による韓国政府への介入、一九〇五年一一月「第二次日韓協約」締結による統監設置と保護国化は、朝鮮社会経済を大きく変えていく。そのなかで、海運や貿易にも大きな再編成が引き起こされた。

日本がまず取り組んだのは、朝鮮の沿岸海運業に日本人を進出させようとする一連の政策である。(22)日本では一九〇四年七月に計画され、同年末に韓国政府に要求し、総税務司とイギリス公使の同意をえたうえで、一九〇五年五月から本格的に圧力を加えることになった。まず、朝鮮における企業を政府系企業と民間系企業とに区分するという口実をつかって、政府による朝鮮人が経営する企業にたいする保護政策を廃止させた。これによって、先に述べた大韓協同郵船会社にたいする財政補助金の支給を断ち切った。ついで、朝鮮における外国人の経済活動に対する制限が撤廃され、日本人、日本企業が朝鮮内へ自由に深く浸透することが可能になった。さらに一九〇五年八月、日本の強要によって「韓国沿海内河ノ航行ニ関スル約定書」を締結させた。(23)これは「韓国ノ産業ヲ発達サセテ貿易ヲ増進セシム」という口実のもと、日本籍船舶は韓国海関に一定の金額を払って鑑札を得た後は、朝鮮の沿岸と国内河川を自由に航海して商取引できることとした。それ以前は、外国籍船舶の非開港場への航行は禁じられていた[24]。それが、この「約定書」によってその制約が取り外されたので、日本の船舶による朝鮮沿岸内河全域への参入が進む決定的な契機となった。この「約定書」はやがて日本以外の外国船舶にも均霑するようになるだろうが、競争者である中国商人や中国船舶には対応する動きがないので日本が特権を独占できる、と日本側は読んでいた[25]。この一連の措置によって、日本船舶の朝鮮海運業への浸透が急速に進展することになる。

もちろん、朝鮮の海運・貿易を日本が掌握していく契機は、上記のような直接的な海運業の政策のみに限られない。まず、一九〇四年に竣工して同年五月に民間輸送を開始した京釜鉄道、一九〇六年四月に竣工して民間輸送を開始した京義鉄道という二つの縦貫鉄道によって、内陸に巨大な新物流経路がつくりあげられた。また、それら鉄道網と結んだ釜山や仁川のみならず、各開港場の浚渫や港湾施設拡張が日本人官僚や日本居留民らの主導によって一斉にはじめられた。また、第一銀行韓国支店の事実上の中央銀行化措置や旧貨幣の回収と日本円系通貨の普及を図る「貨幣整理事業」も、新しい流通機構をつくっていくことを大きく促進した。そして、一九〇四年から開港場における日本人居住者数が急激に増加していった。

これら日本主導でつくられた新しい諸条件によって、朝鮮の海運貿易がどのように変化していったのかを具体的に検討しよう。まず、巨視的に見ると前掲図1で示したように、対日本貿易を中心に貿易額が膨張しており、とりわけ輸入増が先行したので貿易赤字が大きくなった。開港場別に見ると、一九〇三年以前は貿易額第一位の仁川港以外の輸出入はほぼ均衡していた。それが、一九〇四年から仁川と第二位の釜山で、輸入超過額が急速に増えはじめた。そして、木浦と群山のみは米穀の対日本輸出が多いので輸出超過であるが、そのほかの開港場においては輸入超過額が一方的に増えていった。一九〇三年までは、朝鮮貿易は基本的にバーター貿易であったので収支が均衡していたことは既に指摘した。それが大幅な輸入超過に転じた条件は、まず第一に、日本による対朝鮮投資の増加であった。朝鮮全土に渉る日本の軍事行動、京釜線・京義線等の鉄道施設等のために、日本から巨額の投資がおこなわれた。さらに、韓国政府にさまざまな改革政策を押しつける過程で生まれた国際収支の赤字分は、日本政府財政の支出と韓国政府の借款による日本資金の輸入によって補塡された(26)。まず、この日本からの対朝鮮投資こそが朝鮮の貿易輸入超過を可能とした。さらに第二に、「貨幣整理事業」で旧白銅貨・銅銭制を廃止したうえに、第一銀行が中央銀行的な発券機能を掌握し朝鮮の通貨統一を図っていった。そのため開港場ごとで輸出入額を均衡させる必要がなくなり、先述のように多くの開港場において大幅な輸入超過が進行したのである。

このように対日本輸出入が急増するなかで、開港場間の沿岸貿易はどのように変化したであろうか。前掲表3のように、開港場間貿易においては外国品と朝鮮品ともに一九〇五年をピークにして併合にかけてむしろ縮小している。これは、主に一九〇四年まで開港場間貿易の拡大の中心であった航路が衰退したからである。前掲図5のように、鎮南浦—仁川は一九〇四年から、木浦—仁川と群山—仁川間は一九〇七年から劇的に衰退し、開港場間貿易全体を縮小させることになった。鎮南浦—仁川の衰退は、先の韓国協同郵船会社など朝鮮側海運業の衰退が一因であろう。ただ、この場合日本人による海運が代わって発展したわけではなく、また京義線の開業が影響を与えている事実もない(27)。図5の示すように、一九〇五年から鎮南浦からの輸出が増えているわけでもないので、これまでの鎮南浦からの朝鮮品移出分は衰退したことになる。一九〇七年から移出が急減した木浦と群山の状況はやや異なる。両港の仁川に対する米と木綿・葛布移出は激減ないし消滅した。しかし、図5の輸出額に反映しているように、両港の場合はそれに替わって日本に対する米の輸出が急増した。つまり、仁川—漢城への移出が対日本輸出に転換していったのである。この三港の移出減によって、一八九六年から急激に膨張していた仁川の朝鮮品移入貿易はこの時点で終焉した。

ただ、それにもかかわらず開港場間貿易が一定の規模を維持していたのは、それらとは別の新しい趨勢が生じたからである。それは一九〇五年から始まった釜山と元山間の貿易の急増であるが、それらは次に述べる開港場と非開港

表4　非開港場の対開港場移出額と港数

	1902	1903	1904	1905	1906	1907	1908	1909
移出額（単位：1,000円）								
平安道	660	912	291	550	222	154	209	292
黄海道	45	58	24	8	46	64	266	444
京畿道	0	1			0	1	157	186
忠清道	8	19	1	1	5	71	152	17
全羅道	9	4	11	43	55	192	54	567
慶尚道	18	2	20	191	333	389	454	1,636
江原道	0	7	4	19	15	38	42	89
咸鏡道	1,165	777	466	392	1,171	1,741	2,155	1,998
不　詳							15	
合　計	1,907	1,778	816	1,204	1,847	2,649	3,504	5,229
港　数								
全朝鮮	39	53	43	56	67	103	189	235

出典：Foreign Office, U.K. *Diplomatic and Consular Repots. Corea*, various issues.
韓国関税局『韓国外国貿易年表』．韓国統監府『統監府統計年報』．

場との貿易の趨勢と密接にかかわっているのでそこで検討しよう。一九〇四―一九〇六年にかけての朝鮮経済の再編成によって、朝鮮西海岸諸港から仁川を繋いでいた在来的流通網を基盤とした朝鮮の近代沿岸海運は消滅していった。

ところが、朝鮮の沿岸貿易にはこのような衰退した側面とは異なった、別の趨勢が存在した。それが、前掲表3に示した開港場と非開港場と間の貿易である。この間にデータの欠落があるが、表3中の非開港場から見た外国品の移入（開港場から見た外国品移出）（同じく開港場から見た朝鮮品移入）は一九〇二年から、朝鮮品の移出増加傾向にあり、一九〇八年から急増していた（朝鮮全体の輸出は米作の不況で一九〇八年に縮小したにもかかわらず）。この非開港場に関する貿易についてさらに検討してみよう。

非開港場貿易の動向を、朝鮮品の移出で代表させたデータが表4である。これは、非開港場からの開港場への朝鮮品移出額とその港数である。これによれば、開港場と繋がりを持つ非開港場の数は、一九〇六年から急激に増加している。価額から見ると一九〇三年以前において、平安道と咸鏡道には移出額が非常に大きい少数の非開港場が存在した[28]。それ以外は一九〇四―一九〇五年から各道ともに傾向的に増加している。道別に増加額を見ると慶尚道と咸鏡道が特に多く、ついで全羅道と黄海道の順となる。これらの地域において、新たに開港場と沿岸貿易をはじめた零細開港場が増えていたことになる。

では、これら開港場と結びつく非開港場の増加と、先に見た釜山、元山という開港場間貿易の増加はどのような関係にあるのであろうか。関税賦課の有無と関係して、朝鮮海関が蒐集していた沿岸貿易に関するデータは、対外国貿易のそれと比べてはるかに簡単なものであった。ところが、朝鮮海関を掌握した日本は、朝鮮海運・流通の実態を把握するために、一九〇八年と一九〇九年の沿岸貿易についても詳細な調査をおこなった(29)。それを使って、一九〇九年開港場の全沿岸貿易をまとめたものが表5である。まず、一〇開港場ごとに移出入品を外国品と朝鮮品にわけ、さらに取引相手先を開港場と非開港場にわけて、それぞれの取引額と取引港数を示してある。次の諸点を読み取れる。

第一に、開港場と取引をする非開港場の数が多いことである。一九〇九年朝鮮品の移出では一九三港、朝鮮品の移入では二三五港に達している。非開港場の多くは規模が零細なために一つの開港場とだけ取引している港が多いが、同時に複数の開港場と取引する港もある。この一連の資料に登場する非開港場の名前は三五六に達する。実に多くの非開港場が開港場と貿易をおこなっている。第二に、開港場相互間よりも、開港場と非開港場との間の貿易額の方が多いことである。一九〇九年外国品の移出額では開港場間が占める比率は四〇・三％、開港場と非開港場間のそれは五九・七％であり、朝鮮品の移入額の場合ではそれぞれ三四・九％と六五・一％となる。つまり、開港場を結節点とした沿岸貿易は、開港場と非開港場との間の取引を中心としたものになってきていた。第三に、表5を前掲表3の趨勢と組み合わせると、一九〇五年前後からの沿岸貿易の増大とは、実は開港場において、外国品の対国内再移出と朝鮮品の移入（集荷）と対外国再輸出、とりわけ日本への輸出とが結びついていたことが明らかになる。第四に、表5と表4を組み合わせると、そのような開港場を軸とした沿岸貿易の発展の程度は、実は開港場がどれだけ多くの非開港

表5　1909年の全開港場の対開港場・非開港場移出入額と港数

	港数							
	外国品移出		外国品移入		朝鮮品移出		朝鮮品移入	
開港場	開港場	非開港場	開港場	非開港場	開港場	非開港場	開港場	非開港場
仁　川	9	19	7	6	8	11	8	38
釜　山	8	90	8	41	8	81	8	78
元　山	6	21	6	15	7	22	8	20
鎭南浦	8	17	7	2	8	14	7	35
群　山	6	8	5	3	7	4	8	5
木　浦	8	12	6	10	7	14	6	17
馬山浦	4	12	4	2	4	11	5	12
清　津	3	10	5	8	4	16	3	15
城　津	3	11	6	8	5	12	6	12
新義州	3	7	2	1	3	8	2	3
総　計	58	207	56	96	61	193	61	235
比率(%)	21.9	78.1	36.8	63.2	24.0	76.0	20.6	79.4

	貿易額（単位：1,000円）							
	外国品移出		外国品移入		朝鮮品移出		朝鮮品移入	
開港場	開港場	非開港場	開港場	非開港場	開港場	非開港場	開港場	非開港場
仁　川	1,392	1,229	54	12	72	22	433	276
釜　山	1,096	1,592	107	42	1,325	715	655	3,041
元　山	370	847	374	13	604	353	855	655
鎭南浦	19	496	230	1	212	47	46	605
群　山	26	11	708	1	293	1	159	6
木　浦	17	103	577	21	241	176	255	469
馬山浦	7	29	107	0	186	7	11	46
清　津	49	125	346	66	87	16	226	62
城　津	12	62	246	3	47	16	167	53
新義州	62	25	10	2	102	15	0	15
総　計	3,048	4,519	2,759	161	3,170	1,367	2,805	5,229
比率(%)	40.3	59.7	94.5	5.5	69.9	30.1	34.9	65.1

出典：韓国関税局『韓国外国貿易年表』1909年版.

場と繫がっているかにかかっていたのであった。一九〇九年に沿岸貿易規模が最大である釜山港を例にとれば、外国品移出は九〇、朝鮮品移入は七八、朝鮮品移出は八一という多くの非開港場と繫がっていた。そして、釜山と結ぶ非開港場の地域的分布を見ると、外国品移出では慶尚道四六、咸鏡道二〇、全羅道一四、江原道一〇であり、朝鮮品移入では三四、二〇、一五、九、朝鮮品移出では三五、二二、一五、九である、つまり、開港場と非開港場との取引が道の範囲をこえて広がっていた。

このように、一九〇六年以後、一〇余りの開港場[30]が結節点となり、全朝鮮三五〇余もの零細な非開港場を網の目のように結びつけた新しい流通網が、全朝鮮の沿岸と内陸河川にそって形成された。それらが前節で見たような、朝鮮品が仁川港に集中する古い伝統を引き継いでいた沿岸貿易に取って替わった。首都漢城（ソウル）一カ所に収斂していた旧来の流通機構が解体され、開港場を媒介として対外国輸出入と結びつく新しい流通機構が確立してきたといえよう。このように、日本と直結する少数の開港場と全土の海岸河川にわたる膨大な非開港場を繫ぐ流通網を、新開港場流通機構と呼ぶことにしよう。そして、このような朝鮮各地を結んだ新開港場流通機構の形成こそが、そのまま朝鮮と日本と朝鮮との貿易取引の急増を引き起こした重要な条件の一つであった。

実は、先に指摘した多くの開港場間貿易が停滞縮小しているなかで、釜山・元山間の沿岸貿易のみが拡大していたのは、これら開港場と非開港場との結合と結びついていたからであった。一九〇九年釜山の対開港場朝鮮品移出において元山は五〇・二%、朝鮮品移入において五〇・六%を占め、逆の元山移出入では釜山がそれぞれ六八・五%、七八・八%を占めていた。このように、この時期に例外的に急増していた釜山・元山港間の沿岸貿易は、東海岸において両開港場が多くの非開港場と取引を拡大したことを前提としていた。そして、多くの非開港場の結節点となった釜山と元山が、集荷した朝鮮品・外国品を相互に取引する沿岸貿易を拡大させたのである。

このような新開港場流通機構で取引された商品は何であろうか。移出される外国品は当然に輸入品と同じものである。一九〇九年では糸・織物が二八三・五万円（三七・五％）、油蠟七〇・四万円（九・三％）、金属製品五一・八万円（六・八％）、機械類三八・七万円（五・一％）等である。移入される朝鮮品を一九〇八年で見ると、[31]明太魚一三三・三万円（二一・二％）、米一二九・九万円（二〇・六％）、麻布・葛布八二・五万円（一三・五％）、豆類七三・四万円（一一・六％）、生・乾・塩魚三一・四万円（五・〇％）である。これらのうち対日本輸出の大きい米と大豆について、同年輸出額に対する移入額比率を見ると米で二一・〇％、豆類で二〇・〇％であった。朝鮮品の移出入で注目される点は、対外貿易品でない在来的な商品の流通が増大していることである。先の明太魚、麻布・葛布、生・乾・塩魚、諸綿布、小麦、紙、粟等の取引量の拡大が確認できる。新開港場流通機構の形成は、朝鮮内における商品経済自体をある程度刺激拡大させる面もあった。[32]

以上のような開港場を結節点とした新しい流通を担ったのは、もっぱら日本人の商人と海運業者であった。前掲表2では朝鮮籍船舶は一九〇八―一九〇九年に一定増加している。一九〇九年と一九〇四年の朝鮮籍入港船舶トン数を比較すると、朝鮮籍船舶は、仁川港を中心とする西海岸域では大きく衰退しているが、新たな流通が拡大した東海岸域では逆に増加した。例えば、一九〇九年に釜山港は五万七〇〇〇トン（一九〇四年には三万九〇〇〇トン）、元山港八万トン（同一万五〇〇〇トン）、城津港は三万八〇〇〇トン（同三〇〇〇トン）、清津港は八万九〇〇〇トン（同非開港）のようである。しかし、これら朝鮮籍船舶というのは、この時期にはすでに開港場に拠点を構える日本人や企業によって運営されるものに変わっていたのである。[33]

一九〇六年から保護国制下で日本がおこなった一連の金融通貨政策は、この開港場の新しい流通機構の形成と密接に関連していた。目賀田種太郎財政顧問によってはじめられた第一銀行朝鮮支店の中央銀行化[34]（後、一九〇九年韓国銀行創設）、および並行して進められた貨幣整理事業[35]や各地での農工銀行、政府倉庫の設立等は、朝鮮の金融部門に一挙に近代的要素を導入した。朝鮮における銀行業務、例えば預金額や貸出額は、久しく停滞状態にあったが、一九〇六年を転機に急速な増加に転じた[36]。これらの金融流通制度の整備が、朝鮮における日本人の商業活動を強く促進したことに関連して、それらの日本人の活動が、首都漢城（併合後京城）とともに開港場を中心としていたことに注目する必要がある。一九一〇年朝鮮全体の銀行貸付において京城府は四八・五％を占めており、開港場も二七・七％に達していた。人口が約五％にすぎない漢城府（漢城）と開港場のみで、朝鮮の全銀行の貸付額の四分の三を集中していた。

以上のように開港場は、一方では朝鮮内の膨大な非開港場と繋がり、他方で多数の日本船舶が就航することによって、直接に日本各地の主要港湾・都市と繋がれることになった。つまり、開港場を結節点とする新開港場流通機構は、日本が朝鮮全体を包摂融合していくなかで、商品流通の脈管・脈網の役割をはたすようになった。そしてそれが形成されていくことによって、朝鮮経済はまず流通面から大きく編成替えされていったのである。そのことは、さまざまな経済指標によって定量的に計測することができる。ほとんどが開港場にある朝鮮内銀行の金利は、一九〇〇年代後半から日本の銀行金利に規定されて変動するようになった[37]。さらに、朝鮮南部のある内陸地域（全羅南道霊巌）の物価に関する実証研究によれば、一九〇六年前後から同地の米穀価格は、大阪堂島の米穀価格の趨勢にぴったりと連動して変動するようになっていた[38]。これら朝鮮の金利や物価の趨勢が、日本のそれと正確に連動しているという事実は、この時期に朝鮮経済の日本経済への実質的な包摂融合が格段に進んだことを示している。すなわち、併合以前の保護国の時期において、朝鮮の開港場を結節点とした新たな流通機構を作りあげることによって、日本は朝鮮との一体的な融合を推しすすめていたのである。

一九一二年一月朝鮮総督府が主導仲介して、日本郵船、大阪商船と朝鮮在留日本人海運業者らは既存事業を統合して、朝鮮郵船株式会社（公称資本金三〇〇万円、払込七五万円）を設立した[39]。この朝鮮沿岸の主要航路を網羅したこの朝鮮郵船の登場こそは、本章のいう新開港場流通機構が完成したことを示している。そして総督府は、前年沿岸貿易にたいする調査と統計作成作業を廃止する一方、新たに朝鮮・中国間航路の調査に着手していた(40)。

四　結　論

一八七六年の朝鮮開港から一九一〇年の併合にいたるまでの三五年間に、朝鮮と日本の間には直接的な戦争はなかったが、長く複雑な葛藤の歴史があった。本章の実証からひきだせる朝鮮植民地化過程における経済的な特質とは、次の諸点である。

第一に、近代朝鮮にとっての対外経済関係の制約性の問題がある。軍事的な圧力で開港を強いられて以降、朝鮮の対外関係は常に日本の強い政治的圧力のもとにおかれた。日本帝国主義の存在が朝鮮の第一義的な制約であったことは、貿易・海運部門における日本の大きな比重から明らかである。さらに、朝鮮の開港が時期的に一八七六年と比較的に遅く、欧米列強が関心を持つ世界商品を産出しなかったことも朝鮮の選択を大きく制約した。経済的に見ると、日清・日露戦争期を除いて欧米列強は朝鮮市場に直接かかわろうとすることはなく、日本や中国の中継輸出のみで彼らの利益は基本的に保証されたといえる。そのために、朝鮮は欧米列強の政治・軍事力を日本に対する牽制力として有効に利用することができず、日本は中国商人の勢力を排除することによって容易に朝鮮の対外関係を独占することができた。日本による対外関係の独占的な媒介と掌握こそ、開港期朝鮮がおかれたきわめて不利な歴史的条件であったといえよう。

第二に、そのような対外関係の制約のもと、朝鮮の在来的な経済部門には、西洋の技術や制度を導入した近代化の動きが生まれた。朝鮮全土から漢城に集中する物資の流通において、甲午改革以後朝鮮政府の支援を受け近代海運業を創設する動きが始まった。これは、租税物資からはじまったが次第に商品物資にも広がり、西海岸の一部では日本籍船舶と競合する状況にまでなった。すなわち、在来経済の近代化はゆっくりと始まったことは確認できる。しかし、それは朝鮮政府が規制力を保持していた国内沿岸航路の一部に留まっており、対外航路は一貫して日本勢力の圧倒的な支配下にあったことも、あわせて強調する必要がある。かかる自立的初発的な沿岸航路近代化の動きは、日本が韓国政府の産業保護政策を廃止させ、日本船舶が国内沿岸航路に大量に侵入したことで破壊解体された。

第三に、保護国期における日本の対朝鮮経済政策の基本は、金融通貨や流通部門における帝国主義的近代的な再編成によって、朝鮮経済を日本経済と結びつけることであった。本章では、その過程について開港場を結節点とした流通機構の再編成として分析した。首都漢城に収斂していた在来の流通機構は、日本と結合した各開港場がさらに膨大な零細非開港場と結びつくという新しい流通機構に、急速に置き換えられていった。貿易や海運部門に現れているように、開港場を軸とした新しい流通機構の形成によって、これ以後の朝鮮における産業経済の近代化の動きは、日本人が推し進めた侵略的活動のみならず、朝鮮人が営む商業活動までも、日本と朝鮮との経済的融合・一体化に強く結びつけられることになった。このように、朝鮮の自主的近代化の試みの挫折と日本経済への包摂は、政治的に朝鮮併合された一九一〇年からでなく、一九〇六年から日本政府が強行した保護国化政策のもとで進行していた。

開港期の朝鮮は、世界経済と結びながら国家や社会経済の近代化をはかるという歴史的な課題に直面した。朝鮮政府や朝鮮人による流通機構近代化の取り組みは、日本による対外経済ルートの独占的な掌握により終始大きな制約と妨害を受け、結局それらの課題は日本が朝鮮経済を完全に包括する過程で、植民地化の一部として実現することになった。このように日本経済への融合が進むなかで、朝鮮社会の自主的近代化の営みが日本帝国拡大のなかに吸収されていったことは、朝鮮植民化の経済史的な特徴であった。

（1）　朝鮮貿易協会『朝鮮貿易史』一九四三年。

（2）これら以外に、慶興、義州、慶源、会寧、等でロシア、中国と陸地国境貿易がおこなわれていた。しかし、それらは朝鮮海関が管轄していなかったので海関統計中に集計されておらず、故に本章での貿易にも含まれていない。露国大蔵省編（日本語）農商務省山林局抄訳『韓国誌』東京書院、一九〇五年、（韓国語）『国訳韓国誌』本文、付録・索引、韓国精神文化研究院、一九八四年。
（3）堀和生『東アジア資本主義史論』第一巻、ミネルヴァ書房、二〇〇九年、第二、五、七章参照。
（4）開港期朝鮮の貿易統計についての実証的な研究は、ようやく緒に就いたところである。堀和生・木越義則「開港期朝鮮貿易統計の基礎的研究」（京都大学『東アジア経済研究』第三号、二〇〇九年三月）。
（5）村上勝彦「植民地」（大石嘉一郎編『日本産業革命の研究』下巻、東京大学出版会、一九七五年）。
（6）農産物不作の際に、砂金採取作業従事者が増加するというメカニズムがあったので、これについては多くの資料で述べられている。李秀允「日清戦争以前における朝鮮開港場をめぐる日中朝商人の確執」（『日本植民地研究』第一二号、二〇〇〇年）、神戸税関『宮尾税関監視官韓国出張復命書』刊行年不詳、三五六―三七二頁。
（7）露国大蔵省編、前掲日本語版、一三九頁、一五二―一五四頁。
（8）堀和生「日本帝国主義の朝鮮植民地化過程における財政変革」（『日本史研究』第二一七号、一九八〇年九月）、高嶋雅明『朝鮮における植民地金融史の研究』大原新生社、一九七八年、第三、四章。
（9）朝鮮では一八八六、一八八九、一八九八年のように凶作の年に米が大量に輸入された。
（10）古田和子『上海ネットワークと近代東アジア』東京大学出版会、二〇〇〇年、第三、四章。
（11）中国の方は、対朝鮮輸出のほぼ六割が一貫して中継輸出品であり、その再輸出品の九七・〇％は上海経由であった。
（12）一九〇六年輸入の綿糸・綿織物（七七九・八万円）以外の工業製品をあげると、軌道・鉄道用品二一二・二万円、絹・亜麻・毛織物一八三・〇万円、薄板・合板一五五・五万円、衣類九九・六万円、各種卑金属八七・四万円、等である。
（13）安秉玲「李朝時代の海運業――その実態と日本海運業の侵入」（堀江保蔵編『海事経済史研究』一九六七年、のち安秉玲著『朝鮮社会の構造と日本帝国主義』龍渓書舎、一九七七年に収録）。高秉雲「朝鮮における資本主義の発展と日本帝国主義――交通運輸部門を中心に」（『歴史学研究』第四三一号、一九七六年四月）、木村健二「朝鮮郵船株式会社成立過程の一考察」（日本経済史研究会編『日本経済史論集』一九七七年）。羅愛子『韓国近代海運業史研究』国学資料院、一九九八年。
（14）ドイツ、英国、ロシアが主要な国で、ついでノルウェー、オランダ、オーストリア、フランス等が含まれる。羅愛子前掲書参照。

(15) 朝鮮籍船舶が一九〇六年から一九〇七年にかけて急減した理由は、現在具体的に明らかにすることはできない。
(16) 安秉玲前掲論文、木村健二前掲論文、および羅愛子前掲書参照。
(17) 本章では、外国貿易と沿岸貿易を区別するため、前者を輸出入、後者を移出入と呼ぶ。
(18) ただし、この資料では外国航路と沿岸航路の区別ができない。
(19) 一九〇三年入港地別の朝鮮船舶トン数で見ても、西海岸の開港場は全国の六四・五％を占めていた。
(20) 大蔵省主税局『大日本外国貿易　四十六年対照表』一九一五年。
(21) この時期の朝鮮海運業にはこのような積極的な評価とは異なり、その内的脆弱性を指摘する研究もある。藤永壮「開港後の『会社』設立問題をめぐって――朴淙と汽船業・鉄道業（上）、（下）」（『朝鮮学報』第一四〇、一四一号、一九九一年七月、一〇月）。
(22) これについては、安秉玲、木村健二、高秉雲の前掲諸論文が扱っている。
(23) 外務省『日本外交文書』三八巻第一冊。
(24) 一八七六年締結の「日本国人民貿易規則」規則では日本人の朝鮮国内輸送は許されていなかったが、実際は開港場間の沿岸貿易に限って外国籍船舶も参入していた。
(25) 横浜税関『韓国出張調査報告書』一九〇六年、六九―七〇頁。
(26) 一九〇七年韓国の金銀を含めた貿易収支は二〇四〇・一万円の赤字で、それを貿易外収支の二〇一九・三万円の黒字で相殺した。後者の中心は日本政府の歳出と日本興業銀行経由の借款、合計二一五九・八万円であった。韓国度支部『韓国外国貿易要覧』一九〇九年版、一―一二頁。
(27) 一九〇九年以前において、京義線の民間物資輸送量は量的にきわめて少なく、鎮南浦―仁川航路の主要貨物であった米や粟の輸送実績はほとんどない。朝鮮の二つの縦貫線が海岸線を走る地域が少なかったので、併合以前の時期においては、鉄道が沿岸海運業に与えた影響はきわめて限定されていた。
(28) 平安道では義州と平壌、咸鏡道では鏡城、遮湖、新浦、新昌、前津等であり、前者は主に米の集結地であり、後者は麻布と明太魚の移出地であった。
(29) 一九一〇年併合によって、朝鮮総督府はこの非開港場を含めた沿岸貿易の実態を把握することに関心を失ってしまい、一九一一年を最後にこの調査自体を廃止した。また逆に、朝鮮海関が一九〇二年から非開港場の沿岸貿易調査を始めた理由は資料的には確認できないが、おそらく新しい流通が生じているという認識を持ったためであろう。

(30) 一九〇〇年代に一九〇六年新義州、京城、一九〇八年清津が開かれ、併合時に一一の開港場・開市があった。
(31) 移入される国産品について、一九〇九年の統計では統合簡略化されているので、一九〇八年を事例とする。
(32) もちろん、外国綿布の輸入により在来綿業が大きく破壊・再編成されたことは学界共通の認識である。梶村秀樹『朝鮮における資本主義の形成と展開』龍渓書舎、一九七七年、第一章。
(33) 一九〇九年元山、城津、清津では朝鮮籍船舶の比率が高かったが、統監府の資料によれば、それらは「内地人船舶」と把握されている。『総督府統計年報』一九〇九年版（併合後に編集刊行）。
(34) 高嶋雅明『朝鮮における植民地金融史の研究』大原新生社、一九七八年、前篇第四章。堀和生「日本帝国主義の朝鮮植民地化過程における財政変革」（『日本史研究』第二一七号、一九八〇年九月）。
(35) 羽鳥敬彦『朝鮮における植民地幣制の形成』未来社、一九八六年、石川亮太「韓国保護国期における小額通貨流通の変容」（『朝鮮史研究会論文集』第四四集、二〇〇六年）。
(36) 村上勝彦前掲「植民地」参照。
(37) 韓国統監府『統計年報』各年版、朝鮮総督府『統計年報』。
(38) 李栄薫・朴二澤「農村米穀市場と全国的市場統合――一七一三―一九三七」（李栄薫編『数量経済史で見た朝鮮後期』（韓国語）ソウル大学出版部、二〇〇四年）。
(39) 朝鮮郵船の設立過程については、同社『朝鮮郵船株式会社二十五年史』一九三七年、および木村論文参照。
(40) 朝鮮総督府は一九一一年から朝鮮の貿易相手先として中国各港別の詳細な調査を始めた。朝鮮総督府『朝鮮貿易年表』各年版参照。

6　保護国期の大韓帝国における「お雇い日本人」
——日本人高等官人事の動向を中心に

永島広紀

はじめに

『経国大典』（一四八五年頒布）に規定されるいわゆる「六曹」体制（吏・戸・礼・兵・刑・工の各曹）に基づく官吏の任免・補職は、甲午改革（一八九四年）に伴う内閣制度の発足と、また「宮内府」と「議政府」の設置、そして「八衙門」（内務・外務・学務・軍務・法務・農商務・工務・度支）への再編、さらには「部」制への移行を経て、やがて大韓帝国は日本政府による「保護国」期を迎えた。

保護国化に伴い在韓日本公使館と各地の領事館の組織と人員は、新設される統監府と各理事庁に移管され、またほどなくして統監府の官吏が在官のまま大韓帝国の官吏に任用されはじめるが、それが本格化するのはやはり第三次日韓協約（一九〇七年七月）以降のことであった。

ちなみにそうした大韓帝国に雇用された日本人官吏の数について、一九〇八年現在ではそれぞれ表1、表2にみる通りの数であった。

表1　大韓帝国における日本人官吏数（1908年末現在）

	高等官	判任官	小　計
宮内府	12	15	27
内　閣	5	8	13
内　部	95	278	373
度支部	102	860	962
軍　部	0	0	0
法　部	187	206	393
学　部	20	86	106
農商工部	45	161	206
合　計	466	1,614	2,080

出典：『第二次韓国施政年報　明治四十一年』（統監府，1910年4月）18-19頁．

表2　『隆熙二年六月 職員録』（内閣記録課，1908年）に基づく大韓帝国政府の官吏数
（1908年6月30日現在，かっこ内は内数で日本人官吏の人数を示す）

宮内府	親　任	勅　任	奏　任	判　任
本　庁	1	1（1）	10（5）	27（5）
侍従院	1	4	25	8
掌礼院		19	28	45
承寧府	1	3	9	6
皇后府		1	1	2
東　宮		1	2	2
奎章閣		25	11	4
内蔵院		3	3（2）	18（3）
典膳司		1	1	4
主殿院		1	2	13
帝室会計監査院			2	6
宗親家				
帝室財産整理局			3（1）	14（3）
修学院		2	4	3
檀廟社殿宮墓		5	2	35
各　陵				96
各　園				20
歴代殿陵				14
小　計	3	66（1）	103（8）	317（11）

内　閣	親　任	勅　任	奏　任	判　任
本　庁	7			
所属職員		3	8（2）	23
表勲院		1	4	6
法典調査局			4（4）	10（7）
小　計	7	4	16（6）	39（7）

中枢院	親　任	勅　任	奏　任	判　任
	7	9	14	4

耆老所	親　任	勅　任	奏　任	判　任
			1	4

内　部	親　任	勅　任	奏　任	判　任
本　庁		8 (5)	36 (21)	150 (95)
臨時軍用及鉄道用地調査局		1	1	5 (2)
大韓医院		2 (2)	22 (16)	21 (10)
警視庁		2 (1)	11 (6)	59 (31)
漢城府		1	2 (1)	12 (2)
京畿観察道		1	36 (3)	67 (8)
忠清北道観察道		1	19 (2)	37 (7)
忠清南道観察道		1	31 (2)	53 (8)
全羅北道観察道		1	28 (2)	47 (7)
全羅南道観察道		1	31 (3)	51 (9)
慶尚北道観察道		1	36 (2)	65 (10)
慶尚南道観察道		1	29 (4)	60 (11)
黄海道観察道		1	26 (1)	37 (3)
平安南道観察道		1	21 (2)	42 (8)
平安北道観察道		1	19 (2)	44 (9)
江原道観察道		1	26 (2)	53 (6)
咸鏡南道観察道		1	14 (2)	27 (7)
咸鏡北道観察道		1	17 (1)	38 (7)
小　計		27 (8)	405 (72)	868 (240)

度支部	親　任	勅　任	奏　任	判　任
本　庁		4 (2)	23 (14)	112 (62)
臨時財源調査局			10 (10)	320 (66)
※中央金庫				5 (5)
※漢城手形組合				1 (1)
※農工銀行				6 (6)
※分掌未定				2
会計検査局		1	2 (1)	10 (4)
建築所			7 (4)	33 (31)
煉瓦製造所			1 (1)	13 (11)
印刷局		1	10 (7)	30 (19)
関税局		1 (1)	8 (6)	29 (27)
仁川税関			4 (4)	63 (55)
釜山税関		1 (1)	4 (4)	58 (54)
元山税関			2 (2)	35 (32)
鎮南浦税関			2 (2)	42 (38)

燈台局			3（3）	51（49）
臨時税関工事部			7（7）	24（24）
漢城財務監督局			4（4）	17（11）
財務署（40）			10（2）	85（26）
平壌財務監督局			2（2）	16（10）
財務署（44）			13（2）	108（36）
大邱財務監督局			3（3）	15（12）
財務署（58）			14（2）	124（42）
全州財務監督局			2（2）	17（9）
財務署（67）			16（2）	157（51）
元山財務監督局			2（2）	14（8）
財務署（22）			8（2）	87（12）
※任地未定			2（2）	34（14）
※度支部勤務				2（2）
※監督局勤務				4（4）
西北営林廠			1	3
小計①		8（4）	158（88）	1,463（689）
小計②		8（4）	160（90）	1,517（721）

注：※は定員外（小計②はこれを算入）.

軍　部	親　任	勅　任	奏　任	判　任
本　庁		3	56	17
侍従武官府			4	5
東宮武官府		1	2	3
親王付武官			1	
陸軍武官学校		1	16	5
近衛歩兵大隊			26	4
近衛騎兵隊			6	1
小　計		5	111	35

法　部	親　任	勅　任	奏　任	判　任
本　庁		3（1）	17（12）	41（22）
大審院	2（1）	3（2）	5（4）	5（5）
京城控訴院		3（3）	10（9）	5（5）
平壌控訴院		2（2）	10（7）	6（5）
大邱控訴院		2（2）	7（6）	6（5）
京城地方裁判所		2（2）	8（8）	15（14）
区裁判所〔3ヶ所〕			9（8）	4（4）
公州地方裁判所			11（8）	8（7）
区裁判所〔2ヶ所〕			4（2）	2（2）
咸興地方裁判所			10（7）	8（8）
区裁判所〔3ヶ所〕			6（3）	3（3）
平壌地方裁判所			10（7）	7（7）
区裁判所〔1ヶ所〕			2（1）	1（1）

海州地方裁判所			11 (8)	8 (8)
区裁判所〔1ヶ所〕			2 (1)	1 (1)
大邱地方裁判所		2 (2)	12 (7)	8 (8)
区裁判所〔1ヶ所〕			1	1 (1)
晋州地方裁判所			11 (8)	8 (8)
区裁判所〔2ヶ所〕			4 (2)	2 (2)
光州地方裁判所			11 (8)	8 (8)
区裁判所〔3ヶ所〕			5 (2)	3 (3)
監獄〔8ヶ所〕			8 (8)	31 (22)
法官養成所			5 (3)	3 (2)
小　計	2 (1)	17 (14)	179 (129)	184 (151)

学　部	親　任	勅　任	奏　任	判　任
本　庁		2 (1)	17 (7)	40 (14)
成均館		1		5
官立漢城師範学校			5 (3)	8 (3)
附属普通学校				7 (2)
官立漢城高等学校			6 (2)	6 (1)
官立漢城外国語学校			7 (3)	19 (1)
官立仁川日語学校			1 (1)	5 (1)
官立平壌日語学校			1 (1)	4 (2)
官立漢城高等女学校			1 (1)	4 (1)
官立普通学校(8校)				49 (8)
公立普通学校(80校)				258 (51)
小　計		3 (1)	38 (18)	405 (84)

農商工部	親　任	勅　任	奏　任	判　任
本　庁		4 (4)	29 (17)	125 (59)
農林学校			5 (5)	5 (1)
園芸模範場			1 (1)	5 (4)
工業伝習所			4 (3)	20 (17)
勧業模範場		1 (1)	7 (7)	12 (10)
平壌砿業所			3 (3)	17 (17)
塩業試験場				11 (10)
林業事務所			4 (4)	13 (5)
臨時棉花栽培所				21 (15)
種苗場				4 (4)
観測所			2 (2)	19 (19)
小　計		5 (5)	55 (42)	252 (161)

合　計	19 (1)	144 (33)	1,084 (365)	3,625 (1,387)

表1は韓国併合直前である一九一〇年四月に公刊された一九〇八年度版の『第二次韓国施政年報』に掲載された一九〇八年末現在の日本人官吏数である。総数にして約二〇〇〇名。高等官と判任官（属官）にまずは日本国内式によって任用形態別に区分され、さらに宮内府・内閣・内部・度支部・軍部・法部・学部・農商工部からなる中央官庁別の人員数が示されている。この他にも臨時的任用の雇員らも数多く在職していたと考えられるが、ともあれ約半数に届こうかという度支部所属の配置数がまず目を惹くところである。

さらにこれを表2にて、やや細を穿って官員の配置を確認しておきたい。同表は一九〇八年六月三〇日現在で大韓帝国政府に在籍した判任官以上の全職員が掲載されている『職員録』を元に筆者が作成したものである。表1と表2はその作成の基準日にちょうど六ヶ月ほど時期的な齟齬があり、その半年の間においても日本人官吏数は明らかに増加している。この後も併合期までのあいだに、おそらく相当数の官員が増えていることが予想されるが、その実数をいまのところ筆者は把握するに至らず、今後の大きな課題として残っている。本章は主として史料上の制約により、あくまで一九〇八年当時の人事情報を基礎に叙述されることを、ひとまず断っておきたい。また本章の表題に敢えて「お雇い」の語句を使用するゆえんは、明治初期に日本政府が、欧米よりそうした名称にて各種の技能者を招聘したという故事にひそんでいる。世代的にみて、統監以下の指導層には、そうしたお雇い外国人から実際の薫陶を受けた者も少なくない。また保護国期における日本人官吏の雇用が一般にイメージされるように、日本政府・韓国統監府からの一方的な押しつけによるものではなく、これから述べるように職種や採用形式において様々なケースが存在し、しかも具体的な予算措置と技術移転を伴う技術系の官吏にまで、考察の範囲を拡げていることに鑑みてのことである。

一　大韓帝国における日本人官吏の任官

さて、甲午改革の以前と以後において、官吏の登用方法は大きく変更されることとなった。すなわち「科挙」の廃止と新試験制度による「銓考」が開始されるのであるが、今日までのところ、いわゆる試験任用組の「文官」の任免に関する研究蓄積はそれなりにあるものの、法官・技師・医師・教員など一定の専門教育を必要とし、また相当の修習期間を必要とする専門／技術系官吏に関しては、先行研究での関心も相対的に薄く、いまだ全体的な動向の把握は困難な状況にある。(1)(2)

しかも、甲午改革以降に整備が進行する新式学校（法官養成所・師範学校・農林学校など）による教育を受けた韓国人青年層がまずは下級官吏として大量採用されていき、またこの背景には、明らかにかつて科挙及第にもかかわらず任官に制限を受けたという北部道出身者（「西北人」）への地域的な配慮もしくは偏差が見て取れることについて、既存の研究の関心はやはり薄い。(3)

ともかく表2をもとに、いま少し各官庁における日本人官吏の任用状況におけるその全体像をまずは個別的に整理しておきたい。

まず「宮内府」に配置された四八九名中、日本人は二〇名に過ぎない。大韓帝国における皇室関係の儀典を管掌するだけに、旧体制以来の人員配置が基本的に維持されている官庁である。しかし、帝室財政の乱脈を抑制し、これを整理するために要所には日本人が配置されており、しかも統監府からの派遣よりも、むしろ個別の人脈によって採用されているものも少なくない。例えば権藤四郎介の場合で見てみよう。併合後も李王職の事務官を務める彼は、宮内府次官が長官を兼任する「帝室財産整理局」の事務官（奏任官三等）として「整理課長」に補されている。その権藤の回顧録である『李王宮秘史』によれば「私は氏〔井上雅二・宮内府書記官／大臣官房庶務課長――筆者注、以下同〕推挽により……統監の推薦――皇帝の任命――と云ふ形式で、宮内府事務官に任ぜられた」という(4)。また同時期、権藤の下僚として南冥・青柳綱太郎が(5)、権藤と同じく井上雅二の斡旋で主事（判任官三等）として採用されており、昌慶宮内での図書整理（つまり後年の李王職「蔵書閣」につながる）などに従事していた。新聞記者出身（一時期、木浦郵便局管内の郵便取扱所に勤務）の青柳もまた統監府の官員から直接に出向した組ではなく、現地採用組であった。斡旋に当たったという井上自身も新聞記者から転じ、かつ財政顧問を務めた目賀田種太郎のもとで財務官をつとめていた人物であり、とりわけ宮内府の日本人にはこうした「猟官」のタイプが多かったと推測される。

次の「内閣」本庁における日本人官吏は、その大部分が「法典調査局」の所属である。統監である伊藤博文が民法学者である梅謙次郎に委託して組織した「不動産法調査会」を引き継いだ組織であり、併合後には「取調局」から「参事官室」に、そしてさらに「中枢院調査課」へと業務と人事が引き継がれていくことになる旧慣調査の専門機関である(6)。

続いて「内部」である。内部は治安維持（警察）や医事・衛生、さらには建築・土木に至るまでその業務内容はきわめて多岐の専門分野にわたり、その分、実務経験では先んじる日本人官吏の任用も少なくない。ただし地方の各道観察道に配置される郡守をはじめとする地方官の人事を統括する以上、韓国人官吏の割合が地方の末端組織に近づくほど高まっていくのはきわめて当然であった。

そして人員規模の大きさもさることながら、業務範囲の広さとその事務量の多さ、それらのいずれをとっても他部署を圧倒していたのが「度支部」である。一九〇八年八月現在で一六八五名中、実にほぼ五割に達する八二五名の日本人官吏が登用されているのである。とりわけ税関は、欧米列強の利権を排除するためにも、日本人官吏によってほぼ独占された状態にあり、また各地方の財務監督局でも局長ポストは日本人で占められていた。一方で、のちに「土地調査局」に引き継がれていく臨時財源調査局や、所轄の税務署といった地方社会での業務を主とする部局では韓国人の職員数が多数を占めており、基本的にこれらは併合後の総督府人事に踏襲されていくものである。

「軍部」には日本人官吏は配置されていない。皇宮警備の一大隊以外は解散となった人員規模の小ささもさることながら、旧来の「武科」以来の人事的な慣行に日本人が入り込む余地はなく、また韓国駐剳軍が駐屯している以上、特段の必要もなかったはずである。

逆に「法部」においては司法権の掌握が第三次日韓協約でもその第三条で「司法事務ハ普通行政事務ト区別スルコト」と規定されたように、保護政策の中でも司法行政は、重点項目に挙げられていた。一九〇七年一月にはすでに日本人「法務補佐官」への勤務発令がなされ、いまだ法官養成所の卒業生では、とうてい近代法の運用技能を必須とする新式法院の定員を満たすことは不可能であった当時、判事・検事に加えて、書記長・書記などの事務スタッフに至るまで日本人官吏で占められたのは、やはり「保護国化」の人的な核を構成していたと見ることができる。

「学部」は韓国人子弟を対象とする地方の普通学校に多くの人員が割かれる以上、日本人教員の数は限定的であり、また中央官庁内においても宮内府とともに国家の儀典・儀礼、そして宗教を管掌するゆえ、そうした有職故実に通じた官吏としては、やはり韓国人が登用されざるを得なかったのである。これは併合後も、学務局の宗教課（のち、社会課・社会教育課・錬成課に名称変更）の課長人事や中枢院書記官の人事として踏襲されていくことになる。

最後に「農商工部」である。日本側にとっては一日の長がある農学・実学の教育・指導と技術移転が中心業務であるだけに、やはり日本人官吏の割合が高くなっている。この点に関しては節をあらためて詳しく述べることにしたい。

二　日本人官吏の個人履歴書

さて、保護国期における大韓帝国の官僚人事の様相を検証する際に欠くことのできない基本文献である『大韓帝国官員履歴書』（国史編纂委員会、一九七二年）であるが、同書には当該期に相当数が在職していたはずの日本人官吏の履歴書は、全く収録されていない。むしろ意図的に削除されたのかもしれない。そこで筆者は、あらためてソウル大学校・奎章閣韓国学研究院に所蔵される『大韓帝国官員履歴書』の原本である履歴書の綴りを閲覧調査したところ、少なからざる日本人官吏の履歴書が存在することを確認できた。以下はその収録状況であり、その一覧が表3である。

（A）『履歴書』一―四、内閣記録課、隆熙元年（奎章閣図書二五〇七二）…四一名
（B）『隆熙二年　各官履歴書存案』（奎章閣図書一八〇〇二）…一一名
（C）『履歴書』（奎章閣図書一八〇〇二）…二名
（D）『隆熙四年八月二十八日現在　内閣判任官以上履歴書』（奎章閣図書一八〇〇二）…二名

表1、表2の日本人官吏数と見比べても、履歴書が残っている者は一九〇八年末の人員数を基準に考えれば、わずか二％程度である。ただし、その内容を整理して集計すると、前節で検討した日本人官吏の任用における全体的な傾向を、ある程度はとらえているといえる。すなわち、（A）の内容から、一九〇七年の段階ではまず度支部や法部（裁判所）に採用される日本人が多数を占める中、履歴書の残存量もおおよそこれに対応していることが示されている。特に農商工部・度支部・法部における属官級の採用人事が具体的にいかに進められたかを窺うことができる。具体的

表3 『大韓帝国官員履歴書』未掲載の日本人官吏

（A）『履歴書』一―四、内閣記録課、隆熙元年、奎章閣図書二五〇七二

	年齢	官職等	前歴等	学歴	出身地／族籍	生年月日	併合後
都築幸十	51	※臨時棉花栽培所技手	三ツ川村役場書記		愛知	一八五六・三・一	
所 寛吉	26	※臨時棉花栽培所技手	東茨城郡農会技術員		茨城	一八八一・五・一四	勧業模範場木浦支場技手
富田徳太郎	35	※臨時棉花栽培所技手			愛知	一八七二・一〇・一八	
東 今朝治	29	釜山税関汽船龍頭丸機関長	大柴田丸機関長	長崎高等海員養成所	大分平民	一八七八・一・二四	
大坂一夫	31	勧業模範場傭夫→※臨時棉花栽培所技手	宮崎県三財村農会幹事		熊本士族	一八七六・七・一〇	
大和田真治	35	※財務署主事兼度支部司計局税務課員	関東都督府属		福島平民	一八七二・四・二五	大邱府書記
安中朋太郎	44		仁川居留民団立仁川病院薬局長	東京医学専門学校→五高医学部	長崎平民	一八六三・一〇・三	
賀来倉太	29	大韓医院助手		京都府立医学専門学校	大分平民	一八七八・一二・一四	朝鮮総督府医院
本田平五郎	30	大韓医院助手		京都府立医学専門学校	熊本平民	一八七七・五・五	朝鮮総督府医院
和田一郎	26	※度支部土地調査局書記官	金沢税務監督局長	一高→東京帝大政治学科	新潟	一八八一・五・一	臨時土地調査局書記官
今泉鎗三郎	44		印刷局彫刻部技生			一八六三・九・一五	印刷局技手
阿部恵三郎	38		台湾総督府・南満洲鉄道	東京帝大・工科大学		一八六九・三・二三	臨時土地調査局測量課技師
松浦 準	38		統監府官房文書課長・官報主任	学習院中学	長崎（平戸）	一八六九・五・二二	
飯島栄太郎	37		関税局経理課	一高→東京帝大経済学科	東京平民	一八七〇・三・三	

稲浦直治	34	度支部	香川県技師（水産試験場）	水産伝習所	香川士族	一八七三・一〇・二四	
小野朔二郎	41	度支部	沖縄県土地整理事務局→小樽区役所	石川県専門学校	北海道（小樽）	一八六六・一二・一	臨時土地調査局庶務課事務官
大久保　到	46		山口県警部→山口県吉敷郡長→龍山居留民団長		山口平民	一八六一・一〇・一八	全羅北道事務官
高野親雄	35		神奈川県検疫官→内務省伝染病研究所	医学専門学校済生学舎	山形士族（米沢）	一八七二・一〇・二〇	内務部地方局衛生課技師
松崎俊造	31	度支部	大蔵省税務監督官	東京帝大政治学科	千葉	一八七六・一二・八	全羅北道財務部書記
齋藤金祐	41	度支部司税局蔘政課事務嘱託	山口県防疫事務官		山口士族	一八六六・一〇・一〇	開城警察署警視
梅津武雄	37	度支部	陸軍省陸地測量部	陸地測量部修技所	東京	一八六八・一二・五	臨時土地調査局測量課技師
千葉萬壽	35	度支部	台湾総督府民政部→関東都督府海務課長	東京商船学校	青森	一八七二・七・一三	釜山税関海務課技師
石栗　巍	36	度支部	北海道属・空知営林区分署長		北海道	一八七一・三	咸鏡南道警察部警部
田中正身	41	法部事務官・京城控訴院書記長	大審院書記		高知士族	一八六六・八・一	
諸橋一義	45	法部事務官・大邱控訴院書記長	東京控訴院書記		東京平民	一八六二・八・二七	大邱地方裁判所大邱区裁判所判事
松村新太郎	50	法部事務官・大臣官房会計課長	大審院書記		東京平民	一八五七・七・一	
土谷栄太郎	41	法部事務官・大臣監房文書課長	東京控訴院検事局書記		長野平民	一八六六・五・三	釜山地方裁判所検事局検事
安田慶二郎	41	法部事務官・大審院書記長	大阪控訴院検事局書記		宮城士族	一八六六・一〇・一	

田中忠見	40	法部事務官・平壌控訴院書記長	福島区裁判所検事局書記		富山	一八六七・二・二九	公州地方裁判所判事
中村秀夫	34	法部事務官・大臣官房統計課長	東京地方裁判所書記		東京士族	一八七三・一一・一六	釜山地方裁判所判事
臼井水城	34	法部事務官（※秘書課）	東京地方裁判所書記	日本法律学校	福岡士族（久留米）	一八七三・六・六	京城地方裁判所開城区裁判所判事
村上唯吉	40	法部繙訳官・京城控訴院繙訳官	外務省通訳生・仁川在勤→陸軍省鉄道監部→統監府鉄道管理局通訳官	東京高等商業学校語学部	福島士族	一八六七・一〇・一	平壌控訴院書記長
森島弥四郎	?	※京城控訴院判事			山梨		大邱地方裁判所判事
橋本二郎	?	晋州地方裁判所検事					平壌地方裁判所新義州裁判所検事
井浦義久	?	大邱控訴院判事			福岡（浮羽）		釜山地方裁判所馬山区裁判所判事
山内圭一郎	33		関東都督府海務局検疫課長	東京医学専門学校済生学舎	千葉士族	一八七四・一二・二五	新義州警察署嘱託
吉川岩喜	27		釜石鉱山技師・溶鉱課長	中学修猷館→五高→東京帝大工大採鉱冶金学科	福岡	一八八〇・一一・一	平壌鉱業所技師
石田国助	32		東京府	埼玉県師範学校→東京法学院	埼玉	一八七五・一・六	内務部地方課属
岡田真一郎	43	度支部税務部調査課長→臨時財源調査局技師→専売局技師	大蔵省煙草専売局技師	（農学士）		一八六四	
小林逸次	35		台湾総督府警部		広島平民	一八七二・七	警部

中谷堅次郎	33		逓信省属		佐賀士族	一八七四・八・三	京畿・包川郡書記
辛島臺作	28		大蔵省煙草専売局技手	東京帝大・農科大学農学実科	大分	一八七九・五・三	専売局技手
江田重雄	40		鹿児島県視学	大阪府師範学校	大阪	一八六七・一一・八	星州普通学校校監

（B）『隆熙二年　各官履歴書存案』奎章閣図書一八〇〇二

	年齢	官職等	前歴等	学歴	出身地／族籍	生年月日	併合後
川原信義	43	法典調査局事務官補	海軍書記→大蔵省醸造試験場書記	和歌山県師範学校	東京平民	一八六四・四	
室井徳三郎	29	法典調査局事務官補	臨時鉄道監部	和仏法律学校	石川平民	一八七八・一・一〇	
小田幹次《ママ》郎	32	※法典調査局事務官	司法官試補・長野区裁判所→同判事→平安北道裁判所法務補佐官	和仏法律学校	兵庫	一八七五・四	取調局事務官
川寄萬蔵	33	法典調査局事務官補（奏任官四等）	内閣法典調査会書記→日本郵船→韓国議政府・不動産法調査会補佐官補嘱託	※和仏法律学校	福岡（築上）	一八七四・八・七	
山口慶一	33	法典調査局事務官補（奏任官四等）	東京地方裁判所書記→不動産法調査会補佐官補→統監府属	明治大学法律学科	東京士族	一八七四・三・八	
渡邉勇次郎	35	法典調査局事務官補（奏任官四等）	仙台地方裁判所書記→警視庁警部→外務省警部・韓国公使館附→韓国警務顧問補佐官補→統監府警部	東京法学院	千葉	一八七二・八・二四	光州地方裁判所群山区裁判所判事
安藤　静	43	法典調査局事務官補（判任官三級俸）	台湾総督府旧慣調査事務嘱託→同・臨時台湾旧慣調査会補助委員→同・台中出張所主任	東京法学院	東京平民	一八六四・一二・一	取調局属（一九一〇年）
平木勘太郎	32	法典調査局事務官補（判任官七級俸）	島根県巡査・福岡県巡査→福岡地方裁判所雇→（和仏法律学校）→韓国・不動産法調査会雇→同嘱託	和仏法律学校		一八七五・一・一	忠清北道報恩郡書記

	年齢	官職等	前歴等	学歴	出身地／族籍	生年月日	併合後
八田岩吉	39	法典調査局事務官補（判任官七級俸）	台中病院雇・同書記→台湾総督府製薬所属→台南県弁務署主記→台北県弁務署主記→基隆庁属→台湾総督府専売局書記→不動産法調査会嘱託		石川平民	一八六八・一〇・六	
岩谷武市	34	法典調査局事務官補（判任官七級俸）	東京府立小学校訓導→大蔵省税務属・万世橋税務署勤務→統監府京城理事庁属	中学修道館→※明治法律学校	島根平民	一八七三・三・五	全羅北道井邑郡書記
下森久吉	44	法典調査局事務官補（判任官八級俸）	島根県尋常小学校訓導→臨時軍用鉄道吏員養成所入所→統監府鉄道管理局運輸部調査課→韓国不動産法調査会嘱託	島根県師範学校	島根	一八六三・六	江原道内務部書記

（C）『履歴書』奎章閣図書一八〇〇二

	年齢	官職等	前歴等	学歴	出身地／族籍	生年月日	併合後
田中　昶	38		北海道属	東京法学院	福岡士族（三潴）	一八六九・八	忠清南道沔川郡書記
下坂重行	39		福岡県小学校訓導→福岡県属→台北県属→台湾総督府属→関東州民政署出向→関東都督府属	立教大→東京農林学校	福岡士族（久留米）	一八六八・一〇・二三	平安南道安州郡書記

（D）『隆熙四年八月二十八日現在　内閣判任官以上履歴書』奎章閣図書一八〇〇二

	年齢	官職等	前歴等	学歴	出身地／族籍	生年月日	併合後
仁木義家	35	内閣主事判任官三等（→廃官）				一八七二・三・五	中枢院属
大浦常造	28	内閣主事判任官三等・記録課勤務		早稲田大学法律学科	長崎（対馬）	一八七九・一・二	中枢院属

注：（1）※は他史料で補充した情報。
（2）年齢は一九〇七年当時。

な行政上の事務処理能力を持った官員には、それ相応の学歴と職歴が求められたのが一目瞭然である。とりわけ法部の人事では判・検事の業務を支える裁判事務の要員確保がどのような前任地を経由してのものであったかについて個別の例証レベルで知ることができよう。

なお、（A）の中で、文官高等試験・行政科の合格者（いわゆる有資格者《キャリア》）としては、和田一郎〔一九〇六年合格〕と松崎俊造〔一九〇七年合格〕の名前が見える。両名ともまずは大蔵省に採用となり、このうち和田は一九一〇年三月に臨時財源調査局を引き継いで発足する「土地調査局」の書記官に登用され、そのまま併合後も臨時土地調査局の書記官（庶務課長・調査課兼務）として、土地調査事業における事務全般の統括にあたっている。かつ、同調査の終了後には残務整理の責任者となり、一九二〇年一月に『朝鮮土地地税制度調査報告書』を当時の朝鮮総督である斎藤実に提出している。松崎は高等官にはすぐに任用されず、併合後は全羅北道財務部の属官（書記）となっている。ともかく、一九一〇年に入ってから任用される和田や松崎の履歴書が含まれていることから、（A）には簿冊の表題として墨書されている「隆熙元（一九〇七）」年以降、併合直前期までの書類を編綴したものであろう。

また（B）は、一九〇八年段階においては内閣に置かれる「法典調査局」の人員に関する履歴書の綴であった。併合後も取調局・参事官室・中枢院調査課において、旧王朝の実録や儀軌といった記録物を、各地の史庫から集めて整理を行った小田幹治郎をはじめとする法典調査スタッフの採用には、梅謙次郎の意向が強く働いていた(7)。なお、（C）については内部の属官人事であり、（D）は併合条約公表直前における内閣本庁における日本人属官の履歴書である。（C）（D）いずれも統監府廃庁と総督府の開庁を控えた人員整理の一環にまつわる人事記録であったかとも推測されるが、残存数が極めて僅少なため、全体的な傾向をつかみ難い。

三　統監府官員の韓国政府「応聘」

ここで少し話を戻さねばならない。一九〇七年七月二四日に調印される第三次の日韓協約にともない、まず八月二日付で丸山重俊が警視総監に補任されたのを皮切りに、八月九日には宮内府（鶴原定吉、九月二三日から小宮三保松に交代）・内部（木内重四郎）・学部（俵孫一）の各次官が発令された。八月一四日には内部の警務局長に松井茂が補され、さらに九月七日には度支部（荒井賢太郎）、九月一九日には農商工部（岡喜七郎）と法部（倉富勇三郎）らがそれぞれ発令されるといった、韓国政府から勅任官としての待遇を受ける次官級人事が出揃っている。また宮内府次官は「帝室財産整理局」の長官、度支部次官は「臨時財源調査局」「会計検査局」「建築所」の長を兼轄し、また法部次官は内閣直属の「法典調査局」の委員長を兼務した。こうした次官たちの兼務発令は、後年の土地調査・旧慣調査・文化財整理に道筋をつける官制が整備されていったことの起点を意味したのである。ただし、第三次日韓協約の「覚書」第五項の最後に「財務警務及技術ニ関スル官吏ニ日本人ヲ任用スル件ハ追テ別ニ協定スヘシ」と明記されたように、各部次官と法官（法務補佐

表4　統監府からの「韓国政府応聘」者数

	高等官	判任官	合　計
参与官	3		
書記官	24		
技　師	31		
通訳官	5		
理事庁副理事官	17		
理事庁警視	24		
観測所技師	1		
統監府鉄道管理局通訳官	1		
統監府属		32	
統監府技手		27	
観測所書記		1	
観測所技手		16	
理事庁属		14	
理事庁通訳生		2	
統監府警部		14	
理事庁警部		97	
小　計	106	203	309

出典：『職員録』〔大蔵省版〕明治41（1908）年5月1日現在.

表５　韓国統監府と大韓帝国政府との兼官〔参与官・書記官・技師〕状況

（1908年5月頃）

統監府官位		大韓帝国での補職
参与官	小宮三保松	宮内府次官（勅）兼帝室財産整理局長官
	岡　喜七郎	内部次官（勅）
	荒井賢太郎	度支部次官（勅）兼臨時財源調査局長・会計検査局長官・建築所長
	倉富勇三郎	法部次官（勅）兼内閣・法典調査局委員長
	俵　孫一	学部次官（勅）
	木内重四郎	農商工部次官（勅）
	永濱盛三	度支部・関税総長（勅）
	丸山重俊	内部・警視庁総監（勅）
	松井　茂	内部警務局長（勅）
書記官	山岡義五郎	度支部・釜山税関長（勅）
	川上常郎	度支部・大邱税務監督局長
	小林　重	度支部・漢城税務監督局長
	鈴木　穆	度支部司計局長
	澤田牛麿	内部地方局府郡課長
	松寺竹雄	法部刑事局員
	宮木又七	度支部・仁川税関長
	矢野久三郎	度支部・平壌税務監督局長
	岩井敬太郎	内部警務局保安課長
	窪谷逸次郎	内部警務局警務課長
	藤川利三郎	度支部司計局税務課長
	赤倉吉三郎	度支部臨時財源調査局調査課長
	藤原正文	度支部理財課農工銀行課長
	佐々木正太	度支部・全州税務監督局長
	有賀光豊	度支部・鎮南浦税関長
	齋藤禮三	内部警務局警視
	野手　耐	度支部・元山税関長
	大塚常三郎	内部土木局書記官
	青木戒三	内部衛生局書記官
	河内山楽三	度支部理財局国庫課長
	櫻井小一	度支部・関税局監督部長
	吉松憲郎	度支部大臣官房文書課長
	生田清三郎	農商工部大臣官房文書課書記官

技師	本田幸介	農商工部・勧業模範場技監（勅）／場長・農林学校長
	中原貞三郎	？
	安田不二丸	内部土木局・鎮南浦出張所技師（勅）
	黒岩休太郎	農商工部鉱務局技師（勅）・局長代弁
	比田孝一	内部土木局・群山出張所技師（勅）
	中村　彦	農商工部農務局技師（勅）・局長代弁
	中桐春太郎	内部土木局・大邱出張所技師（勅）
	片山貞松	内部土木局・木浦出張所技師
	向坂幾三郎	農商工部・勧業模範場技師
	宮原忠正	農商工部・農林学校教授兼勧業模範場技師
	庵原文一	農商工部水産局水産課長
	花井藤一郎	農商工部・勧業模範場技師
	村田素一郎	農商工部鉱務局鉱業課長
	三浦直次郎	農商工部・勧業模範場技師
	木下重松	度支部・関税局釜山税関港務官
	岸　秀次	農商工部・農林学校教授
	山本小源太	農商工部農務局未墾地課長
	児島高里	内部・大韓医院治療部技師／兼任薬剤官
	村上龍蔵	？
	久次米邦蔵	農商工部・園芸模範場長
	遠藤善十郎	度支部・臨時税関工事部釜山出張所長
	勝又六郎	度支部・建築所工事課技師
	岩田五月満	度支部・臨時税関工事部第三課長
	国枝　博	度支部・建築所工事課技師
	藤宮惟一	度支部・臨時税関工事部仁川出張所長
	鬼　一郎	度支部・関税局仁川税関港務官
	石原錠太郎	学部学務局第二課技師兼度支部・建築所工事課技師
	佐藤政治郎	農商工部・勧業模範場技師
	多賀谷小次郎	農商工部鉱務局鉱業課技師
	小野是一郎	内部土木局・水原出張所技師
	吉武正八	内部土木局治道課・治水課技師

注：（勅）は大韓帝国の勅任官であることを示す．

官）の人事がまず先行し、大量の人員採用が予定される内部・度支部・農商工部に跨がる実務官職の採用人事にはいささか時間を要したのであった（表4、表5）。

こうした一九〇七年夏以降における統監府「参与官」たちの出向に続き、その年末から翌年の初めにかけて今度は統監府の事務系の文官中、主として税務畑の「書記官」たちの兼官発令が相次ぐことになった。例えば一九〇八年五月現在の『職員録』〔大蔵省版〕に掲載された統監府の人員中、「韓国政府応聘中」と分記された三名の参与官（前出の丸山・松井に加え、度支部の関税総長に就任する高文合格組の永濱盛三）、二三名の書記官の名前が見えるが、勅任官は度支部の出先である釜山税関長の山岡義五郎（旧福山藩士／メートランド著『英国司法制度大要』〔一八八九年刊〕を翻訳）を除き、残りはすべて奏任官であり、しかも二二名中の一九名が文官高等試験・行政科の合格者である。また二三名の書記官中、一五名が度支部に重点配置され、六名の内部がこれに続き、そして法部と農商工部にはそれぞれ一名ずつが任用されている。あてがわれているポストはおおよそ「内局／外局」の部課長級、そして税関や財務監督局といった地方出先機関の長である。とりわけ度支部で司計局長を務める鈴木穆[9]をはじめ、各地方の税関長を務める高文組官僚たち[10]は、韓国政府の財政顧問であった目賀田種太郎の推薦と意向を汲んだ採用人事であった。

なお、日本人官僚に割り当てられる「親任官」ポストである大審院長（渡邊暢）と検事総長（国分三亥）の発令は一九〇八年二月二四日であり、その後の五月から六月にかけて法部が管轄する各控訴院・地方裁判所の幹部級人事が発令されている。そして内部所管である各道観察府の警察部長人事が七月二三日付で一斉に発令されている。このとき、後年において朝鮮古俗の研究で長らく中枢院の嘱託を務めることになる今村鞆[11]も忠清北道観察道警察部長に補任されていた。そのため、大韓帝国期に初めて編集された一九〇八年六月二〇日現在なる『隆熙二年六月 職員録』には各道警察部長の人事項目は反映されていないものの、まさにこの『職員録』こそが日本政府の韓国「保護」の具体的な人員構成を可視化しているものであると言えよう。

そして書記官級の任用が行われるのとほぼ時を同じくして、主として農業系の技術指導と建築土木のエキスパートたる「技師」たちの任用手続きが行われていた。こうした技術系官吏の任免はいきおい事務系文官の陰に隠れがちであるが、日本政府による韓国の「保護」と「併合」の過程を繙く際には、むしろ地域の官憲や在地の有力人士との交渉や調整をはじめとして、現地社会に密着せざるを得なかった彼らこそ、きわめて重要な人的ファクターであるとの認識と立場を本章ではとることにしたい。そこで、右で見た書記官の人事同様にその任官の概況を確認しておきたい。

同じく日本政府の『職員録』にて「韓国政府応聘中」とされる三一名の技師中、筆頭の本田幸介(12)をはじめとして七名が勅任であり、このうち内部の技師に発令された三名はそれぞれ鎮南浦・群山・大邱に置かれる土木局の地方出張所勤務を命じられている。農商工部に配属された三名中、二人は内局である鉱務局と農務局の局長代弁に就任しており、また本田幸介は後述のとおり京畿道・水原に設置される勧業模範場技監として場長を務める傍ら、併設された農林学校の校長を兼務した。

さらに二四名の奏任技師は、最多となる農商工部の一四名に続き、内部と度支部がそれぞれ七名であり、書記官と同様に技術系部局の課長級、ないしは地方出先機関の長に補されている(13)。また、渡韓前には農商務省水産調査技師・水産講習所教授を歴任した塚本道遠の場合は、農商工部技師（塩務課長）に任命されるとともに、度支部の臨時財源調査局技師（第二課長）に兼務発令されており、近接する業務においては農商工部と度支部を跨ぐ人事も確認される。

さて、次節に登場する三浦直次郎もそうした奏任技師の一人として農商工部の勧業模範場勤務を命じられていた。ただ実際の業務内容に関しては、職員録や官報に基づく人事情報のみでは分かりづらい。ところが幸いにも三浦直次郎に関しては彼の個人文書が残されておりこれらを部分的に利用できる。表6に見えるように、福岡県立図書館によ

表6　三浦家文書（三浦直次郎／韓国関係）

目録番号	タイトル等	作成年月日	起案・発信	宛・受信	摘要等	使用用紙等	備考
七〇五	［水利組合設立認可申請他］						
—一	水利組合設立認可申請	年月不詳	発起人	度支部大臣	忠南・恩津郡院頂里	「勧業模範場」罫紙	
—二	恩津西部水利組合予定計画					「勧業模範場」罫紙	
七〇六	沃溝西部水利組合規約						諺文混り文
七〇七	［書簡他］						
—一	書簡	隆熙三（一九〇九）年七月二九日	林震燮（臨陂郡守）	三浦技師	東二面蓮堤水樋敷設に関する報告など	「全羅北道観察道」罫紙	漢文
—二	「隆熙三年七月廿七日臨陂郡東二面蓮堤水樋幾個敷設事件堤下蒙利　地主郡庁総会時氏名及可否決議状況」	一九〇九年七月二七日				「大阪鈴木製」用箋	漢文
七〇八	［復命草案］					「勧業模範場群山出張所」罫紙	
七〇九	［馬堤樋設計書］						
	「馬堤樋管設計書」／「桃巌堤樋管設計書」／「馬堤樋管工事見積書」／「桃巌樋管工事見積書」					「勧業模範場群山出張所」罫紙	
七一〇	米堤船堤土工費						
—二	「沃溝西部水利組合規約」						諺文混り文
七一一	電話線路利復費予算					「統監府通信官署」罫紙	

七一二	腰橋堤貯水計算					「勧業模範場」罫紙	
七一三	［堤現況調査］「（一）定面五里谷　金山堤」他					「勧業模範場群山出張所」罫紙	
七一四	臨益水利組合ニ対シ事業費及用地実測費貸付ニ関スル覚書	隆熙三（一九〇九）年八月一三日			「臨益水利組合資金供給覚書」を合綴		
七一五	沃溝西部水利組合水利状況				草稿メモ	「勧業模範場」罫紙	
七一六	臨益水利組合労役者規定						諺文混り文
七一七	貯水池樋管工事仕様書					「勧業模範場群山出張所」罫紙	
七一八	沃溝府、万頃江沿岸防潮堤修繕費概算						
七一九	水利組合設立認可申請				七〇五―一の草稿メモ／「恩津西部水利組合予定計画」を合綴	「勧業模範場」罫紙	
七二〇―一	臨益南部水利組合創立総会記事	一月二〇日			「臨益南部水利組合規約」を合綴	「勧業模範場」罫紙	
七二〇―二	［書簡］	明治四三年五月一六日					
七二〇―三	事業資金償却法				草稿メモ	「勧業模範場」罫紙	
七二〇―四	金堤、万頃水利組合区域内反歩表					「勧業模範場」罫紙	

七二一—一	砂防工事					「朝鮮総督府勧業模範場大邱支場」罫紙	
七二一—二	沃溝府堰堤樋管設置予算					「勧業模範場群山出張所」罫紙	
七二二	東津南部水利組合予算計画					「勧業模範場」罫紙	
七二三	沃溝府堰堤樋管設置予算他				「臨陂郡堰堤樋管設置予算」も合綴	「勧業模範場群山出張所」罫紙	
七二四	［第一閘門］				工事用資材の一覧	「在韓国水原勧業模範場」罫紙	
七二五	小作籾統計表				（全羅南道）務安郡	「大森印行」製用箋	
七二六	東津江流域水利組合						諺文混り文
七二七—一	東国輿地勝覧				『東国輿地勝覧』から「扶余」部分を抜粋	「朝鮮水原朝鮮総督府勧業模範場」罫紙	
七二七—二	［書簡］				「草稿」の書き入れ／指宿技師への依頼	「朝鮮水原朝鮮総督府勧業模範場」罫紙	
七二八	古阜郡扶安郡　各面畓案				耕作地ごとの斗落数・耕作者名の一覧等		
七六三	土地買収ノ為海南郡右水営出張報告書	明治四〇・光武一一（一九〇七）年五月	三浦直次郎（勧業模範場技師嘱託）		「旅行日記」（二月一九-二一日、四月二五-三〇日）／経費精算メモ等を合綴	「統監府勧業模範場木浦出張所」罫紙	

七六六—一	全羅南道観察府及主要農務吏員設置及任用ニ関スル案					「統監府勧業模範場木浦出張所」罫紙
七六六—二	陸地棉栽培費予算					「統監府勧業模範場」罫紙
七六八	明治三十九年度　隆熙元年度　報告書綴　扣					
七六八—一	明治三十九年四月　明治三十九年度棉作試験設計案					
七六八—二	［書簡］	五月一五日	三浦	中村三郎		
七六八—三—一—一	［添状］	明治三九年八月一六日	三浦直次郎	本田幸介		
七六八—三—一—二	統監府勧業模範場木浦出張所明治三十九年度施行事案					「統監府勧業模範場」罫紙
七六八—三—二	収量比較表					
七六八—三—三	陸地棉栽培普及予想表					
七六八—三—四	［書簡］	明治三九年四月二一日	三浦直次郎	郡山理事庁		
七六八—三—五	棉採種圃摘要表	明治三九年四月二六日			「各棉採種圃説明」を合綴	
七六八—四—一	復命書	明治三九年六月二一日	三浦直次郎	農商務大臣清浦奎吾	草稿	
七六八—四—二	棉採種圃土地選定幷ニ播種報告					
七六八—五	［覚］					

七八六—六	棉採種状況（三浦技師より森本代議士に通知ノモノ）						
七六八—六—二	概評				三浦技師の草稿を浄書	「統監府勧業模範場木浦出張所」罫紙	
七六八—七	陸地棉試作概況						
七六八—八	明治三十九年三月　棉花栽培協会第一回報告				「韓国ニ於ケル陸地棉試作成績報告」（農商務省農事試験場技師・安藤廣太郎）		活版
七六八—九	稲扱伝習状況報告	一一月一一日	杉　安次	三浦様		「群山棉採種圃」罫紙	
七六八—一二—一	復命書	隆熙元（一九〇七）年一一月二〇日	三浦直次郎		全羅北道出張	「群山棉採種圃」罫紙	
七六八—一二—二	東津江流域農事調査					「群山棉採種圃」罫紙	
七六八—一二—三	群山付近農事経営ニ関スル愚見					「群山棉採種圃」罫紙	
七六九	実棉買収助手人名					「統監府勧業模範場木浦出張所」罫紙	

出典：『平成八—十二年度　筑後川流域水利関係史料調査　福岡県古文書等調査報告書第十五集』（福岡県立図書館、二〇〇一年三月）。
注：右記報告書の整理番号と表題を踏襲し、かつ抜けや誤記等を適宜に補訂した。

る古文書調査によって整理された福岡県田主丸の「三浦家文書[14]」中には三浦直次郎が韓国統監府から朝鮮総督府に出仕した時期の書類群も多く含まれており、保護国期の韓国、しかも地方社会において日本人の技系官吏がいかなる業務活動を行っていたかを具体的に知る手がかりとなる。

四　三浦直次郎の韓国統監府勤務

ところで、韓国統監府による技師への業務委嘱こそが、外交官／領事官や一部の顧問を除けば、農商務省からの派遣が具体的な実務と指導を伴うものとしては、警察や財政といった保護国期に重要視された内務省ないしは大蔵省系の官員派遣に時期的には先行するものであることは注目に値する。特にそれを象徴するのが東京帝国大学農科大学教授である農学博士・本田幸介の招聘であった。一九〇六年四月に発布される「勧業模範場官制」に伴い、その場長（技監）として本田が着任することになった人事がまさにそれである。また同年九月には農商工部所管による農林学校の官制も整い、さらに一九〇八年一月の官制改正によって本田が同校の校長に就任する。そしてこの本田とほぼ同じ時期に任用手続きが進められていた技師の一人に三浦直次郎の名前もあった。

ここであらためて、三浦直次郎の略歴を確認しておきたい。まず『帝国大学出身名鑑』（校友調査会、一九三四年一二月）によれば、以下の記述があり大いに参考とすることができる。

三浦直次郎　従五勲六、興産銀行㈱取締役、浮羽郡教育会副会長、福岡県農会特別議員　君は福岡県士族三浦恒太郎の長男にして明治三年九月を以て生れ同四十一年家督を相続す同二十八年東京帝国大学農科大学を卒業し朝

鮮総督府技師に任ぜられしも後之を辞し現時興産銀行取締役の外前記の名誉職に在り（福岡、浮羽、船越村）

元来、旧久留米藩領・田主丸に住む川筋見廻役であり士分を有する大庄屋格の家系に連累する三浦家は、幕藩時代には久留米・佐賀・柳河といった九州の雄藩をまたいで流れる「暴れ川」としても知られる筑後川改修工事にかかわる経験が豊富な一族であった(15)。そして明治期には地方銀行の経営に参画するとともに、地域の「勧業」「勧農」にも責任を持つという、ある意味で農村・地域社会においては典型的な「篤農家」であり「名望家」であったことが窺える。

なお、前出の『帝国大学出身名鑑』からは統監府勤務時代の官歴が抜け落ちているので、これを他の史料で補っておきたい。まず統監府の『公報』によれば三浦直次郎は一九〇七（明治四〇）年三月三一日付(16)で統監府の技師（高等官五等）に発令されている。さらに翌一九〇八年一月一日付(17)で大韓帝国・農商工部所管の勧業模範場技師（奏任官二等）に任官している。ついで一九一〇年四月二〇日付で大邱農林学校の校長に兼任発令(18)されている。そして韓国併合後も引き続き今度は朝鮮総督府の勧業模範場技師に横滑りし、同場・大邱支場長と大邱農林学校長を兼務している。そして、これらを一九一二年頃まで務めてから田主丸に帰郷している模様である。なお、大邱農林学校は水原の農林学校とともに土地調査事業の本格的な実施と展開に向けて、実務にたずさわる測量技手を大量に速成養成していくことになっていた学校である。

さて、「三浦家文書」に残る統監府・総督府勤務時期にかかる史料をみると、おおよそ一九〇六年から一九〇九年頃に携わった業務に関する草稿類がその多くを占めている。

まず一九〇六年春から棉作にかかる実地調査と用地買収に従事し、さらに作付けの調査を行っている（資料番号・七六六六―七六六九）。

韓国統監府の『公報』に掲載された辞令によれば、「木浦群山全州江景ヘ出張ヲ命ズ」[19]として一九〇七年二月六日付で全羅北道方面を中心とする地方出張を命じられている。この時点ではいまだ統監府の技師に登用される直前の時期ではあるが、農商務省からの派遣の形ですでに技師任官を見越して実際の業務を行っていたことになろう。続いて二月八日付でさらに「全羅南道海南郡ヘ出張ヲ命ズ」[20]として全羅道の南部海岸域に移動し、三月一三日付にて「棉採種圃用地買収ノ為メ全羅南道海南郡右水営ヘ出張ヲ命ズ」[21]として引き続き出張を継続中であった。

資料番号「七六三」の史料は、光武一一（一九〇七）年五月作成の記載がある「土地買収ノ為海南郡右水営出張報告書」と題した報告書の下書きであり、罫紙には「統監府勧業模範場木浦出張所」と印刷されたものが使用されている。さらにその中には「旅行日記」として二月一九日から同二一日、および四月二五日から同三〇日にわたる経費精算の書類が合綴されており、『公報』の発令事項を裏付けている。この出張の主たる任務の一つには全羅南道観察府内における農務関係の吏員人事案を作成することがあり（資料番号・七六六―一）、また陸地棉の栽培実験を群山に設置する棉採種圃にて実施するなどの実地指導に従事していた。

また三浦が担当した業務の中で次第に大きな比重を占めていったものが、錦江・万頃江・東津江という水量の豊富な大規模河川を有し、肥沃な穀倉地帯を形成していた忠清南道・全羅北道一帯における水利土木の整備と水利組合の設置認可であった（資料番号・七〇五―七二八）。特に万頃江流域の臨陂郡一帯での堤堰設計を、当地郡守の協力[22]を受けて進めている。

なお、三浦文書に残る水利組合関係史料の多くは、現在では韓国・国家記録院に引き継がれた韓国統監府・朝鮮総[23]督府の公文書中、同地域に設立されていった各水利組合に関する認可関係の書類の、さらにその草稿となるものであった。朝鮮半島における近代的な水利組合の嚆矢は全羅北道・沃溝郡沃溝面に位置し、組合長に金相熙なる韓国人を擁する万頃江流域の「沃溝西部水利組合」[24]であり、その設立日は一九〇八年一二月八日であった。続いて「臨益水利組合」（全北沃溝郡臨陂面／一九〇九年二月設立）と、ここから枝分かれする臨益南部水利組合（一九〇九年一二月設立）の設立認可に先立つ規約の制定や認可申請書の準備に追われていた様子を窺うことができる。三浦はその他にも「恩津西部水利組合」「万頃水利組合」「東津江流域水利組合」の設立にも関わっており、またこれらの前提となる各種の調査報告を『韓国中央農会報』に寄稿している。[25] 特に「臨益水利組合」は「大正水利組合（平北龍川／一九一四年一〇月設立）」とともに一九一五年秋に開催される「施政五年記念朝鮮物産共進会」（開場…九月一一日、開会…一〇月一日、閉会…一〇月三一日）ではメイン会場となった景福宮・勤政殿の北東側敷地にて大型ジオラマとして再現展示されるとともに、共進会のコンペティッションに出品され、「灌漑」の部で「名誉金杯」（最高位）を獲得している。[26] 併合直前から直後にかけての時期、韓国統監府と朝鮮総督府が農地改良のテストケースとして、のちのちそれを全朝鮮に普及していくことを目論む、のちに産米増殖計画と呼ばれていくことになる勧農政策の端緒に位置づけられ、ひいては「帝国の威信」を顕現する事業現場の中央部に、三浦がいたことになろう。

おわりに

こうした日本人の官僚人事、とりわけ書記官（事務官）・技師の配置から見えてくるものは何だろうか。官僚の任用状況と配置を考えると、日本政府の韓国「保護」の意中には、必ずしも一貫した方策があったわけではないが、省庁別に縦割りで設定された個々の政策課題を遂行するために、時期毎にそれなりに高い技量を有すると見込まれた専門家を送り込んでいると言えよう。その履歴や出自は様々であるが、主として法務・内務・農務・土木にまたがる「内治重視」「地方改良」系のテクニカルスタッフであるとの括りは可能である。

そして、こうした者たちはまさに韓国併合直後からそれ以降の朝鮮総督府における官僚群の任用と配置の基本パターンを示している。とりわけ、文官高等試験・行政科の合格者や、帝大出身の技師たちの任免状況にそれを見出すことができるのである。よって、その意味において日本政府が事実上、韓国併合を「政策日程化」できる手ごたえを得た時期はやはり一九〇八年以降、第三次日韓協約の内容が実質化していく時期であると言えよう。

さらに言えば、いわゆる「親日派」と呼ばれ、かつ一九四五年時点で六〇歳代を前後する年齢層を構成する世代の韓国人官吏の出現も、こうした大韓帝国末―併合初期における日本人官僚の任用とかなりの程度で連動している。しかも農業教育や日本語教育を重視した一進会の西北人脈にも連なっている。日本統治末期に文官高等試験に合格する朝鮮人高等官[27]が多く出現する以前、特別任用された朝鮮人高等官たちのキャリア・パスとは大韓帝国時代以来の経歴・官歴と直結するものであった[28]。とりわけ、国家祭祀・宗教儀礼・旧慣調査にかかわるセクション（宮内府→李王職／学部→学務局／中枢院）には、明らかに大韓帝国から流れ込む人事慣行が看取できるのである。こうした、人事慣行の形成とその意味については別稿に譲る[29]が、ともかく韓国の「保護国」化に際して、「国権の簒奪」過程ばかりをクローズアップしてきた既存の研究は、具体的な人事慣行の形成を踏まえた大韓帝国なりの機構整備に向けた「能動」部分を、あまりにも閑却しすぎてきたと言わざるを得ないのである。

（1）　原智弘「大韓帝国における文官任用令――明治日本との対照を中心に」（『年報　朝鮮學』一〇、二〇〇七年三月）が文官任用にかかる関係法令の成立過程を詳細に追っているが、いまだ個別具体的な例証には至っていない。

（2）　この点に以前より着目している先行研究には浅井良純「韓国併合前後における日本人官僚について――文官高等試験合格者を中心に」（『朝鮮学報』一九三、二〇〇四年一〇月）があるが、同論考は高文合格者の基礎データを秦郁彦編『日本官僚制総合事典』（東京大学出版会、二〇〇一年一一月）に多くを依拠しているため、同書に韓国勤務が記載されていない幾人かの重要人物を漏らしている。

（3）　詳しくは、拙稿「一進会立『光武学校』考」（『朝鮮学報』一七八、二〇〇一年一月）を参照されたい。

（4） 権藤四郎介『李王宮秘史』（朝鮮新聞社、一九二六年八月）、四頁。

（5）「君は明治十年三月十四日生る佐賀市含咀学舎卒業後、三十二年東京哲学館に入り三十四年中途退学し同年九月渡鮮入京し関門新報通信員となる後辞して統監府通信属に任じ全羅南道羅州郵便局長及珍島郵便局長等歴任四十二年八月退いて財政顧問部財務官に招聘せられ時の統監総務長官井上雅二の推薦に依り宮内府嘱託として宮事に入り図書記録の事に従事す後李朝史編纂を命ぜられたるも完成するに至らず四十三年日韓併合と共に辞職し朝鮮研究会を設立し朝鮮の古書刊行事業に従事し亜て週刊京城新聞を発刊し福岡日日新聞総支局を並営し今日に至る」（朝鮮公論社編『在朝鮮内地人紳士名鑑』京城、朝鮮公論社、一九一七年六月、四三五頁）との紹介文が残り、個人的な縁故を頼っての任官の一例を示している。ただし右文においては採用の年月や官名に不正確さが見られる。ちなみに帝室財産整理局の主事に任用されたのは一九〇七年一一月二八日付（『官報』三九四一号）である。

（6） 法典調査局の人事と業務に関しては、本章の姉妹篇とも言うべき拙稿「韓国統監府・朝鮮総督府における〈旧慣〉の保存と継承」（『東アジア近代史』一四、二〇一一年三月）を併せて参照されたい。

（7） 貴重な労作として李英美『韓国司法制度と梅謙次郎』（法政大学出版局、二〇〇五年一一月）があるが、惜しむらくは同書は細かな部分での間違いが目立ち、個々の引用には注意が必要である。

（8） 内務省の警察官僚から釜山在勤の理事官を経て内部警務局長に就任する松井茂については、松田利彦『日本の朝鮮植民地支配と警察』（校倉書房、二〇〇九年三月）を特に参照されたい。

（9） 三谷憲正「朝鮮総督府官僚・鈴木穆論」（松田利彦・やまだあつし『日本の朝鮮・台湾支配と植民地官僚』思文閣出版、二〇〇九年三月）を参照されたい。なお、同論文で引用されている一九二九年九月一日付の『京城日報』には、河内山楽三・藤川利三郎・藤原正文といった本章表5にも名前が見える高文組が目賀田種太郎とともに韓国に渡ったとの回顧記事が出ている。

（10） 有賀の没後に編まれた追悼文集には夫人・有賀公子の談として「韓国財政顧問になっておられました目賀田種太郎さま御自身からのお手紙で『鎮南浦税関長になって来ないか』とおすすめがありました」「当時目賀田さまの幕下として、鈴木穆さま（財政顧問補佐）曾我祐保さま（仁川税関長）宮木又七さま（元山税関長）山岡義五郎さま（釜山税関長）などの方々も、主人と共に渡鮮されました」（『有賀さんの事蹟と思い出』／「有賀さんの事蹟と思い出」編纂会、一九五三年五月、同書五四頁）という証言が残っている。

（11） 今村の場合、まず韓国の内部の警視に発令されたのち（『官報』四一三六号、一九〇八年七月二七日付）、あらためて統監府警視に任用される（『公報』一二六号付録、一九〇九年一一月一日付）という採用手続きとなっていた模様である。

(12)　本田の履歴・官歴に関しては、土井浩嗣「併合前後期の朝鮮における勧農体制の移植過程——本田幸介ほか日本人農学者を中心に」（『朝鮮学報』二二三、二〇一二年四月）にて詳細に知ることができる。

(13)　この在任時に担当した業務の一つに『韓国水産誌』第一輯（農商工部水産局、一九〇八年一二月）の第五章「製塩業」の執筆がある。

(14)　『平成八—十二年度　筑後川流域利水関係史料調査　福岡県古文書等調査報告書第十五集』（福岡県立図書館、二〇〇一年三月）。

(15)　日比野利信「近世—近代における筑後川の治水と利水」（『平成八—十二年度　筑後川流域利水関係史料調査　福岡県古文書等調査報告書第十五集』／福岡県立図書館、二〇〇一年三月）を参照されたい。

(16)　『公報』〈統監府〉六号（一九〇七年四月二七日付）。

(17)　『官報』〈内閣法制局官報課（韓国）〉三九八〇号（一九〇八年一月二五日付）。

(18)　『官報』〈同右〉四五六九号（一九一〇年四月二二日付）。

(19)　『公報』二号（一九〇七年二月一九日付）。

(20)　同右。

(21)　『公報』五号（一九〇七年四月五日付）。

(22)　『韓国中央農会報』（二巻九号、一九〇八年九月）に掲載された小田宗孝「群山通信」では文中に登場する臨陂郡守・林震燮を養蚕に関心を持つ郡守として紹介しており、三浦家文書（七〇七—一）にも林から三浦に宛てた用水工事に関する書簡が残っている。

(23)　『国家記録院　日帝文書解題——水利組合篇』（行政安全部国家記録院、二〇〇九年一一月）によれば、韓国・国家記録院には内務部第二課『自明治四十一年（隆二）至同四十二年（〃三）沃溝西部水利組合関係書類』をはじめとする旧韓末以来の水利組合設立にかかる認可関係の文書綴がほぼ抜けなく保存されている。

(24)　朝鮮の水利組合に関する総合的かつ実証的な研究に先鞭をつけた宮嶋博史・松本武祝・李栄薫・張矢遠『近代朝鮮水利組合の研究』（日本評論社、一九九二年一〇月）では史料収集の関係で忠清南道・全羅北道をカバーしていなかった。その後に松本武祝氏による全羅北道域の水利組合に関する一次史料を駆使した研究（「植民地朝鮮における農業用水開発と水利秩序の改変——万頃江流域を中心として」／『朝鮮史研究会論文集』四一、二〇〇三年一〇月、のち『朝鮮農村の〈植民地近代〉

経験』（東京、社会評論社、二〇〇五年七月）の第七章に同タイトルで収録）が公表されている。同論文は「全北農地改良組合」所蔵の「全益水利組合」「臨益水利組合」「益沃水利組合」「全北水利組合」等の議事録などを駆使している。

(25) 以下の文章を確認できる。「東津江流域農事調査」（一巻六号、一九〇七年一二月）／「全州平野水利調査」（二巻一号、一九〇八年一月）／「群山理事庁管内営農資料」（一）・（二）（三巻一・二号、一九〇九年一・二月）。

(26) 『始政五年記念朝鮮物産共進会報告書』（第二巻、一九一六年三月）、同書二二四頁。

(27) 岡本真希子『植民地官僚の政治史　朝鮮・台湾総督府と帝国日本』（三元社、二〇〇八年二月）や、通堂あゆみ「植民地朝鮮出身者の官界進出――京城帝国大学法文学部を中心に」（前掲『日本の朝鮮・台湾支配と植民地官僚』所収）など、近年は急速に実証が進んでいる。

(28) 以下にその代表的な事例を列記しておきたい。

事例① 尹甲炳（平沼秀雄）（一八六二―一九四三、平北義州出身）内務府主事→農商衙門参議→農桑局長→定州郡守、北進隊参加・一進会間島支部会長、平理院検事→秘書監丞→太僕司長→侍従院侍従→咸鏡北道観察使→平安北道参与官→慶尚北道参与官→江原道知事→中枢院参議、大東一進会々長（一九三八年―）

事例② 朴相駿（朴澤相駿）（一八七六年生…平南順川出身）金城電報司主事・殷山電報司主事→私立東明学校校監→平安南道江東郡守→順川郡守→平原郡守→順川郡守→平安南道参与官→江原道知事→咸鏡北道知事→黄海道知事→中枢院参議・経学院大提学・貴族院議員勅選

事例③ 金化俊（金海化俊）（一八九〇年生…平北定州出身）定州日語学校→一進会立光武学校→官立農林学校林学速成科→農商工部技手→朝鮮総督府道書記（平安南道内務部勧業係）→平安南道孟山郡守→陽徳郡守→成川郡守→平原郡守→中和郡守→安州郡守→順川郡守→大同郡守→忠清北道参与官兼道事務官（産業部長）→中枢院参議

事例④ 厳昌燮（武永憲樹）（一八九〇年生…平壌出身）黄州日語学校→黄州郵便電信取扱所通信事務員→宮内府掌礼院典祀補→宮内府主事→李王職属→平安南道江東郡書記→平安南道書記→平安南道道理事官（社会課長）→安州郡守→中枢院通訳官兼書記官→咸鏡南道参与官兼道事務官（内務部長）→全羅南道知事→朝鮮総督府学務局長

(29) 拙稿「朝鮮総督府の『社会教育』と『地方改良』」（松田利彦他編『地域社会から見た帝国日本と植民地』思文閣出版、近刊）を参照されたい。

7　王公族の創設と帝国の変容
——方子女王の婚嫁計画による皇室典範の増補

新城　道彦

はじめに

一九一〇年八月二二日に併合条約を締結した日本と韓国は、共に「帝《みかど》」が統治する帝国であった。それゆえ、併合条約の第一条と第二条は、韓国皇帝が統治権を天皇に「譲与」すると謳っている。そうした形式を踏むことで、日本は併合を「合意」として演出した。

しかし、二つの帝国を一つにする以上、天皇とは別の「帝」、すなわち韓国皇帝をいかに処遇するかが問題にならざるをえない。ここで注目すべきは併合条約第三条と第四条の文言である。天皇は第三条で、韓国皇帝、太皇帝、皇太子とその妃に「相当ナル尊称、威厳及名誉ヲ享有セシメ、且之ヲ保持スルニ十分ナル歳費ヲ供給スヘキコト」を、第四条でそれ以外の皇室に「相当ノ名誉及待遇ヲ享有セシメ、且之ヲ維持スルニ必要ナル資金ヲ供与スルコト」を約束した。

「相当ナル尊称、威厳及名誉」を保障するため、天皇は併合条約とは別にわざわざ「前韓国皇帝ヲ冊シテ王ト為スノ詔書」と「李堈及李熹ヲ公ト為スノ詔書」（以下、両詔書を合わせて冊立詔書と略記）を発布し、韓国皇室を「皇族ノ礼」で遇すると宣言する。だが、あくまで皇族とは異なる王公族として日本に編入したので、彼らが皇族なのか否かは曖昧であった。この曖昧な身分の創設により、一九一八年には皇室典範が増補されるという事態が起こる。(1)

皇室典範が増補されるに至った遠因は、皇族梨本宮守正《なしもとのみやもりまさ》王の長女方子《まさこ》の王族李垠《イウン》への婚嫁計画にあった。皇室典範第三九条に「皇族ノ婚嫁ハ同族又ハ勅旨ニ由リ特ニ認許セラレタル華族ニ限ル」と規定されており、方子が李垠に嫁ぐには、王公族を皇族か華族として法的に規定するか、この条文を改めなければならなかったのである。

方子の婚嫁に関しては、「日鮮融和」を目的とした国家主導の政略結婚との語りが一般に流布している。しかし、これは伝記や自伝の記述を根拠としたものであり、実証的な研究は管見の限りない。(2)日本政府が「日鮮融和」といった抽象的な目的のために、わざわざ明治憲法に並ぶ国家の最高法典たる皇室典範を改訂したとみるには疑問の余地がある。

王公族の法的地位が原因で皇室典範が増補されたことについては、高久嶺之介による詳細な研究がある。(3)ただし、高久はあくまでも皇室制度の整備、とりわけ王公家軌範の制定作業をめぐって引き起こされた帝室制度審議会と枢密院の政争を主題としているため、必ずしも朝鮮統治に対する目配りは行き届いていない。(4)その理由は、併合の成立と韓国皇室の処遇が大きく連関していたにもかかわらず、彼らがどのように日本に編入されたかが明らかになっていないからだといえる。

そこで本章では、方子女王の婚嫁計画を王公族の創設と関連づけて考察する。韓国皇室を王公族として日本に存置したことで、帝国日本にいかなる葛藤が生じたのかを、皇室制度とのかかわりのなかで検討していきたい。

一　併合交渉と王公族の創設

日本政府は一九〇九年七月六日の閣議で「韓国併合ニ関スル件」を可決した。その後、小村寿太郎外務大臣は併合断行の細目に関して推敲を重ね、「韓国皇室処分ノ件」については皇帝を廃位して「大公」とし、太皇帝、皇太子（李垠）および皇帝の異母弟である李堈を「公」にする方針を立てる。さらに翌年七月八日の閣議では、大公家に一五〇万円の歳費を支給する方針を定めた(5)。当時の首相の年俸が約一万二〇〇〇円であることを考えると厚遇のほどがわかる。大公の尊称は、日本の皇太子と親王の間に位置づけるという趣旨であり、韓国皇帝を皇族の最上位とほぼ同等に礼遇する意味があった。

第三代統監に就任した寺内正毅は、この併合案を携えて一九一〇年七月二三日に韓国の仁川に上陸する。すぐにでも併合が断行されるであろうとの噂に反し、寺内は昌徳宮と徳寿宮に参内して皇帝と太皇帝に新任の挨拶をしたのみで、その後は静観した。このとき統監府は、李完用内閣が併合交渉に応じる機会を早期ではなく半年から一年の展望で窺っており、不用意に接近して韓国政府を警戒させないよう注意していたからである(6)。

ところが、八月四日に李完用首相の私設秘書である李人稙が小松緑統監秘書官に会うために統監府官舎を訪問したことで事態は急転する。李人稙の口から、李完用首相が韓国皇帝の処遇を併合実施の最重要課題と考えていることが語られたのである(7)。

このとき統監府としては条約締結の確証を得ていたわけではなかった。それゆえ、李完用首相の胸中を知った小松は、韓国側の最後の決心を引き出すために併合条件の大要を開示すべきだと考え、李人稙に欧米の植民地政策と対比しつつ日本の方針を伝えた。すなわち、フランスはマダガスカル王を孤島に追放し、アメリカはハワイ王を市民に落としたが、これに対して日本は韓国皇帝に皇族の礼遇と歳費を保障すると説明したのである(8)。

李人稙はこの併合案を持ち帰って李完用首相に上申した。李完用は少しでも譲歩を引き出せるうちに併合談判を進めた方が得策と判断し、李人稙を介して会見に応じる旨を統監府側に通告する。これを聞いた寺内統監は、八月一三日の時点で桂太郎首相に向けて電報を打ち、「予テ内命ヲ掌レル時局ノ解決ハ来週ヨリ着手シタシ。別段ノ故障ナク進行スルニ於テハ其週末ニハ総テ完了セシメ度(9)」と報告した。

八月一六日、李完用首相が統監邸を訪問し、併合交渉が始まる。まず寺内統監は併合の趣旨を記した左記の覚書を手渡した。

(一) 現皇帝、太皇帝両陛下、及皇太子殿下、並ニ其ノ后妃及後裔ハ相当ナル尊称、威厳及名誉ト之ヲ保持スルニ充分ナル歳費トヲ受ケラルルコト。
(二) 其ノ他ノ皇族ニモ現在以上ノ優遇ヲ賜ハルコト。
(三) 勲功アル韓人ニハ栄爵ヲ授ケ之ニ相当スル恩賜金ヲ与フルコト。
(四) 日本国政府ハ全然韓国ノ統治ヲ担任シ法規ヲ遵守スル韓人ノ身体及財産ニ対シ充分ナル保護ヲ与へ、且其ノ福利ノ増進ヲ図ルコト。
(五) 誠実ニ新制度ヲ尊重スル韓人ハ之ヲ朝鮮ニ於ケル帝国官吏ニ任用スルコト(10)。

このうち、韓国皇室の処遇は特に細かく記されており、韓国皇帝と太皇帝には大公の尊称を、皇太子には公の尊称を与え、皇族と同じように遇すると規定されていた。覚書の内容は実際に締結された併合条約の条文とほぼ一致しており、交渉の焦点が韓国皇室の処遇にあったことがわかる。

覚書を一読した李完用は、条約締結の可否を述べず、唯一の希望として「国号ハ依然韓国ノ名ヲ存シ皇帝ニハ王ノ尊称ヲ与ヘラレタキコト(11)」を申し入れた。しかし、この条件で併合を実施すれば、韓国側に独立の名分を与えかねなかった。それゆえ寺内は、一般の国際関係に照らしてみれば併合後に王称を認める理由がないとして拒絶する。すると李完用は、いったん趙重応農商工部大臣と協議したのちに同大臣を介して政府の意向を伝達すると告げて、わずか三〇分で退出した。

趙重応が国号と王称に関する韓国側の考えを伝えるために統監官邸を訪問したのは、同日午後九時であった。趙は、「若シ此ノ二点ニシテ双方ノ意思一致スルヲ得サルニ於テハ妥協ノ途ナキニ苦シム」[12]という李完用の言葉を伝え、日本側がこの点に関して譲歩しないならば条約締結は難しいと強硬な態度に出る。寺内としては、併合を「合意」として実現するために、韓国皇帝に条約調印に応じてもらわなければならず、また、八月一三日の時点で日本政府に翌週末までの「時局解決」を表明していたため、ここで併合談判を遅延させるわけにはいかなかった。[13]

そこで寺内は「一、韓国ノ国号ヲ自今朝鮮ト改ムルコト」「二、皇帝ヲ李王殿下、太皇帝ヲ太王殿下及皇太子ヲ王世子殿下ト称ス」[14]という二件を筆記し、これが可能か日本政府に問い合わせてみると趙重応に申し入れた。趙重応は、国号に関しては北海道をもじった「南海道」に変えられるのではないかという点を心配していたため、[15]「朝鮮ノ名ヲ存セラルルニ於テハ誠ニ幸ナリ」[16]と述べて統監府側の案に理解を示した。一方の王称に関しては、小松が『明治外交秘話』で、「趙〔重応――筆者注、以下同じ〕は李王といふのが気に入らない様子であつたが、それを朝鮮王殿下と直したいとも言ひ兼たらしい」[17]と記しているように、「李王」がぎりぎりの妥協点であったことがわかる。二件を示された趙重応は即答を避け、李完用と協議すると答えて退出していった。

李完用は翌一七日午前一〇時に統監官邸に使者を派遣し、趙重応がもたらした懸案の返答に関しては閣員と協議する必要から、同日午後八時まで待ってほしいと要請してきた。ところが、李完用はその時間に再び使者を送り、終日閣員と協議したがいまだ全員の同意を得られてない旨を告げるとともに、国号と王称に関する韓国側の条件を日本側がのむならば、自分は職責をまっとうして閣議をまとめると表明した。[18]これにより日本が李完用内閣との間で併合を実現するためには、国号と王称を韓国側の要求にしたがって修正することが不可欠となる。李完用は、条約締結による成立という統監府側の要望に応じるふりをしながら、国号と王称といった「国家」の名分にかかわる問題に関して巧みに譲歩を引き出したのであった。

かくして、八月二二日に李完用と寺内が併合条約に調印し、韓国の皇室は王公族として日本に編入された。王公族が「皇族ノ礼」を受けるのであれば、必然的に彼らを皇族のどこに位置づけるかが問題とならざるをえなかった。そこで、李王と李太王は日本の皇太子の次に、王世子李垠と公族となった李堈および李熹は宣下親王の次に列するという班位案が統監府によって作成される[19]。しかし、徳大寺実則内大臣兼侍従長の「王の席順等は急激に改むるの必要も無之、却て感情を害する」[20]といった懸念もあり、併合時に王公族の班位が定められることはなかった。それゆえ「皇族ノ礼」の意味合いは曖昧なままとなる。では、皇族か華族にしか嫁げない皇族の方子女王が王族の李垠へ婚嫁することとなったときに、王公族の法的地位はどのように議論されたのであろうか。

二　婚嫁計画の端緒

李垠は一八九七年一〇月二〇日に生まれ、異母兄の李坧が一九〇七年に第二代韓国皇帝の座に就くと、同年九月七日に皇太子となった人物である[21]。彼は皇太子になる直前の三月一二日に結婚相手を選ぶための初揀択《カンテク》を行っており[22]、このとき閔泳敦の娘・甲完を将来の妃候補として選定したと語られることがある[23]。しかし、『高宗実録純宗実録』によると初揀択で選ばれたのは閔鳳植の娘、金容九の娘、曺秉集の娘、沈恒燮の娘、宋炳喆の娘、金鉉卿の娘、洪淳範の娘の七名であり、閔甲完に該当する記述はいない[24]。また彼女は自伝『百年恨』で、揀択の会場に軍服を着た伊藤博文統監が同席していた様子を劇的に叙述しているが、このとき伊藤は日本におり、門司から釜山に渡ったのは一九日であった[25]。したがって、閔甲完の証言には様々な矛盾があり、『百年恨』やそれをもとに書かれた伝記類の史料的価値は低いといえよう。

さて、李垠と方子の結婚に関しては、「故伊藤博文公が規画《ママ》し、寺内総督に対しても其事情を含めたることあり[26]」と報じられたりした。しかし伊藤が死んだのは併合前の一九〇九年であり、韓国がまだ「外国」だった時代である。皇族の外国王室への婚嫁を禁じた皇室典範の制定に大きくかかわった伊藤が、韓国の皇太子と日本の皇族の結婚を画策していたというのは疑わしい。この計画の初出は、管見の限り、「日韓合邦」を目論む宋秉畯が「韓帝渡日譲国ノ議」のなかで論じた「日本皇族中ヨリ韓国皇太子妃殿下ニ請ヒ迎ヘ恭シク国婚ノ典ヲ挙グ[27]」との弁だと思われる。

宋秉畯は「合邦」に「花ヲ添ユル」目的で日韓の皇族同士を結婚させようとしていたが、併合時にそのような政略結婚が実施されることはなかった。では、併合から六年後に突如として浮上した李垠と方子の結婚話は、宋秉畯が計画したような国家主導の、いわゆる「日鮮融和」を目的とした政略結婚だったのだろうか。それを当事者の史料をもとに検討していきたい。

一九一六年八月、母と妹と共に大磯の別荘で過ごしていた方子は、何気なく広げた新聞によって自分が李王家の王世子と婚約したことを知る[28]。母の伊都子は動揺する方子に、縁談が宮内大臣によってもたらされ、しかも「日鮮の結びがひとしお固くなり、一般人民の手本ともなる」という「陛下のおぼしめし」ゆえに受け入れざるをえなかったと涙ながらに語ったという。母からこのように聞かされた方子は、人身御供として国家の犠牲になったと感じたであろう。

しかし、この記述をもって宮内省の発案と断定するわけにはいかない。なぜならば、彼女は結婚する当事者ではあるが、縁談を取りまとめた当事者ではないからである。したがって、婚嫁計画の端緒を考察するためには、方子が新聞で婚約を知る前にその事実を知っていた伊都子の史料を調査する必要があろう。

伊都子は自伝『三代の天皇と私』のなかで、晩秋のある日に東京の御殿に訪れた波多野敬直《よしなお》宮内大臣が「お国のためでございます」を繰り返しながら縁談を告げたと語っている。また脈絡もなく、「すべて軍部の圧力ですが、表向きは陛下の思召しということになっているのです」(29)との憶測も述べている。

しかしながら、自伝はあくまで他人に読まれる前提で書かれており、物語として美化されている部分も多いので、史料としての価値は低い。そこで、日々の記録である日記を参考に婚嫁計画の背景を探ってみたい。婚約報道一週間前の七月二五日に伊都子は次のように記している。

宮内大臣（波多野）参られ、伊都子に逢たき旨故、直に対面す。外にはあらず、兼々あちこち話合居たれども色々むつかしく、はかばかしくまとまらざりし方子縁談の事にて、極内々にて寺内を以て申こみ、内実は申こみとりきめたるなれども、都合上、表面は陛下思召により、御沙汰にて方子を朝鮮王族李王世子垠殿下へ遣す様にとの事になり、同様、宇都宮なる宮殿下すでに申上たりとの事。有難く御受けして置く。しかし発表は時期を待つべしとの事。(30)

この記述によると、梨本宮家はあちこちで方子の嫁ぎ先を探したが、なかなかまとまらなかったため、寺内正毅総督を通じて「極内々にて」李王家に縁談を申し込んだということになる。しかもそれは、「都合上」天皇の御沙汰によって方子を李垠のもとへ嫁がせるという形式を踏んでいた。

皇室典範第三九条（以下、典範三九条と略記）の規定により、皇族女子は皇族男子と結婚できなければ華族に嫁ぐしかなかった。男児がおらず将来廃絶の可能性が高い梨本宮家にとって、天皇家に次ぐ一五〇万円という巨額の歳費を受ける李王家は華族よりも魅力的だったといえる。また、当時は民族の違いだけでなく身分や家柄の違いも重視された。たとえば伊都子は、一九五八年一一月二七日に皇太子明仁の妃として民間出身の正田美智子を迎えることが発表されたときに「もうもう朝から御婚約発表でうめつくし、憤慨したり、なさけなく思ったり、色々。日本ももうだめだと考えた」[31]という言葉を残している。この露骨な表現から、彼女がどれほど身分に執着していたかがわかる。したがって、数に限りのある皇族男子との縁談が難しい以上、梨本宮家が旧韓国皇室の正統であって、しかも「皇族ノ礼」が保障された王公族の一つ・李王家との縁談を望むのは自然な流れであった。方子の前では国のためだから仕方ないと目頭を拭った伊都子が、自身の日記には「有難く御受けして置く」と記している点に、この縁談の裏に隠れた梨本宮家の事情が垣間見られる。

李垠への婚嫁は総督府や日本政府の企図ではなく、梨本宮家の発意であった。それゆえ、決して協議を経て慎重に練られた計画ではなく、多くの問題を孕んでいた。最大の問題は、典範三九条の制限により、王公族を皇族もしくは華族として法的に規定しなければ結婚できないという点にあった。

しかし、この婚嫁計画が王公族の法的地位を定める作業を開始する契機となったわけではない。併合時に曖昧に創設された王公族を法的に規定する作業、すなわち王公家軌範の制定作業は、帝室制度審議会によって婚嫁計画とは別に進められていた。ただ、その時期がたまたま李垠と方子の婚約報道と重なったため、王公家軌範の制定作業は婚嫁の実現を念頭に置いた重大問題へと発展していくのである。

三　王公家軌範の制定をめぐる角逐

帝室制度調査局[32]の副総裁として皇室制度の整備に従事した伊東巳代治は、一九一六年九月に「皇室制度再査議」という意見書を起草し、大隈重信首相と波多野宮内大臣に提出した。これを契機として、一一月四日に宮内省内に帝室制度審議会が設置される。

伊東が「皇室制度再査議」を提出した理由の一つは、併合以来曖昧だった王公族の法的地位を明確にすることにあった。併合時、皇室制度の整備に従事していた皇室令整理委員の奥田義人と岡野敬次郎、および彼らを指導していた伊東は、宮内大臣の委嘱を受けて冊立詔書や朝鮮貴族令の起草を担当した。しかし、当時王公族を法的に規定する作業は後回しにされ、冊立詔書にも「世家率循ノ道」（＝王公族の遵由すべき規定）に関しては別に「軌儀」を定めると記されただけであった。そこで伊東は「皇室制度再査議」において、王公族の法を制定する必要性を訴えたのである。また「近時仄聞スル所ニ依レハ、王世子殿下ハ某女王ト婚約成リ既ニ内許ヲ仰〔カ〕レタルカ如シ。果シテ事実ナリセハ、其ノ結婚ニ関シ依遵スヘキ規定ハ新ニ制定セラレサルヘカラス」[33]とも述べ、李垠と方子の結婚を実現するためにも法の制定は必要だとした。こうして早急に整備すべき皇室制度の一部に王公族の「軌儀」が指定され、王公家軌範案の作成が開始される。

一九一六年一一月一四日の帝室制度審議会初会合で特別委員を指名したのち、五編から成る王公家軌範案「韓議第一一号」が起草されたが、これは調査不足のため未完となった[34]。そこで一七年三月、旧韓国皇室の典礼慣行を精査するために岡野敬次郎、馬場鍈一両委員と栗原広太嘱託に朝鮮への出張が命ぜられた。四月四日に東京を出発して九日に京城に到着した三人は、李王と李太王に拝謁したのち総督府と李王職を訪問して諸般の打ち合わせをし、翌一〇日より李王職内の一室を事務所と定めて調査に専念した[35]。

三人の帰国後、帝室制度審議会は委員会で三四回、総会で一五回の議論を尽し、一七年一二月一七日に宮内大臣を経て王公家軌範案を天皇に上奏した。

王公家軌範案の特徴は次の三点に集約される。一つ目は前文に「王公族ハ国法上皇族ニ準シテ其ノ待遇ヲ享クルハ条約及ビ詔書ニ之ヲ観ルヘク、一般臣民ノ遵由スヘキ法規ヲ以テ王公族ヲ律スヘカラサルハ疑義ヲ容レス」[36]と書かれているように、王公族を準皇族と見なして一般法令を適用すべきではないとしている点である。この特徴により、たとえば第一一七条には「臣籍ヨリ王公族ニ嫁シタル女子離婚ノ場合ニ於テハ実家ニ復籍ス」[37]というように、王公族が臣籍ではないことを前提とした規定が設けられた(38)。

二つ目は、王公族を明確に朝鮮人として意識している点である。これは第一一七条の義解に「朝鮮古来ノ慣習ハ厳ニ同族相婚ヲ禁シタルニ因リ王公族女子ニシテ王公族男子ニ嫁スルカ如キハ絶対ニ之ナシ(39)」と記されていることからもわかる。帝室制度審議会は王公族を皇族／臣民のカテゴリーでは皇族寄りにとらえ、内地人／朝鮮人のカテゴリーでは朝鮮人と見なしていたのである。

三つ目は、王公家軌範を皇室令の形式で制定しようとしていた点である。それゆえ王公家軌範の条文のほとんどは皇室令（皇族身位令、皇室財産令など）の焼き写しであった。第一編の第一章は承襲順位の規定だが、これは皇室典範第一章に準拠している。第二章第一八条「王公族ハ養子ヲ為スコトヲ得ス」と第二〇条「王族又ハ公族ノ臣籍ニ入リタル者ハ王族又ハ公族ニ復スルコトヲ得ス」は、皇室典範第四二条と皇室典範増補第六条の主語を「皇族」から「王公族」「王族又ハ公族」に変えただけである。このほか、第二編「身位」、第三編「財産」、第四編「親族」の規定は皇室親族令と皇室婚嫁令の条文に依拠しており、満一五歳で大勲位と菊花大綬章が与えられ、満一八歳になれば陸海軍武官になるなどの叙勲任官も皇族身位令に依っていた(40)。

こうした特徴を持つ王公家軌範案は、一八年五月二五日から六月一四日にかけて枢密院に諮詢される。枢密顧問官から王公家軌範案の審査委員に任命されたのは、伊東巳代治、金子堅太郎、末松謙澄、南部甕男、浜尾新、小松原英太郎、穂積陳重、安広伴一郎、一木喜徳郎であった。このうち、一木と末松が急先鋒となって軌範案に批判を加えた。

まず一木は、王公家軌範を皇室令として制定する法的根拠を質した。憲法には天皇が統治権を総攬し、憲法にもとづいてこれを行うとあるが、その形式は法律と勅令に区別され、唯一の除外例は皇室典範のみである。これは皇室典範が憲法と並んで国法の根本をなすということであり、皇室典範にもとづく皇族の諸規則は、憲法上の立法事項に及んで他と異なる形式によって定められることを意味する。つまり、皇族に関する諸規則は一般法令と異なる形式（皇室令）で制定でき、それ以外のものは法律もしくは勅令によって制定しなければならない。この見地に立つと、王公族は元来皇族ではないから、特例が存在しない限り一般法令が適用されるべきであると一木は論断した。(41)

また、併合条約や冊立詔書に関しても、王公族に対して「尊称」「威厳」「名誉」といった礼遇を保障すると記しているのみだから、王公家軌範を皇室令として制定する根拠にはならないと否定した。そして、「条約ニ直接ノ明文ナク、条約ヲ施行スル為内ニ向テ法規ヲ制定スヘキ場合ニ在リテハ、其ノ基ク所条約ニアリトスルモ、一ニ憲法ノ条規ニ拠ラサルヘカラス」(42)と、憲法に忠実であるべきことを強調した。

一木は、王公家軌範案第一一二条に「皇族女子、王公族ニ嫁スルトキハ結婚ノ礼ヲ行フ前、賢所、皇霊殿、神殿ニ謁シ、且天皇、皇后、太皇太后、皇太后ニ朝見ス」と記されていることにも批判を加えた。皇族の婚嫁範囲は典範三九条によって皇族もしくは華族に限られているにもかかわらず、第一一二条は皇族女子が王公族に嫁ぐことを前提としていたからである。ここで一木は、まず王公族が皇族ではないと仮定し、皇族の王公族への婚嫁を実現するためには王公族を華族と見なさなければ途がないという。だが王公族は華族ではないので、唯一の可能性は「華族既ニ可ナリ、況ンヤ華族以上ニ位スル王公族ニ於テヲヤ」という、いわゆる「況ンヤ解釈」が成り立つかどうかにあるとした。しかし一木は「他ノ条件全然同一ニシテ唯一事ノ大小強弱ノ差異アルノミナレハ況ンヤ解釈ハ正当」といった定義を説明したうえで、「王公族ト華族トヲ比較スルニ、礼遇上ニ於テハ上下ノ差別アリ。其ノ他ノ諸条件ニ於テ全然同一ナリト為スコトヲ得ス」とし、「況ンヤ解釈」を用いて皇族の王公族への婚嫁を認めることは不可能だと結論づけた。

一木が皇族の婚嫁対象を規定した典範三九条にこだわる理由は、王公族の法的地位に関する議論以前に、この条項が設けられた意義に由来していた。その意義とは、皇族と外国王室との結婚を防ぐということにあった。西欧の王室では結婚相手として国籍より階級が重視され、外国王室との結婚もたびたび行われた。一木は皇族と外国王室との結婚が実施されれば「余程困ル結果ヲ生スル」ので、それを防ぐために典範三九条の条項が制定されたのだという。ところが、典範三九条に「況ンヤ解釈」を用いて皇族の婚嫁範囲を拡大解釈すれば、将来なし崩しに外国王室との結婚が計画されかねなかった。それゆえ、王公家軌範案に皇族の王公族への婚嫁を前提とした規定があるのは不当だと批判したのである。

一木の発言が終わると、続けて末松謙澄が批判を加えた。まず「礼ヲ解シテ単純ナル礼遇ニ非ス、法律制度ナリト為スハ不当ナリ」と論じ、冊立詔書の「待ツニ皇族ノ礼ヲ以テス」は王公家軌範を皇室令として制定する根拠にはならないとした。さらに「枢密顧問ノ職ニ在ル者ハ宜シク国法ノ大本ニ付憲法ヲ擁護スルノ誠意ヲ以テ審議ニ従フヘク、一時ノ権宜ニ迎合スルノ念慮ヲ以テ事ニ当ルカ如キハ其ノ職責ヲ全ウスル所以ニ非サルナリ」(43)という意見も述べている。先に一木が憲法に忠実であるべきことを強調したように、末松も枢密顧問官の職にある者として、憲法擁護の立場から審査すべきだと表明したのであった。

さらに末松は王公家軌範案中の婚嫁規定にも言及している。まず一木と同様、「況ンヤ解釈ヲ加フルトキハ其ノ波及スル所如何」(44)と述べ、「況ンヤ解釈」によって皇族の婚嫁範囲に王公族を入れることに反対した。そのうえで、たとえ皇統に王公族の血を入れない（皇族女子と王公族男子の組み合わせに限定）として結婚を認めても、そうした解釈が将来的に皇族の外国王室への婚嫁につながる要因になると批判した。

ところで、二上兵治書記官から審査委員会の様子を聞いた児玉秀雄内閣書記官長によると、枢密院は王公族を皇族に準じて取り扱うことに対しては異議がなかったという(45)。しかし、これまでの議論からも明らかなように、帝室制度審議会と枢密院の考える準皇族の位置づけは異なった。帝室制度審議会は皇族のカテゴリーのなかに旧来の皇族と準皇族＝王公族があるという考えであったが、枢密院は皇族と華族の間に異なるカテゴリーとして準皇族＝王公族があるという考えであった（図1）。したがって、末松は、王公族を皇族と見なしたり、解釈で皇族の婚嫁範囲を王公族に広めようとする王公家軌範案を「不忠不義」であると論難したのであった。

一木と末松は法的根拠が曖昧なままに皇族と王公族の結婚を実行することに強硬に反対した。この意見に小松原審査委員も賛同し、左記のような解決策が提案される。

御婚嫁ノ問題ニ付テハ皇族ト王公族トノ間ニ婚嫁ヲ行ハセラルルコト時アリテ可然義ト考フルモ、之ニ付テ国法上依ルヘキ道ナキカ故ニ、別ニ相当ノ方法ヲ講セサルヘカラス。其ノ方法ハ種々アルヘキモ、率直ニ云ヘハ典範ニ追加シテ明ニ其ノ途ヲ開カハ実際上何等ノ差支ナカルヘシ[46]。

要は、王公家軌範によって王公族が皇族のカテゴリーに属すると拡大解釈するのではなく、典範三九条自体を改正して皇族の王公族への婚嫁を法的に認めるべきだとしたのである。

王公家軌範案は、王公族を皇族のカテゴリーに置くことに拘泥し過ぎたために法的に脆弱となり、その点を枢密院に指摘されて挫折する。清浦奎吾枢密院副議長や枢密顧問官らは議了を要求し、王公家軌範案を天皇に返上するか修正するよう主張した[47]。そこで伊東審査委員長が採った策は、枢密院側の修正意見が決議される前に審査委員会自体を解散させるというものであった[48]。これにより審査委員会は王公家軌範案の各編各章に及ぶ具体的な審議をしないまま終了する。九月二三日に波多野宮内大臣から寺内首相に王公家軌範案撤回の照会がなされ、二五日に枢密院から正式に撤回された。

では、なぜ帝室制度審議会は王公家軌範案の制定に必死になったのであろうか。その目的が単に王公族を法的に規定することだけにあったのならば、皇族との垣根を明確にした枢密院の準皇族案を受け入れて制定すればよかったはずである。また、李垠と方子の結婚を実現するためでもない。なぜならば、枢密院は典範三九条を改正しさえすれば、

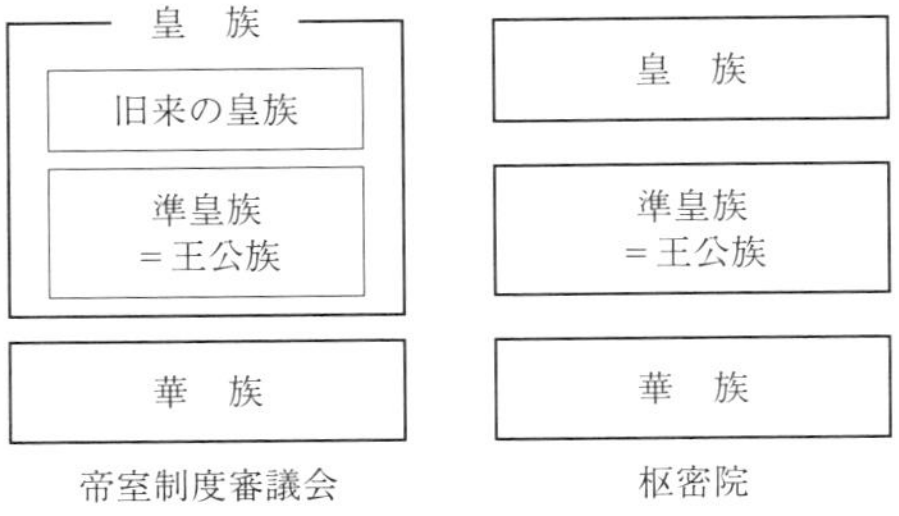

図１　準皇族の位置づけの違い

方子の婚嫁は可能だと言っていたからである。

四　「対等結婚」と朝鮮統治の安定

枢密院は天皇の諮問機関であって自ら法令の改正を発議できなかったため、他の機関が動かなければ典範三九条の改正は実現されなかった。このとき首相の座にいた寺内正毅は、併合時に王公族と皇族を明確に区別しながら、表向きは皇族のように礼遇することで、朝鮮統治を円滑に進めようとした張本人であった(49)。しかも首相として王公家軌範案を承認した経緯もあった(50)。言うまでもなく、典範三九条を改正して皇族の婚嫁範囲に王公族を加えるということは、王公族が皇族の「同族」ではないと宣示する行為である。したがって、寺内内閣が典範三九条の改正を発議する可能性はきわめて低かった。

ところが寺内内閣は、一九一八年九月二九日に米騒動の責任をとって総辞職に追い込まれる。この内閣倒壊と、続く原敬の組閣にともなって、停滞していた典範三九条の改正論議は再び動き始める。

原首相は帝室制度審議会に所属する平沼騏一郎を司法大臣に指名し、九月二七日の朝に横田千之助幹事長を要請の使いとして送った。ところが平沼は「入閣するとしても忽ち意見の衝突を来し、或は自分の為に新内閣に累を及ほすか如き事は予しめ注意し置くの必要あり(51)」と考えて、素直には受け入れなかった。そしてその日のうちに伊東を訪問して司法大臣への就任要請があったことを報告するとともに、「御婚儀問題に関しては忽ち典範改正の問題あり。……今日四囲の事情より察するに原氏か進退を賭して迄も御互の持論を賛助し、徹頭徹尾之を支持することは到底覚束なし」との考えを伝えた。平沼は、典範三九条の改正の流れが強まるなかで、司法大臣だけが反対を唱えて閣内不一致を招くわけにはいかないし、また仮に反対を貫いたとしても、原が枢密院に対抗してまで賛同するはずがないと考えていたのである。翌二八日、彼は正式に大臣就任を辞退した。

一〇月一日、伊東は平沼と岡野の来邸を請い、典範三九条の改正をいかに防ぐかについて協議を重ねた。このとき平沼は次のような意見を述べている。

万一にも此の如き改正か実行せらるるときは、王公族の国法上の地位は素より皇族に非す、又尊族に非すとして平民なりとの釈義に帰着し、第一に皇室典範は皇族と平民との結婚を許すの端を啓き、第二は併合条約に背き先帝陛下の詔勅に悖り、第三には朝鮮の統治懐柔策に非常の一攪動《かくどう》を来すものにして、実に皇室の為国家の為重大なる禍害を引起すものなるか故に、此改正の非挙に対しては全力を尽して防遏《ぼうあつ》の道を講せさるへからす。(52)

この発言から、帝室制度審議会側が典範三九条の改正に反対したのは、単に皇族と平民の結婚に途を開くのを憂慮したからだけではなく、王公族を非皇族と見なせば併合条約や冊立詔書の趣旨に反し、「朝鮮の統治懐柔策に非常の一攪動を来す」と考えたためだということがわかる。

伊東は同様の考えを、同日午後八時に自邸を訪問した原首相に述べている。原が伊東に会見を求めたのは、司法大臣を党外から選任しようと平沼に要請したが、「意外の故障」によって断られた件を相談するためであった。原はこの「意外の故障」について「皇室制度の事」としているが、その一つは言うまでもなく典範三九条の改正問題であった。(53) 原は、当初この問題について寺内から引き継ぎを受けたときにはそれほどの重大事と思わなかったが、平沼から直接仔細を聞いたところ「容易ならさる重大事件なることを発見」(54) したという。そして現時点で平沼の所見に同意であるとして、「朝鮮の王公族の国法上の地位にしても今更臣籍に降し、平民と同一視するの不可なるは言を待たさる次第」と述べ、皇室制度に関する詳細な説明を求めた。

そこで伊東は併合条約と冊立詔書を取り出して原に見せながら、典範三九条を改正することで引き起こされる問題点について次のように陳述した。

第一国際条約上背信の行為なること。

第二には先帝陛下の詔書を無視し韓国皇室に対し履信の実を失ふ事。

第三朝鮮統治に非常の騒乱を招くの虞ある事。

第四に婚儀問題に付曾て元老会議を開かれ宮内当局も其儀に参して婚儀を奏薦したるは正しく典範違反の行為なることを自認する事。(55)

これを聞いた原は、第四の理由については「一応尤の様にも思はる」と述べるに止める一方で、第一から第三の理由に関しては「果たして方法あれば結構なれども、典範を改正し朝鮮王家を全く臣下と見る様になりては、朝鮮統治にも非常の困難を醸す事となるべし(56)」との憂慮を示した。したがって、王公族を皇族ではないと見なせば「合意」という併合の成立形式を否定し（第一、第二の理由）、それによって朝鮮人の反感を買うこと（第三の理由）に強い関心があったといえよう。このとき原は、「改正説には断して不同意を表すへし(57)」と述べて、伊東に賛同していた。

それから四日後の一〇月五日、伊東は寺内とも会見しているが、ここで婚嫁に関連づけて、典範三九条の改正に反対する興味深い理由を述べている。

王公族を従前の通り条約並詔書に拠りて準皇族として待遇せす、国法上の地位は華族にも非〔さ〕る普通平民なることに決定するときは、今回の御結婚は梨本宮の降嫁となる次第にて対等結婚とは名実異なることになれは、李王家に於ては果して之を欣諾すへき乎。宮内当局の態度如何に依りては意外の椿事を引起さんも亦料るへからす。(58)

典範三九条を改正して王公族を皇族でないと見なせば、方子は李垠へ降嫁することになる。そうすると、「対等結婚」とはならないので、李王家が縁談を拒絶したり、甚だしくは「意外の椿事」を引き起こす可能性があった。注目すべきは、朝鮮統治を重視する伊東が、この婚嫁を「対等結婚」として実施しなければならないと考えていた点であろう。

方子の李垠への婚嫁は「日鮮融和」を演出するためのものではなく、何とかして朝鮮側の賛同を得て統治を安定させるために、「対等」を演出しなければならない性格のものだったのである。

婚嫁に関連づけて典範三九条の改正に反対していたのは伊東だけではなかった。たとえば平沼は、枢密院の改正論議が王公族を一般法令のもとに置くという考えにもとづいているのならば、「朝鮮統治にも非常の悪影響を及ほし、而して婚儀の性質及形式に於ては名実共に降嫁となる」[59]と述べている。そして婚嫁がそのような形式になれば「朝鮮の旧華族〔朝鮮貴族〕中には梨本宮王女の婚儀に付異議を挿むか、又は窃《ひそ》かに妨害を為さんとするものあるは既に隠れなき事実に属す」として、朝鮮側に結婚を妨害されるのではないかと憂慮していた。

朝鮮統治を重視するのは帝室制度審議会の人間に限らなかった。たとえば、寺内内閣の外務大臣であり伊東の理解者でもあった後藤新平は、伊東から典範三九条の改正について相談されたときに次のような意見を述べている。

> 此の問題を考慮するときは将来容易ならさる悪結果を来し朝鮮統治策は根本的に破壊する而已《のみ》ならす、延ひて民族自立《ママ》問題をも引起すに到るへく［三字不明］の如きは本件に付ては最も留意すへき事なるに之を等閑に附するは慨嘆の至りなり。[60]

ウィルソン米国大統領が民族自決を含む「一四箇条の平和原則」を唱えたのは、この年の一月八日であった。それゆえ、日本はこの時期、多少なりとも植民地統治に敏感にならざるをえなかったといえる。王公族の身位にかかわる典範三九条の取り扱いを誤れば、やがて朝鮮統治策が瓦解し独立問題を招くのではないかと危惧する後藤の発言は、当時の状況をよく表している。

しかし、王公族を非皇族と見なすことがそれほど朝鮮統治上の重大事であったならば、なぜ婚嫁計画自体を取り消さなかったのであろうか。それは、この縁談が「都合上」天皇の御沙汰という形式を踏んでおり、また李王家が配慮すべき重要な存在だったからだといえよう。その証拠に、典範三九条の改正に依らない婚嫁の実現に関して枢密院の合意を得られないことに悩む波多野宮内大臣は、一〇月八日に原首相を訪問して善後策を相談するとともに「思召を李王家に伝へられて、李王家にて歓んで御迎すべき旨奉答したれば、今更変更出来ぬ[61]」と訴えている。天皇の思召に対して李王家が「歓んで御迎」すると応じた約束なので、必ず実現しなければならなかったのである。

原も「既に李王家に御思召の御伝ありたる已上には、是れは絶対的不変更のものとして御遂行相成るべし[62]」との考えを持っていた。と同時に彼は、内閣の首班として枢密院との関係を悪化させるわけにもいかなかった。それゆえ、「此の問題を以て枢密院と論争する如き意思なし。事情然る訳ならば皇室典範の改正已むを得ざるべし[63]」との意見に傾く。そして、一〇月一一日の午後九時過ぎに伊東邸を訪問し、「枢密院の意見か改正説にして宮内大臣も亦改正に傾き居〔り〕、独り内閣か怨府となりて改正に反対するは不可能なるか故、一切宮内大臣の責任に一任し宮内大臣にして典範の改正案を提出して内閣の同意を求めらるゝに於ては、内閣も亦之に同意するの外なし[64]」と告げるに至る。この時点で伊東らは孤立し、典範三九条の改正は避けられない状況となった。

五　皇室典範の改正案と王公族の地位

一〇月一二日、原首相は来訪した波多野宮内大臣に、冊立詔書の「解釈」をもって婚嫁を実行するにしても、逆に枢密院の言う通りに典範三九条を改正するにしても、宮内大臣の「御見込に任す外なし」と伝えた。これを聞いた波多野は「結局皇室典範を改正する事不得已と思ふ[65]」と断言する。こうして方子の李垠への婚嫁を実行するために、宮内省によって典範三九条の改正が発議された。

改正案は富井政章が考案し、起草は倉富勇三郎が担当した。富井も倉富も帝室制度審議会の人間であったが、そもそも伊東の考えに賛同していたわけではなかった。しかも宮内省が典範三九条を改正する方針を決定したのだから、富井、倉富、石原ら宮内省出身の帝室制度審議会委員がそれにしたがうのは当然であった(66)。起草された改正案は左記の通りである。

改正案

皇室典範第三十九条ニ左ノ但書ヲ加フ。

但女王ハ王族又ハ公族ニ嫁スルコトヲ得。

恭テ按スルニ皇族ノ婚嫁ハ皇室典範第三十九条ニ於テ同族又ハ勅旨ニ由リ特ニ認許セラレタル華族ニ限定セラレタリ。典範ノ制定韓国併合ノ前ニ在ルヲ以テ其規定王族公族ニ及ハサルモ、王族公族ハ待ツニ皇族ノ礼ヲ以テセラルヽモノニシテ、皇族婚嫁ノ範囲ヲ拡メ之ヲ王族公族ニ及スハ理当ニ然ルヘキ所ナリ。但女王ニ限リテ内親王ニ及ハス。嫁ヲ許シテ娶ヲ許サヽルハ名位ヲ重ンスルノ道ニ於テ然ラサルヲ得サルナリ(67)。

一〇月一六日午後二時、波多野は改正案を携えて伊東を訪問し、改正の方針が決したことを伝えた。これを受けて伊東は、二日後の一八日午後二時に平沼および岡野と会見して今後の出方を協議した。彼らは、もし典範三九条の改正案が提出されたならば、「合併《ママ》条約に違背し、旧韓国皇室の優遇に関する先帝の詔書を藐視《びょうし》するの結果に陥り、王公族の国法上の地位は殆と平民と同一水平に墜落し、遠く旧琉球藩王にも及はさることゝなり」、さらに「本会の起草上奏せる王公家軌範の如きは全然其趣旨を滅却するに至る(68)」と考え、辞表を提出することを決意した。そのうえで三人は鼎座凝議し、典範三九条を改正した場合の左記の問題点を、口頭で宮内大臣に諫言することにした。

一、本案には女王とありて洽く皇族女子と謂はさるは内親王を除くの意なる事明瞭なり。朝鮮王公族の典範の明条に依りて娶ることを許さるゝものは女王に限るものとすれは、王公族の地位は華族よりも低く例へは旧琉球藩王にも若かさるの奇観を呈す。

二、王公族の範囲は王公家軌範を以て王は四世、公は三世に限りたるも、王公家軌範の定まらさる以前に於て其法律上の意義不明なることを免れす。此の不明なる文字を典範の明条に掲くるは失当の甚しきものとす。単に王公族と称すれは王公家の一族は悉く之を網羅するものと解すへく、随て他日其区域を限定せんとする場合に非常の故障を生すへし。

三、入嫁の事は実際之か勅許なかるへきも、之を明文の上に昭示して朝鮮の旧君臣の感情を害するは朝鮮統治策に一大妨害たるの虞なしとせす。

四、提出案の理由より推すときは、既定の原則に対して除外例を設くるに非すして既定の条文が認めさる所の新例を開くに在りとすれは但書の形式は妥当ならす。寧ろ別項の形式に依るへきを穏当なりとす。(69)

このうち着目すべきは第一と第三の項目である。第一の項目は、但書において王公族に嫁げる皇族が女王に限られていることに対しての批判であった。華族は内親王を含むすべての皇族女子と結婚できるのに、王公族は天皇から血縁的に遠い女王としか結婚できないのならば、王公族を旧琉球王（華族）よりも下に見ることになると指摘したのである。そして第三の項目は、典範三九条の婚嫁範囲に王公族を入れたとしても、皇族と結婚する際に王公族に勅許が必要ならば、同条文に明記された「特ニ認許セラレタル華族」と同等となり、朝鮮人の感情を害する恐れがあるという批判である。この二つの項目からも明らかなように、あくまで伊東たちは、王公族を華族より下位に置くことを避けるために諫言しようとしていた。彼らにとって、たとえ朝鮮よりも琉球の方が日本としての歴史が長くとも、王公族が旧琉球王より下位にあるのは「奇観」だったのである(70)。

一〇月二〇日、伊東は波多野を訪問して、典範三九条の改正は仕方がないが「成るへく改正案の欠点を少くし、当局の過をして成るへく小ならしむる為に最後の努力を為すへきはお互の当然為すへき所なり(71)」として、改正案の問題点を指摘し、帝室制度審議会総裁を辞任する旨を告げた。それに続いて、平沼、岡野、馬場らも辞表を提出した。寺内と波多野は梨本宮家の要請を受けて勝手に王公族に縁談を持ち込んでしまったため、結婚をどうしても成立させなければならない立場にあった。だが、伊東ら帝室制度審議会の一部は王公族を皇族のカテゴリーにある準皇族として法的に規定することが目的であり、結婚の実現は二の次であった。宮内省としては結婚のために枢密院と手を組まなければならず、その結果、伊東たちの離反を招いてしまったのである。

帝室制度審議会総裁と委員五名の辞職は審議会の廃止に結びつき、皇室制度の調査や整備作業に支障を来す可能性があった。それゆえ波多野は何としても伊東たちを丸め込んで、辞意を撤回させなければならなかった(72)。

一〇月二五日午前一一時、波多野は伊東を訪ね、二〇日に伊東が述べた考えに沿って典範三九条の改正案を修正すると告げた。修正点は、①形式を増補に改めること、②「女王ハ王族又ハ公族ニ嫁スルコトヲ得」の「女王」を「皇族女子」に改めること、③理由書の添付を取りやめることの三点であった(73)。①に関しては、考案者である富井も当初から「典範の改正は形式に於て穏当ならす寧ろ増補とすへし(74)」と考えていた。改正は不備な点を改めるという意味であり、増補は不足を補うという意味であるから、両者には微妙な違いがある。併合によって新たに王公族という身分が創設されることは皇室典範の制定時には想定されていなかったので、その不足を補うという意味で「増補」を主張したのだと考えられる。②に関しては、言うまでもなく、王公族を華族よりも下の地位と見なさないための措置であった。③の理由書の添付の取りやめに関しては、二つの理由が考えられる。一つは王公族に婚嫁できる皇族が「女王」から「皇族女子」に改められたことで、理由書の「皇族婚嫁ノ範囲ヲ拡メ之ヲ王族公族ニ及スハ理当ニ然ルヘキ所ナリ、但女王ニ限リテ内親王ニ及ハス」という箇所が不要になったためであり、もう一つは皇族女子と王公族男子の組み合わせの婚嫁のみを認めた理由書の「嫁ヲ許シテ娶ヲ許サ、ルハ名位ヲ重ンスルノ道」という文言にあからさまに王公族の血を皇族に入れさせないとする意図が表れており、これによって物議を醸すと考えられたからだといえる。いずれも朝鮮統治に留意して王公族の地位を皇族のカテゴリーに入れるべきだとした伊東たちに配慮した修正であった。

一〇月二六日、典範三九条の増補案が枢密院に諮詢された。審査委員長は清浦枢密院副議長が担当し、審査委員には末松、南部、浜尾、小松原、穂積、安広、金子、一木が就任した。典範三九条の増補案は一〇月二八日の枢密院審査委員会においても、一一月一日の臨時枢密院本会議においても全会一致で可決された。

一二月八日には「納采の儀」（結納）が執り行われて、李王家から梨本宮家へ贄幣の洋服地五巻と祝品の鮮鯛一折および清酒樽一荷が皇族の例規にしたがって奉納され[75]、一三日には「告期の儀」によって翌一九年一月二五日に婚儀を挙行することが正式に決められた。ところが、挙式を四日後に控えた二一日に李垠の父李太王が急逝してしまったため、王公族は喪に服さなければならなくなり、婚儀は延期となった。朝鮮のしきたりでは父を亡くした子は三年の喪に服するはずであったが、李垠の服喪期間は皇室服喪令の規定を参考に一年となり、その喪があけた二〇年四月二八日、ついに李垠と方子の婚儀が挙行される。

おわりに

婚儀から六年後の一九二六年一一月三〇日、「王公族ノ権義ニ関スル法律」（大正一五年法律第八三号）が公布され、翌一二月一日、王公家軌範が制定された。法律第八三号によって、王公族の権義に関する事項および王公族と一般臣民にかかわる事項は皇室令で定めるとし、王公家軌範を皇室令として制定する根拠を作ったのである。しかし、国務法の法律を根拠に宮務法の皇室令を制定するこの措置は、明治憲法の構造を貫く典憲二元主義を否定する唯一の例外を作ることになった[76]。

とはいえ、法律第八三号によって一九一八年当時の枢密院の批判を回避し、ついに王公族の法が皇室令として制定された。一八年当時の議論の中心であった皇族との関係に関しては、第四〇条で王公族の班位（順位）は皇族に次ぐと定められた。

しかし、これによって王公族と皇族が明確に区別されたとはいえない。王公族は、皇族の班位に次ぐのか、それとも皇族の班位のなかで旧来の皇族に次ぐのか、はっきり示されていないからである。後者は、併合時に皇族の内部に組み込む前提で王公族の班位が議論されていたことを想起すると、決して無理な解釈ではない。しかも班位をカテゴリーに置き換えると、一八年当時に帝室制度審議会が考えた準皇族＝王公族の位置づけと一致する（図1を参照）。そもそもこの条文は一八年の王公家軌範案で既に設けられていた。したがって、王公家軌範は皇族のカテゴリーに王公族を位置づける帝室制度審議会の考えを否定することなく曖昧に制定されたといえよう。

王公家軌範の制定によって王公族の法的地位が積極的に議論されなくなると、それまで王公族に保障されていた「皇族ノ礼」のみが人々の記憶に残って前景化し、王公族はより皇族に同化していくこととなる。たとえば、一九三一年の李徳恵と宗武志の婚儀は、朝香宮紀久子と鍋島直泰の婚儀とともに、「おめでた続き・・・本年の皇室」[77]と報道され、『皇室皇族聖鑑』や『皇室事典』などの皇室関連の書籍には当然のように王公族が掲載された[78]。四七年一〇月一四日付で一一宮家が臣籍降下して一八日に天皇とのお別れ会が「朝見の儀」として行われたときにも、李垠と李鍵は同席した[79]。

皇族とは神聖不可侵で排他的な領域というイメージがあるが、大日本帝国に関して言えば、決してそうではなかった。併合によって韓国皇室を帝国に編入したことが遠因となって皇室典範が改められ、さらには皇族という身分までも変容していった。仮に、韓国皇室を華族として明確に規定して編入できたならば、そうした事態は避けられたであろう。しかし、そのような処遇は琉球に対してできても、朝鮮に対してはできなかったのである。

（1）　皇室典範は一八八九年に制定のものと一九四七年に制定のものの二つがある。本章で扱う皇室典範は前者である。皇室典範の増補は二回しかなく、うち一回は皇族の臣籍降下を法文化するために併合以前の一九〇七年に実施された。

（2）李方子『動乱の中の王妃』（講談社、一九六八年）、同『すぎた歳月』（社会福祉法人明暉園、一九七三年）、同『流れのままに』（啓佑社、一九八四年）、同『歳月よ王朝よ――最後の朝鮮王妃自伝』（三省堂、一九八七年）、張赫宙『秘苑の花――李王家悲史』（世界社、一九五〇年）、金乙漢『人間李垠――解放에서 還国까지』（韓国日報社、一九七一年）、梨本伊都子『三代の天皇と私』（講談社、一九七五年）などを通じて、「日鮮融和」を目的としたものであったという考えは一般的となっている。「日鮮融和」の側面からこの婚嫁計画を論じる研究書として、長田彰文『日本の朝鮮統治と国際関係――朝鮮独立運動とアメリカ1910-1922』（平凡社、二〇〇五年）や小田部雄次『皇族――天皇家の近現代史』（中央公論新社、二〇〇九年）があげられる。また、小田部雄次『李方子――一韓国人として悔いなく』（ミネルヴァ書房、二〇〇七年）は内地人と朝鮮人の「同化」を促し、「内鮮結婚」を率先垂範するものだったと説明している。

（3）高久嶺之介「大正期皇室法令をめぐる紛争（上）」（『社会科学』第三二号、一九八三年二月）、同「大正期皇室法令をめぐる紛争（下）」（『社会科学』第三四号、一九八四年三月）、同「近代日本の皇室制度」（鈴木正幸編『近代日本の軌跡7　近代の天皇』吉川弘文館、一九九三年）。

（4）王公家軌範の制定と皇室典範の増補に関しては、島善高「大正七年の皇室典範増補と王公家軌範の制定」（『早稲田人文自然科学研究』第四九号、一九九六年三月）、西川誠「大正後期皇室制度整備と宮内省」（近代日本研究会編『宮中・皇室と政治』山川出版社、一九九八年）でも言及しているが、高久と同様、朝鮮統治についてはほとんど触れていない。

（5）朝鮮総督府編「朝鮮ノ保護及併合」（市川正明編『日韓外交史料』第八巻、原書房、一九八〇年）三二七―三二八頁。

（6）小松緑『朝鮮併合之裏面』（中外新論社、一九二〇年）一二二頁。

（7）同前、一三二頁。

（8）同前、一三五頁。

（9）『韓国併合ニ関スル書類　着電』（国立公文書館所蔵）八月一三日午後四時四五分発―八月一四日午前一時五〇分着、寺内統監から桂首相宛。

（10）寺内正毅「韓国併合始末」（海野福寿編『韓国併合始末関係資料』不二出版、一九九八年）一六―一七頁。

（11）寺内前掲「韓国併合始末」二四―二五頁。

（12）寺内前掲「韓国併合始末」三一頁。

（13）前掲「朝鮮ノ保護及併合」三三一頁。

(14) 寺内前掲「韓国併合始末」三三頁。
(15) 小松緑『明治外交秘話』(千倉書房、一九三六年)四六三頁。
(16) 寺内前掲「韓国併合始末」三二―三三頁。
(17) 小松前掲『明治外交秘話』四六四頁。
(18) 寺内前掲「韓国併合始末」三四頁。
(19) 前掲『韓国併合ニ関スル書類 着電』八月二一日午後〇時四〇分発―午後三時五七分着、児玉統監秘書官から柴田内閣書記官長宛。
(20) 長井純市編『渡辺千秋関係文書』(山川出版社、一九九四年)一四九頁。
(21) 李垠には異母兄の李堈がいたが、堈は品行に問題があったため、皇太子に選ばれなかった。李王職編『昌徳宮李王実記』(一九四三年)三九六頁では、「定宗ガ太宗ヲ世弟トシ、太宗亦位ヲ世宗ニ伝ヘタル例ニ倣ヒ英親王〔李垠〕ヲ以テ儲弐トナスニ決ス」と婉曲的に説明されている。
(22) 王世子の配偶者を選ぶ制度。初揀択、再揀択、三揀択というように三段階にわたって選抜した。
(23) 閔甲完『百年恨』(文宣閣、一九六二年)、本田節子『朝鮮王朝最後の皇太子妃』(文藝春秋、一九九一年)、福富哲『無窮花――最後の朝鮮王朝皇太子妃・甲完』(駒草出版、二〇〇八年)。
(24) 『高宗実録純宗実録』第四(学習院東洋文化研究所、一九六七年)一九〇七年三月一二日条。
(25) 『東京朝日新聞』一九〇七年三月一二―二〇日。一一日大磯発、一五日まで神戸滞在、一六日門司着。
(26) 『東京朝日新聞』一九一六年八月三日。
(27) 宋秉畯「韓帝渡日譲国ノ議」(『公文別録・韓国併合ニ関スル書類・明治四十二年―明治四十三年』第一巻、国立公文書館所蔵)。
(28) 李方子前掲『流れのままに』三二―三三頁。
(29) 梨本伊都子前掲『三代の天皇と私』一三八―一四二頁。
(30) 小田部雄次『梨本宮伊都子妃の日記』(小学館、一九九二年)一三三頁、一九一六年七月二五日条。
(31) 小田部前掲『梨本宮伊都子妃の日記』三七〇頁、一九五八年一一月二七日条。
(32) 一八八八年に宮内省内に設置された臨時帝室制度取調局(一八九〇年廃局)を継いで一八九九年に設置された機関。一九〇七年二月一一日に廃局となる。

(33) 伊東巳代治「皇室制度再査議」(小林宏・島善高編『明治皇室典範(下)』日本立法資料全集17、信山社出版、一九九七年)八三六頁。
(34) 島前掲「大正七年の皇室典範増補と王公家軌範の制定」一〇頁。
(35) 栗原広太『明治の御宇』(四季書房、一九四一年)一八八頁。
(36) 『枢密院会議議事録』第二〇巻(東京大学出版会、一九八五年)一三九頁。
(37) 同前、一五四頁。
(38) 高久前掲「大正期皇室法令をめぐる紛争(下)」一一四頁。
(39) 前掲『枢密院会議議事録』第二〇巻、一五四頁。
(40) 高久前掲「大正期皇室法令をめぐる紛争(下)」一一四—一一五頁。
(41) 「王公家軌範審査委員会筆記(五月—六月)」(『枢密院委員録・大正七年・巻別冊』国立公文書館所蔵)。
(42) 同前。
(43) 同前。
(44) 同前。
(45) 「児玉秀雄書翰」(『寺内正毅文書』国立国会図書館憲政資料室所蔵)一九一八年六月一四日、児玉内閣書記官長から寺内首相宛。
(46) 前掲「王公家軌範審査委員会筆記(五月—六月)」。
(47) 前掲「児玉秀雄書翰」一九一八年六月一四日、児玉内閣書記官長から寺内首相宛。
(48) 高久前掲「大正期皇室法令をめぐる紛争(下)」一一七頁。
(49) 拙著『天皇の韓国併合——王公族の創設と帝国の葛藤』(法政大学出版局、二〇一一年)六〇頁以下。
(50) 高久前掲「大正期皇室法令をめぐる紛争(下)」一二二頁。
(51) 「翠雨荘日記」(小林龍夫編『明治百年史叢書』第八巻、原書房、一九六六年)二〇頁、一九一八年九月二七日条。
(52) 同前、二九頁、一九一八年一〇月一日条。
(53) このほかに皇室裁判令に関する問題もあったが、本章では言及しない。詳しくは高久前掲「大正期皇室法令をめぐる紛争(上)」および「大正期皇室法令をめぐる紛争(下)」を参照。
(54) 前掲「翠雨荘日記」三四頁、一九一八年一〇月一日条。

(55) 同前、三六頁、一九一八年一〇月一日条。
(56) 原奎一郎編『原敬日記』第五巻(福村出版、一九八一年)一九頁、一九一八年一〇月二日条。
(57) 前掲「翠雨荘日記」三六―三七頁、一九一八年一〇月一日条。
(58) 同前、四五―四六頁、一九一八年一〇月五日条。
(59) 同前、六三頁、一九一八年一〇月一一日条。
(60) 同前、八三頁、一九一八年一〇月二六日条。
(61) 前掲『原敬日記』第五巻、二一頁、一九一八年一〇月八日条。
(62) 同前。
(63) 同前、二三頁、一九一八年一〇月一〇日条。
(64) 前掲「翠雨荘日記」六五頁、一九一八年一〇月一一日条。
(65) 前掲『原敬日記』第五巻、二四頁、一九一八年一〇月一二日条。
(66) 高久前掲「大正期皇室法令をめぐる紛争(下)」一二八頁。
(67) 前掲「翠雨荘日記」七五頁、一九一八年一〇月一六日条。
(68) 同前、七七頁、一九一八年一〇月一八日条。
(69) 同前。
(70) 明治政府は尚泰を「琉球藩主」ではなく「琉球藩王」とし、叙爵内規で尚家のために一項を設けるなど、特別な華族として待遇した。しかしそれでも王公族を琉球藩王と並列させてはならず、別格の待遇が必要であった。
(71) 前掲「翠雨荘日記」七八頁、一九一八年一〇月二〇日条。
(72) 高久前掲「大正期皇室法令をめぐる紛争(下)」一三〇頁。
(73) 前掲「翠雨荘日記」八一―八二頁、一九一八年一〇月二五日条。
(74) 同前、七五頁、一九一八年一〇月一六日条。
(75) 前掲『昌徳宮李王実記』五七〇頁。なお、城田吉六『悲劇の王女徳恵翁主の生涯――対馬に嫁した李王朝最後の王女』(長崎出版文化協会、一九八九年)六頁には結納品として豹皮が贈られたとあるが、これは結婚とは関係なく、一九二三年一一月二四日に李王から梨本宮守正に贈られた品である。前掲『昌徳宮李王実記』六六七頁。
(76) 新田隆信「王公族の法的地位と法律第83号――明治憲法体制に関する一つの覚え書」(『富大経済論集』第九巻第二号、一九六三年七月)。典憲二元主義とは明治憲法と皇室典範を共に国家の最高法規と見なし、すべての法形式は国務法と宮務法の二系統に分属するという考え方。

(77) 『読売新聞』一九三二年一月一日。

(78) 神田豊穂『皇室皇族聖鑑』(みやこ日報社、一九三五年)、井原頼明『皇室事典』(冨山房、一九三八年)。

(79) 金英達「朝鮮王公族の法的地位について」(『青丘学術論集』第一四集、一九九九年三月)一四四頁で指摘されているように、李垠と李鍵が同席したため、王公族も一九四七年一〇月一八日に臣籍降下したと誤解して記述している伝記などがある。

〔付記〕本研究は、科学研究費補助金若手研究(B)二〇一二―二〇一三年度(課題番号:24720297)、二〇一二年度三島海雲学術研究奨励金、日韓文化交流基金訪韓フェローシップ(受入機関:ソウル大学奎章閣国際韓国学センター)による成果の一部である。

8　大韓帝国における自国・世界認識とベトナム

姜　東局

はじめに

一九〇五年の日本による大韓帝国の保護から一九一〇年の日韓併合に至るまでの時期における大韓帝国の政治思想についての研究は、これまで主に日本の帝国主義と大韓帝国のナショナリズムの対立を中心に行われてきた(1)。この記述の仕方は、当時の歴史の把握においても、またその後の影響からしても、基本的に間違ってはいないと思われる。ところが、このテーマの重要性を踏まえたうえでも、研究の視点があまりにも帝国主義とナショナリズムの問題に集中されるのは望ましくない。何故なら、現実ではより多様だったはずの思想の様々な姿が忘却されてしまうことは、当時の思想の全体像を把握することを困難にするだけでなく、結果的に、歴史的なコンテキストの中で帝国主義やナショナリズムを理解することも不可能にするからである。このような観点からすれば、小国主義、およびアジア主義へ目を向ける新たな研究は、一九〇五―一九一〇年の思想の全体像を明らかにするために有意義なものであると評価できよう(2)。

本章では、それらとともに取り扱うべき問題として、「世界の発見」という現象に注目する。西洋が大航海時代以降に蓄積した世界の国家・地域に関する膨大な知識・情報が朝鮮半島に流入したのは、『海国図志』の伝来からわかるように、一九世紀中盤からである(3)。ところが、この時期に、世界の国家・地域に関する知識・情報にアクセスできた人々は限定されており、またそれを真剣に受け入れた人々はさらに少数にすぎなかった。とりわけ、脅威として浮上してきた西洋諸国以外の国家・地域については、それほど関心が払われなかった。朝鮮半島の知識界において、以前から熟知していた日本と中国、そして新たな脅威としての西洋以外の国家・地域に関する知識・情報が本格的に広がったのは、まさに一九〇五―一九一〇年の時期であった。すなわち、保護から併合までの時期において、大韓帝国の危機的な状況に対する参考の必要性と新聞や雑誌などの近代的なメディアの成長などによって、世界に対する知識・情報が大量に、かつ社会の隅々にまで広がったのである(4)。その結果、大韓帝国の人々が世界、そして世界の中の自国に対する認識を根本的に変えることを可能にする思想的状況が生まれた。

本章は、一九〇五―一九一〇年の「世界の発見」に注目し、具体的には非日中・非西洋の国家・地域に関する知識・情報の流入の過程、受容の特徴、影響の有無、歴史的な意義に関わる一連の疑問に答えることを試みる。これらの作業は、これまで「世界の発見」に注目した研究がほとんどなかったことから、何よりも新しい事実を明らかにする実証研究の意義を持つ。さらに、研究の成果が帝国主義とナショナリズムを中心とする思想史理解の限定性を補うことで、この時期の大韓帝国の政治思想全般に対する理解の見直しにも繋がるという、より広い研究史的な意義も期待できよう。

ところで、東北アジアや欧米以外の国家・地域すべてを対象とする研究は、本章の限られた紙面と著者の能力不足により当面は実現不可能である。そこで、本章はもっとも重要な対象としてベトナムに注目する。第一に、ベトナムは一九世紀後半から一九一〇年までの間、朝鮮・大韓帝国においてもっとも関心が払われていた非日中・非西洋の国家の一つであった。『漢城旬報』は、朝鮮初の新聞として一八八三年一〇月から一八八四年一二月の間に刊行されていたが、この時期はまさにベトナムをめぐって清国とフランスの緊張が高まり、結局は清仏戦争が勃発した時期であった。その結果、『漢城旬報』の「各国近事」欄の半分近くがベトナムに関わる記事によって埋まるほど、ベトナムに対する関心が高まった(5)。また、二〇世紀に入ってからは、近代以降のベトナムの歴史を取り扱った『越南亡国史』(一九〇五)というテキストが流入し、本章で紹介するとおり広く読まれるにいたった。第二に、伝統的な国際関係においても、また、近代的な国際関係においても、ベトナムは朝鮮・大韓帝国と相似した境遇の国家であった。まず、ベトナムは、朝鮮と同じく中国的世界秩序の中の朝貢国であった。『清会典』の礼部の記録で明確なとおり、大韓帝国(朝鮮)とベトナム(越南)は、琉球とともにもっとも典型的な朝貢国であった(6)。もちろん、両国の間に朝貢に関する認識において相当な差があり、また朝貢国どうしといえども両国の間の相互関係がほとんど存在しなかったという限界はあったが(7)、実質的な朝貢国ではなかった他のほとんどの国家との比較からすれば、両国の間に存在した共通点は大きな意味を持つ。また、ベトナムは、一九〇五―一九一〇年にはすでに植民地化されていた国家であった。一九〇五年以降に日本帝国主義による植民地化の危機を感じていた大韓帝国の人々からすれば、ベトナムは独立を守るための闘争の過程においては警鐘を鳴らす例として、また亡国の現実の前では同じ運命を共有する存在として受けとめられたのである(8)。以上の理由から、ベトナムは、非日中・非西洋の国家の中ではもっとも大韓帝国の人々の関心を集め、かつもっとも共感を覚えさせた国家であった。この特徴から、ベトナムは、当時の朝鮮半島の人々が、新たに理解するようになった国家・地域に対してみせた反応についての実証的研究においても、また自国・世界認識への影響などの検証においても、他の国家とは区別される研究対象としての適合性を備えているといえよう。

そこで本章では、非日中・非西洋の国家の代表例としてベトナムを取り上げ、大韓帝国の人々のベトナムとの出会いの歴史を考察することで、非日中・非西洋の国家との出会いの典型的な姿を提示する。具体的には、一九〇五―一九一〇年の大韓帝国におけるベトナム理解を左右した『越南亡国史』というテキストを中心に考察を行う。まず、このテキストの特徴を明確にしたうえで、これが朝鮮半島に如何に広がり、また受容されたのかを明らかにする。そして、このような拡散と受容が、大韓帝国の思想、とりわけ自国と世界に対する理解において如何なる影響を与える可能性を持ち、実際には如何なる作用を果たしたのかを検討する。最後に、これらの歴史が、帝国主義とナショナリズムを含めた朝鮮半島の思想史の読み直しにおいて如何なる含意を持つのかについて検討する。

一　分裂したテキストとしての『越南亡国史』

『越南亡国史』は一九〇五年に中国上海で出版された。その重要な内容は、ファン・ボイチャウ（Phan Bội Châu, 潘佩珠：一八六七―一九四〇）が『獄中記』で「草稿を梁に渡したところ、梁はこれを印刷出版しました」と書いたように、彼が書いたベトナム亡国の歴史であった。[9] この本はベトナム最初の革命的歴史書であり、ベトナムの反植民地運動の過程で著されたもっとも重要な書物の一つでもある。[10] ところが、その本には、ファン・ボイチャウ以外の者によって書かれた部分もある。すなわち、草稿を受け取った編者の梁啓超（一八七三―一九二九）の書いた文章と二人の対話の部分などが含まれていたのである。したがって、この本はファン・ボイチャウと梁啓超の共著といえよう。『越南亡国史』の二人の著者には、当時のベトナムと中国を代表する開明的な知識人であるという共通点があった。そして、彼らの会話には、主に帝国主義の脅威に翻弄されるという共通の状況からくる相互理解や憐憫が至るところで見られる。ところが、ファン・ボイチャウと梁啓超の間には、明確な差も存在していたことは指摘されるべきであろう。実際、二人の思想家の各々の立場が強く反映されている部分では、内容の相違はもちろん、衝突すら見られるのである。

たとえば、両者の間で、ベトナムの将来をめぐって論争が繰り広げられたことがある。梁啓超は、ベトナムの現状に関するファン・ボイチャウの説明を前提にし、これに対して「果たして、ついにベトナムは滅びてしまうのでしょうか」と尋ねた[11]。この質問に対してファン・ボイチャウは、結局は人心がもっとも重要であるという観点から、ベトナムの多様な人心の現状を説明したうえで、「ベトナムは禽獣の国家や人種ではなくて、人間の国家や人種であります。人心は私が述べたように、必ずすべての人にあるはずです」と答えることで、ベトナムの将来について明るい展望を見せた[12]。この評価に対して、梁啓超はフランスの占領以来、彼らの支配に協力した黄高啓らの例をあげながら、「あなたはベトナムに人心があると言っていますが、私は信じません」と反論した[13]。ファン・ボイチャウはベトナムの人心について「ベトナムの人々からしてこれを信じ、ベトナムの人々からしてこれを望むのであります」と言いながら、ベトナム人の表面的態度の下に潜んでいる人心の存在を力説したのである[14]。

この例の他にも彼らの間の観点の差は繰り返し登場するが、その差の原因は、認識の方法と認識の意図という二つの側面で理解することができよう。まず、二人の著者の間には、ベトナムに関する認識の方法において著しい差があった。ファン・ボイチャウは、この本の出版の前年末（一九〇四年末）までベトナムで生活してきたので、直接的な経験や観察に基づいてベトナムのことを認識している[15]。一方、梁啓超は、ベトナムに関する直接的な見聞を欠いていた。そこで、部分的には馬歓著『瀛涯勝覧』などの漢籍からの知識を使いながらも、主としてファン・ボイチャウから獲得した知識を当時の世界を把握する自分の枠組みの中で吟味することで、ベトナムの状況に対する彼なりの理解を深めている。たとえば、梁啓超はファン・ボイチャウとの二回目の筆談で、ベトナムとフランスの関係について初めて詳細な情報を得てから、「今日のヨーロッパ各国の文明はすべてがローマに起源します。……その系統を継ぐ国家は、今日においてはいわゆるヨーロッパで強くなることを図っています。強くなることを図る者は、その精神を受けて、凶暴さで大地に君臨しています。このような行いをするものは、フランスだけでしょうか。このような行いによって被害を受けるものは、ベトナムだけでしょうか」と解釈している。[16] 梁啓超は、一八九八年の日本への亡命以降、日本語で蓄積されている近代的な知識・情報を猛烈に吸収し、それに基づいて世界を構造的に理解しようと努力を続けていたが、その成果がフランスとベトナムの関係の理解において自然に影響していることがわかる。[17] 要するに、ファン・ボイチャウと梁啓超の間には、初歩的ではあるが帰納と演繹、あるいは事実と理論という認識の方法の対立があり、この対立は、『越南亡国史』の中で彼らの間のベトナムに対する理解におけるへだたりとして明確に現れている。

次に、ベトナムについて認識する両者の意図においても差があった。ファン・ボイチャウにおいても、梁啓超においても、ベトナムに関して議論するもっとも重要な目的は、亡国から祖国を救うことであった。その結果、ベトナムと中国のうちどちらの立場からベトナムを認識するのかという問題をめぐっても、両者の差異が現れた。ファン・ボイチャウが繰り返しベトナムの独立の方向性に沿った議論をすると、梁啓超がこの議論が中国に持つ意味について議論するという話し合いの展開は、意図の差異がもたらす相違の典型的な例である。たとえば、ファン・ボイチャウがフランスに協力したベトナム人の悲惨な末路について話すと、梁啓超は「なんとかしてこの言葉をわが国の満州や山東の人々に聞かせたい。なんとかしてこの言葉をわが国のすべての人々に聞かせたいと自ら考えたのである」と反応している。[18] 梁啓超が満州と山東に言及しているのは、もちろん偶然ではなかった。梁啓超は、一九〇五年二月に『新民叢報』に「顧問政治」という文章を書いている。ここで、山東巡撫楊士驤が山東省にドイツ人の顧問を招聘しようとする動きを見せたことについて、「楊士驤はついに、あえて何の遠慮もなく中国の顧問政治の新たな紀元を開いていくのか。私は中国人のためにこれを恥じ、中国人のためにこれを痛む」と批判している。[19] また、日露戦争後の満州問題については、一九〇五年五月に『新民叢報』から「読『今後之満州』書後」という文章を発表した。梁啓超は、満州の永久中立化が実現可能な案の中でもっとも望ましいと主張しながら、「私は、わが国の人々が春夢に落ちて、毎日門の前で満州が戻ってくる日を望むだけならば、言葉は朝廷に満ちても、その行き着く先は、すなわち、有賀氏の言ったとおりになるにすぎないことを危惧する」と書いている。[20] 満州をめぐる問題で、国際政治の現実が理解できていないために心情の論理に走ることが甚大な外交的損失を招くことをわかっていない自国民への重い警告を発したのである。このように梁啓超は、当時の中国が直面していた問題への関心から、ベトナムの事例を繰り返し読み直している。梁啓超が書いている「叙」が「某年某月某日、私が居室に座り、日本人有賀長雄氏の『満州委任統治論』を読んでいると、突然、中国式の名刺を通じて会いに来た者があった」という文章で始まることは、『越南亡国史』の全体を貫く梁啓超の強い意図が、結局は時の中国が直面していた問題と繫がっていたことを表している。[21] 有賀長雄が先ほどふれた有賀氏であり、『満州委任統治論』が、この論敵の主張であったことはいうまでもない。

ところが、以上のような原因で明確になっていた両者のベトナムをめぐる認識の差が、テキストにおいては現れない可能性もなかったわけではない。この本の出版は、梁啓超によって漢文で行われたため、梁啓超の文章として全体が統一的に整理される可能性もあった。しかし、実際にはこれまで考察してきたとおり、両者の認識の差がテキストの内容において非常に明確に現れることになった。これにとどまらず、認識の差は『越南亡国史』というテキストの構成の特徴によって、さらに固定化されるに至ったのである。以下で、テキストの各部分の特徴を考察しながら、この固定された分裂の状況をみていこう。

『越南亡国史』の「叙」は、梁啓超が書いた文章で、長さは二〇〇字弱である。末尾に「乙巳九月　飲氷識」と書かれ、一九〇五年に梁啓超が記録したことがわかる。[22] 次の「越南亡国史前録」という題名の章には、章のタイトルの下に括弧をつけて「記越南亡人之言」と書かれている。[23] この文章のとおりであれば、「ベトナムの亡国人の言葉を記録した」章となるが、実はこの章の内容はそれだけではない。何故なら、梁啓超が記録の主体となって、ベトナムの亡国人であるファン・ボイチャウとの出会いの経緯や会話後の感想などを書いており、また主な内容となっている両者の筆談においても、梁啓超自身がファン・ボイチャウとほぼ同じくらい発言をしているからである。したがって、長さ約三八〇〇字のこの章は、実は梁啓超とファン・ボイチャウの共著だとみなされるべきであろう。次の「越南亡国史」の章は全四節で構成されているが、章のタイトルの下に、「広智編輯部纂」と「越南亡命客巣南子述」と書かれている[24]。この部分は「ベトナムの亡命客であるファン・ボイチャウの記述した内容を広智書局の編集部が編纂した」と解釈できるが、実際にこの章の中ではこの説明が当てはまる部分と当てはまらない部分が混在している。この章のはじめからファン・ボイチャウが記述した亡国の記録が、「越南亡国原因及事実」、「国亡時志士小伝」、「法人困弱愚瞽越南之情状」の三節に分かれて書かれている。ところが、最後の一節の「越南之将来」は再び梁啓超自身とファン・ボイチャウとの筆談の内容になっているため、以前の節とは明確に区別されている。前の三節が約一万四四〇〇字、また最後の一節が約三六〇〇字で、合わせて約一万八〇〇〇字になっている。そして、本の末尾には、「附録越南小志」という名の附録がついており、この附録名の下にも、「新民叢報社社員編」という説明が付されている。『新民叢報』を刊行していた新聞社の職員がこの附録を編集したという意味であるが、『新民叢報』がほぼ梁啓超一人によって書かれていた新聞であったことから、実質的にこの附録は梁啓超が書いたものとみなされる[25]。附録ではベトナムの地理、歴史、そして中国とフランスとの関係を中心とした国際関係などが述べられているが、その長さは約七〇〇〇字である。

以上の構成から、『越南亡国史』というテキストには、共通点とともに相違点を持っていたファン・ボイチャウと梁啓超のベトナムをめぐる議論が、混在したり、異なる場所を占有したりしながら並存していることがわかる。この並存の状況をまとめてみると、ファン・ボイチャウの議論は「越南亡国史」の前の三つの節で、梁啓超の議論は「叙」と「附録越南小志」で、もっとも純粋な形で現れている。また、「越南亡国史前録」と「越南亡国史」の「越南之将来」では、両者の議論がともに現れている。『越南亡国史』は、梁啓超によって最終的な形態が決められたが、もともと存在していた内容の差は、隠れるどころか、構成によってさらに明確な形で固定化されたのである。

以上のようなテキストの分裂という特徴は、『越南亡国史』の理解・受容において、他のテキストとは異なる条件として働くことになる。まず、一貫した観点に基づいて『越南亡国史』というテキスト全体を理解することは非常に難しくなった。また、テキストの一部分を重視する場合は、どの著者の立場に立つのか、またどの内容を重視するのかによって、異なる『越南亡国史』像が現れることは避けられない。テキストの分裂がもたらすこれらの潜在的な問題性は、大韓帝国の人々による『越南亡国史』の受容の過程において顕在化した。第一に、分裂は『越南亡国史』の理解の困難さをもたらした。同じ朝貢国ではあっても、ほとんど知識を持っていなかったベトナムに対する理解はそれ自体たやすいものではなかったが、テキストの統一性の欠如という状況がそれに加わることで、『越南亡国史』は一九〇五―一九一〇年に朝鮮半島で普及していたポーランド、フィリピン、エジプトの亡国に関する文章と比べ、理解が難しいテキストとなっていた。第二に、分裂は、大韓帝国の人々に『越南亡国史』に対する多様な解釈を余儀なくさせたのである。大韓帝国の人々が、ファン・ボイチャウと梁啓超の間でどちらの意見を重視するか、またこの問題と密接に繋がっているが、テキストのどの内容を重視するかによって、『越南亡国史』の多様な解釈が現れた。次節で、実際に現れた理解の試みと多様な解釈の歴史を考察してみよう。

二　大韓帝国における『越南亡国史』の受容

（1）『越南亡国史』の流入

先述したような特徴を持つ『越南亡国史』は、一九〇五―一九一〇年の間、大韓帝国の人々によるベトナムに関する認識獲得のルートを著しく掌握した。ところで、大韓帝国におけるテキストの受容の前提となるテキストの叙述作業が、ファン・ボイチャウと梁啓超という二人の外国人の仕事だけに終わらなかったことには注意する必要があろう。何故なら、大韓帝国の人々は、幾度かにわたって元の漢文テキストを国漢文混用体とハングルへ翻訳したからである。

一九〇六年の八月から九月にかけて、『皇城新聞』に「読越南亡国史」が連載されたが、この記事の主な内容は『越南亡国史』の翻訳であった。(26) 次に、一九〇六年一一月には、玄采（一八六六—一九二五）訳の『越南亡国史』が国漢文混用体の翻訳として出版された。(27) また、翌一九〇七年には、周時経（一八七六—一九一四）と李相益（一八八一—?）によって、『越南亡国史』のハングル翻訳が行われたのである。(28)

これらのテキストの刊行は、翻訳者である大韓帝国の人々が『越南亡国史』を如何に理解したのかを示す受容の側面とともに、一方ではこのテキストこそが大韓帝国の人々の『越南亡国史』理解の主な底本になったことから、発信の側面をも有していた。この両面性から、これらのテキストは、大韓帝国の『越南亡国史』、より広くはベトナムに対する理解の重要な集合点と評価できよう。そこで、以下の節では、翻訳版に見られるベトナムに対する理解の特徴を検証する。

（2）翻訳、その一：「読越南亡国史」

「読越南亡国史」は、『皇城新聞』に一九〇六年八月二八日から九月五日まで七回にわたって掲載された。『独立新聞』などがハングルで発刊されていたのに対して、『皇城新聞』は国漢文混用体、しかも漢文の色が非常に濃い国漢文混用体が用いられていた。この特徴は、『皇城新聞』の想定していた主な読者が、漢字文化圏の教養を備えていた知識人層であったことと関係している。(29) そして、「読越南亡国史」も、もちろん国漢文混用体で書かれたのである。

「読越南亡国史」の内容は、記者が『越南亡国史』を読んだ感想や意見を述べた部分と、『越南亡国史』の一部を翻訳した部分に明確に分けられる。前者は、初回の第一段落と最終回全部であり、他の部分はすべて翻訳の文章となっている。まず、翻訳された内容を考察してみよう。「読越南亡国史」は字数に制限がある新聞記事であることから、掲載される翻訳は全体の要約か一部の内容かになるしかなかった。実際の選択は後者であった。「読越南亡国史」の翻訳の部分は、原著の「越南亡国原因及事実」、「国亡時志士小伝」、「法人困弱愚瞽越南之情状」の三節の中から選択された内容となっている。これを原著の構成と比べると、「叙」、「越南亡国史前録」、「越南小志」、そして同じく「越南亡国史」の第四節である「越南之将来」が省略されたことになる。この選択を前章で考察したテキストの分裂の状況に照らしてみると、「読越南亡国史」には、『越南亡国史』の中、梁啓超の関与した部分が徹底的に排除されていることがわかる。すなわち、翻訳されている部分は、ファン・ボイチャウが語った部分のすべてを含んでいる反面、梁啓超が関わっている部分は一つも含まれていない。その結果、「読越南亡国史」の中の『越南亡国史』は、もっぱらファン・ボイチャウの文章へと変わったのである。記者は、翻訳を通じて、読者にファン・ボイチャウが語るベトナムの現実との直接的な出会いを提供したのである。

ところで、梁啓超の文章がベトナムの現状を如何に構造的に理解すべきか、そして中国の立場からそれを如何に受け入れるべきかという問いに、彼なりの答えを提供したことを鑑みれば、梁啓超が関与した部分を完全に省略することは、テキストを理解するための理論的な観点と主体的な立場の消滅を意味する面もあった。そこで、これらの問題に対する「読越南亡国史」なりの答えの提供が必要となるが、この役割を担ったのが、『皇城新聞』の記者が書いた初回の第一段落と最終回の文章であった。「読越南亡国史」の初回は、「ああ、亡国の恨みは昔から限度がないが、ベトナムほど惨酷なものがあったのだろうか」という文章で始まる(30)。ベトナムは、当時の亡国の惨状を見せる例として位置付けられた。そしてこの段落は、「ああ、ベトナムはすでにこうなってしまったが、天下万国で将来のベトナムが数多く存在している。その前轍を踏まないように警戒し、ベトナムの自滅を見習わなければ、おびただしい数のフランスがあったとしても何ができるのか。今も筆をとって、これを書きながらベトナムの国民を想うと、思わず涙が流れて再びむせび泣く」という文章で締めくくられている(31)。この文章を紹介した目的が、将来ベトナムのように亡国に陥る可能性がある国家への警告にあることが克明に示されている。この国漢文混用体の文章の読者を考慮すると、この警告は大韓帝国の人々に向けられていたことはいうまでもないだろう。そして、ベトナムの人々に対しては、その苦境をともに悲しむ姿勢を明確に見せている。このような特徴は、最終回の文章でも見られる。記者は「ベトナムとは嘗ては通信もなく、何の関係もなかった」にもかかわらず、なぜ『越南亡国史』で涙するのかという疑問をたてたうえで、「世界列強の中で、このような惨酷なことをする国家がフランスだけではなく、この惨酷さを受けるのはベトナムだけではない」という理由を語りながら、「全国同胞」や「君子」に警告を送っている。(32) ここでも、ベトナムに対する憐憫とその共感の原因となっている帝国主義による侵略という同じ危機的状況の認識、そして大韓帝国の人々に対する警告がつづられている。

以上のように、「読越南亡国史」の著者は、翻訳の前と後に自らの文章を付け加えることで、『越南亡国史』における梁啓超の役割の一部を成し遂げた。すなわち、『越南亡国史』の自国＝大韓帝国的な変容、言い換えれば、ベトナムの話を大韓帝国のコンテキストにのせる役割を演じていたのである。ところが、この翻訳には、梁啓超のもう一つの役割である構造的な理解の提供がほとんど欠けていることも見逃してはならない。すなわち、「読越南亡国史」には、『越南亡国史』に対する、自国の状況に基づいた主体的な受容の姿はあっても、この状況を如何に構造的に把握するか、またその理解に基づいて如何なる克服の方法を提示するかについての記述はなかった。すでにふれたとおり、ファン・ボイチャウの認識の方法からは、亡国を理解し、また克服するための説得力のある論理の提示は期待できない。そして、『皇城新聞』の記者の短い議論でも、この問題は欠落していたのである。

要するに、「読越南亡国史」の翻訳は、ファン・ボイチャウが語るベトナムの現実と直接的な出会いを提供するとともに、ベトナムの経験を大韓帝国の立場から解釈し、受容する可能性を見せていたが、この現象を把握・克服するための理論的な手段を欠いたため、構造的な理解と現実的な対策の提示には大きな欠落を見せていた。この欠落は、さらなる翻訳の必要性と繋がりかねない。この欠落とともに、新しい翻訳を必要とする、より根本的な理由があった。

それは、「読越南亡国史」は『越南亡国史』のほんの一部分の翻訳にすぎなかったという事実に起因する。『越南亡国史』の原典を読んだ側からすれば、「読越南亡国史」はあまりにも不十分なものであった。また、原典を読んでいない人からすれば、「読越南亡国史」の内容に刺激されて、すべての内容を読みたくなるのが自然であった。「読越南亡国史」は広く読まれて影響力を発揮すればするほど、もともとのテキストの翻訳の要求を高まらせることで自身の退場を促すという悲しい運命をもつ文章であったといえよう。そして実際、すぐに新たな翻訳が出され、それが『越南亡国史』の受容を左右することになる。

(3) 翻訳、その二：玄采訳『越南亡国史』とその継承

玄采訳の『越南亡国史』(一九〇六)は、例の著書の大韓帝国における初の本格的な翻訳として出版された[33]。この翻訳は、国漢文混用体という文体が採用されている点においては、『皇城新聞』の「読越南亡国史」での翻訳と同じである。しかし、テキストの一部を恣意的に抜粋するのではなく、テキスト全体を翻訳した点からすれば、『越南亡国史』の翻訳において重要な進展であったと評価できよう。

ところが、この翻訳にも、原著からすれば大きな変容が現れた[34]。第一に、原著の内容の記述に相当な変化があった。たとえば、「越南亡国史前録」の章には、翻訳の過程で一一回の改変があった。次に、「越南亡国史」の章では、「越南亡国原因及事実」の中で七カ所、「国亡時志士小伝」で八カ所、「法人困弱愚瞽越南之情状」で一九カ所、「越南将来」では七カ所が、翻訳の過程で改変されたのである。「附録越南小志」の章に至っては、全五節中、第三節「与法国之交渉」の一部だけを「法越両国交渉」というタイトルで掲載するにとどまっている。この変化の結果、「附録越南小志」の約七〇〇〇字の中で実際に翻訳された部分は七分の一程度になったのはもちろん、もともとの趣旨とは異なりフランスとベトナムの交渉を描く内容となってしまった。

第二に、原著の『越南亡国史』にはなかった内容が多く付け加えられた。本の冒頭には、訳書の序として、安鍾和（一八六〇―一九二四）が書いた短い序が載せられた。(35) それに「越南亡国史前録」の章の最後の部分ではほぼ二頁にわたって、原テキストにはない梁啓超の「朝鮮亡国史略」（一九〇四）の一部が挿入されるという大きな変化も見られたのである。また、本の最後尾には、原著の内容に続けて「滅国新法論」（一九〇一）と「日本之朝鮮」（一九〇五）という梁啓超の文章が付け加えられている。実は、本文の冒頭には「越南亡国史」という原著のタイトルとともに、「附滅国新論」というタイトルが加えられているが、これはこの変化が持つ重要性に関する翻訳者の認識を表している。そして、この二編の文章の量は三〇頁にも及んだために、全九二頁の本の約三分の一を占めているが、その中でも「滅国新法論」が約二八頁という圧倒的な分量となっている。

以上のような省略と追加の存在は、玄采の翻訳でも、漢文から国漢文混用体への言語の変化だけではなく、訳者の意図による内容の改変が行われたことを暗示する。以下で、この省略と追加によって現れた変化を、テキストの分析を通じて考察してみよう。

まず、「越南亡国史前録」や「越南亡国史」の章における五〇カ所程度の内容の変化は、そのほとんどが比較的簡単な内容の省略や注釈の追加であった。ベトナムの詩や諺や歌などの部分の多くが省略され、(36) また大韓帝国の人々に馴染みがない事項に関しての注釈が付けられている。(37) このように、文章の中で繰り返し現れた些細な省略と追加は、ベトナムの人々との感情的な繋がりを感じる可能性を遮断する点と大韓帝国の人々の理解の可能性を高めた点では少なからず意味があったが、翻訳の内実に大きな変化をもたらしたとはいいにくい。

ところが、これらの小規模の改変に比べ、付け加えられた長文の文章がもたらした変化ははるかに大きなものであった。安鍾和の「越南亡国史序」は、「世界が日々開かれて、人文が日々進んで、戦争や弱肉強食のニュースが日々四方から聞こえてくる。このような時期に至って、国家を持つものは懼れて自存を図ることになる」という文章で始まっている。「越南亡国史前録」の後半に挿入された「朝鮮亡国史略」は、「朝鮮亡国史略」の三期の中で最後の「朝鮮が日本の朝鮮になる（朝鮮為日本之朝鮮）」時期に関する叙述である。この文章は、朝鮮をめぐる日本と中国、日本とロシアの侵略・競争の時期に関する二期の記述の後に、日本が朝鮮において独占的な地位を確立していく過程を描いた文章である。「朝鮮亡国史略」の部分を細かく切って繋げたものが翻訳されているが、第一に、原テキストにはあった「一、予備時代」と「二、実行時代」の区別がなくなり、第二に、翻訳の中では段落を変えずにもともとの文章の中に挿入したため、原本を知らない読者には翻訳者による内容の追加という面を知り得ない可能性が多かったと思われる。そして、原テキストの終わった部分に付け加えられた「滅国新法論」は、「国家を滅ぼすことは、天演の公例である。凡そ人間が世界に存在すれば、必ず自存を争う。自存を争えば優劣がある。優劣があれば、勝敗がある。劣って敗れたものは、必ずその権利を優れて勝ったものに呑併される。これがすなわち滅国の原理である」[38]ことを前提にして、近代的に国家を滅ぼす新たな手法を紹介することで、中国人に警鐘を鳴らした文章である。この文章では、エジプト、インド、ポーランドなどの例を挙げながら、借款をわたすこと、軍事的な援助をすること、相手の力を利用することなど、前近代には存在しなかったような新たな滅国の方法を提示している[39]。また、「日本之朝鮮」は、『新民叢報』第六〇号に掲載されている文章であるが、日本が大韓帝国で発生した政治勢力と警察、そして日本憲兵との些細な衝突を口実にし、大韓帝国の司法と警察権力を侵犯したという例をあげて、中国に警鐘を鳴らす内容となっている[40]。ところが、翻訳では、事件の記述については梁啓超の原著を尊重しているものの、中国への警告となっている最後の段落は省略されている。その代わりに、翻訳した部分の最後に、もともとの文章にはない「この時期から朝鮮人の朝鮮ではなく、日本の朝鮮である」という文章を付け加えることで、「日本之朝鮮」、そして『越南亡国史』の翻訳の最後としている[41]。この省略と追加が「日本之朝鮮」の翻訳における唯一の変化であったことは、その特別な意味を物語っている。

以上のように付け加えられた文章は、玄采訳の『越南亡国史』に原著の『越南亡国史』と如何なる差異をもたらしたのか。まず、安鍾和の「越南亡国史序」が世界を「弱肉強食」の舞台とみなす立場から始まることに注目したい(42)。この「弱肉強食」とは、一九〇五―一九一〇年の大韓帝国の知識界を席巻していた社会進化論のもっとも代表的な表現であることは周知のとおりである。また「滅国新法論」は、「天演」の「公例」としての「優勝劣敗」を滅国に関する議論の大前提にしている。そこで、二つの文章はともに、社会進化論の原理に基づいた国際関係一般に対する認識を提供していると評価できよう。これらの文章が翻訳全体の前と後に付け加えられることで、もともとの『越南亡国史』は新たなコンテキストの中に配置されることとなった。すなわち、「越南亡国史序」や「滅国新法論」が提示する社会進化論からの滅国・亡国の一般論が前提となり、その一つの典型的な例としてベトナムの亡国史が位置付けられたのである。

次に、「朝鮮亡国史略」の挿入は、ベトナムの現状と朝鮮の現状を比較の対象として明確に提示する効果があった。玄采はベトナムに関する記述の中に「朝鮮亡国史略」を入れたうえで、その引用部分の末尾には「ああ、これがいわゆる朝鮮滅亡史である」という文章を付け加えている(43)。「越南亡国史」に対比される「朝鮮滅亡史」が名実ともに提示されたのである。このように読者がベトナムの歴史から朝鮮の現状を考えるように促す装置は「日本之朝鮮」の追加にも同じく作動していた。すでにふれたとおり、「日本之朝鮮」の最後の部分は、ベトナムを参考にすべき国家として、梁啓超が想定した清国ではなく、玄采が想定した大韓帝国を明確にあげていたのである。

以上のような分析から、玄采訳の『越南亡国史』は、第一に、国際関係を把握する理論部分を強化することで、ベトナムの亡国を近代的な亡国一般の一典型例として位置付けた点、第二に、ベトナムの亡国を認識・評価する比較の対象として大韓帝国の事例を明確に提示している点において、原著と明確に区別される。

翻訳者である玄采は、なぜこのようにテキストの内容を意図的に変えたのか。彼の意図を直接的に述べている史料が残されていないため、この疑問に関する答えは推測の域を出ないであろう。ただ、玄采は当時の大韓帝国を代表する著述家であり、翻訳家であったため、彼の一連の文章が提供するコンテキストに『越南亡国史』の翻訳を位置付けることによって、相当信頼性の高い推測が可能になると考えられる。[44] しかも、『越南亡国史』は、他の玄采の著作よりもコンテキストが明確に確定できるテキストである。何故なら、玄采が編纂した他の本の中に『越南亡国史』が含まれたため、翻訳者自身がコンテキストを提示しているからである。

一九〇七年に玄采は、『幼年必読』という小学生用の教科書を国漢文混用体の文章で編纂した。そして同じ年に、この教科書を教える教師のための参考書として、『幼年必読釈義』を編纂した。『越南亡国史』は、『幼年必読』の第四巻の第一八課「人類二」に対する参考資料として、『幼年必読釈義』の同じ場所で挿入されたのである。『幼年必読』の第四巻の第一八課には、「人々が禽獣と異なるのは、各々自己の責任を尽くして、国家に対して己の家と同じく用心することにある。……すなわち、今日の世界では以前とは異なって、わが行為を善良にできなければ、わが家を保全できないだけではなく、わが国も保全できないのである。今日の世界各国の興亡する事蹟を見るに、イギリス、アメリカ、ドイツなどが興ることとポーランド、エジプト、ベトナムが滅びることが、すべて人民にかかっている」[45]と書かれている。そして、『幼年必読』の凡例には、「わが大韓帝国の人々は、なお旧習に染まっており、愛国の誠に暗い。故に、この本は専ら国家思想を喚起することを主とし、歴史を総括しながら、一方では地理や世界情勢にも及んでいる」と書かれている。[46] 翻訳者である玄采にとって『越南亡国史』は、このような内容の理解に寄与するものとして位置付けられていた。すなわち、『越南亡国史』は、国家思想＝ナショナリズムを喚起するために必要な作業の中で、世界情勢を教える例として提示されていること、そして具体的には、国家の保全が重要な課題となっている時代に大韓帝国の人々が考慮すべき良い例と悪い例の中で、後者の代表的なものとして理解されていたことがわかる。このような玄采の意図は、『越南亡国史』の広告でも確認できる。一九〇七年一月五日の『皇城新聞』の広告では、「ああ、古今の天下でもっとも悲しむべきものは、亡国の民族である。ベトナムは、わがアジア州の隣国として、ついに今日にはフランスの版図となっているが、これは国民の戒めになる。この本には、ベトナムの亡国の事蹟、および最近の状況が詳しく記載されているため、当代のフランス人による蹂躙の惨状を一目瞭然に知ることができる。愛国の士は必ず一読することを願う」と書かれている(47)。愛国の志士を対象に、亡国への戒めにしようとする意図が、堂々と宣言されていたのである。

以上のような玄采の意図からすれば、もともとの『越南亡国史』は、確かに二つの面において修正の必要があるテキストであった。第一に、ベトナムに関する記述があまりにも煩雑であった。玄采の観点からすると、ベトナムはポーランド、エジプトと同じく、大韓帝国において一つの悪い例にすぎなかった。重要なのは大韓帝国の人々に彼らの将来の亡国の危機感を促すことであって、ベトナムに関する内在的な理解や同感ではなかったのである。その結果、ベトナム人の深い感情の表現である詩や歌などは、省略されても問題にならなかったのであろう。第二に、『越南亡国史』は、世界情勢に関する説明が足りず、また大韓帝国の現実との関係設定はそもそも存在しなかった。世界情勢を教え、その中での国家の生存を図るために国家主義を喚起しようとする立場からすれば、相当な説明を付け加えることが必要とされたことは理解できよう。

以上のような意図によって行われた変容によって、玄采の『越南亡国史』は、大韓帝国の亡国の可能性やそれを克服するための方策に関する議論が盛んに行われた一九〇五―一九一〇年のコンテキスト――とりわけ、ナショナリズムの強化――に当てはまるテキストとして生まれ変わったのである。大韓帝国の人々が日本帝国主義と闘う中で『越南亡国史』を広く読んだという点については、翻訳の際に行われた巧みな編集もその一つの要因であったと考えられる。

一方、玄采の翻訳における修正は、いくつかの負の部分をもたらした。第一に、ベトナムの現状に対する理論的な説明は、それほど明確なものではなかった。その問題は、世界情勢の説明のために付け加えられた「滅国新法論」の時代的な限界にもっとも明確に現れている。梁啓超が日本語訳を経由して、ポール・S・ラインシュ（Paul S. Reinsch：一八六九—一九二三）の「民族帝国主義（national imperialism）」を受け入れて、「新民説」などで本格的な帝国主義論を展開するのは、「滅国新法論」を書いた翌年の一九〇二年であった。すなわち、「滅国新法論」の段階で、梁啓超の帝国主義に関する認識は社会進化論を適用する程度にとどまっており、いまだ帝国主義に関する構造的な理解にまでは進んでいなかった。実に、「滅国新法論」における「滅国」の議論は、事例の紹介の集積にとどまり、帝国主義に関する原理的な説明にはなっていない。その結果、ロシアとポーランドのように、典型的な帝国主義—植民地関係とはいえない事例も混ざっており、大韓帝国がベトナムや世界と繋がるための原理——たとえば反帝国主義——も十分に提供されていなかった。一九〇五—一九一〇年の大韓帝国の政治論が、ナショナリズム、帝国主義、アジア主義などを中心として再編成される中で、『越南亡国史』が少なくとも理論の部分において大きく貢献できなかった原因は、このような限界の結果であるといえよう。第二に、ベトナムという他者に対する深い理解の可能性も低下した。すでに紹介したとおり、『皇城新聞』の翻訳では、ベトナムのケースを見て号泣する自分を発見したことによってもたらされた疑問が、ベトナムとの新たな繋がりの端緒を提供していた。この共感を支えた翻訳の姿勢は、『越南亡国史』の中で、ベトナム人であるファン・ボイチャウが語った内容の重視であった。ところが、玄采の翻訳においては、ファン・ボイチャウの話した部分がしばしば省略された反面、梁啓超の文章は原テキストになかったものが付け加えられるなどで、むしろ増加したのである。その結果、原テキストにおける分裂がもたらした多様な解釈の可能性が、ベトナムに関する外在的な解釈の方向へと一気に傾いてしまった。すなわち、ベトナムの亡国は共感ではなく、観察の対象として、また、世界中に数多くある亡国の事例の一つにすぎないものとして提示されたのである。その結果、ベトナムを内部から理解する可能性は、以前の翻訳と比べて格段に低くなった。

以上のような特徴を持つ玄采訳の『越南亡国史』は、大韓帝国のベトナムに関する理解に決定的な影響を与えた。この影響力のもっとも著しい例示が、他の翻訳の玄采訳への従属性である。すでにふれたとおり、一九〇七年には周時経と李相益によって、『越南亡国史』のハングル翻訳が現れた。ただし、彼らの作業は、正確にいえば、玄采訳の『越南亡国史』を再びハングルへ翻訳したものであった。すなわち、玄采の翻訳の構成や内容を前提としたうえで、周時経は新たな注釈を付け、煩雑な部分をさらに省略することで、大衆が理解しやすいように修正した(48)。また、李相益は玄采の翻訳をさらに大胆に省略しながら、感情の噴出ともいえる文章を付け加えることで、周時経とは異なる方法による大衆化を図った(49)。その結果、これらの翻訳は、すでにふれたような、玄采訳の『越南亡国史』の特徴を基本的に共有しながら大韓帝国に広がることで、玄采訳の影響を高めたのである。

三　大韓帝国における『越南亡国史』の理解

先述したとおり、『越南亡国史』は、原典とともに、それとは明確に区別される内容の翻訳を通じて一九〇五年から大韓帝国に広がったのである。本節では、一九〇五―一九一〇年の間の大韓帝国で、多様なテキストの『越南亡国史』が如何に読まれ、如何に理解され、また如何なる影響を与えたのかを検証しながら、大韓帝国の人々のベトナムに対する認識や自国・世界に対する再認識の歴史を考察する。

まず、『越南亡国史』は一九〇五年の出版後すぐに大韓帝国へ流入され、原著のままで読まれた。たとえば、金允植（一八三五―一九二二）は、流配地である済州島で書いた一九〇六年九月の文章に、「『越南亡国史』を読んだ。ベトナムの亡命客である巣南子〔ファン・ボイチャウ〕が述べ、梁啓超と問答したものである。これを読むと悲憤を感じる。世界中でこれほどまでに横暴、かつ残忍な人種は、フランス以外にあるだろうか。今日の東洋の時勢が日々危迫になるが、わが国が遭遇した状況では、ベトナムのために悲しむ暇もない」と書いている[50]。金允植が『越南亡国史』の内容の中で、『皇城新聞』では省略されている梁啓超との問答についてふれている点、またこの時期は玄采訳の『越南亡国史』が出版される前であった点から、この感想は『越南亡国史』の原著に対するものであることがわかる。金允植の感想には、フランスのベトナム支配の現状に対する怒りが感じられるとともに、ベトナムの現実を「東洋」の危機に繋げることで、ベトナムの現実と大韓帝国の危機を繋げているという特徴も見える。ファン・ボイチャウが主に述べたベトナムの具体像と梁啓超が主に述べた世界一般の両面をともに把握し、それを大韓帝国の現実に繋げていると評価できよう。

ところが、金允植のこの記録に見られるようなバランス感覚の前提となるテキストの状況、すなわち原著の利用は、どちらかといえば例外的なものであった。前節で分析したとおり、原典と翻訳の間に相当な差があったことを考慮すれば、どのテキストを読んでいるかによって、『越南亡国史』に関する理解が異なる可能性が高い。そして、一九〇五―一九一〇年の間に、大韓帝国で広く読まれた『越南亡国史』は、翻訳版であったと思われる。周時経訳の『越南亡国史』の序では、「漢文を知らない人々にもこれを読んでもらうために、わが書館でこのように純ハングルで翻訳して伝播する」と書かれている[51]。大韓帝国の人々の多くが漢文を読めなかった状況を考慮すれば、知識人以外の大韓帝国の人々が漢文の原テキストを読むことはそもそも不可能であったといえよう。より多くの人々が読めたテキストは、国漢文混用体、およびハングル訳であった。そして、実際に翻訳の方が広く読まれたことは、『越南亡国史』の拡散を止めようとした当局の動きからも裏付けられる。一九〇九年五月に内部告示第二七号によって、多数の出版物が禁書になった。その措置の対象になった八種の図書の中に、玄采訳の『越南亡国史』、李相益訳の『越南亡国史』、玄采著『幼年必読釈義』が含まれている[52]。全八種の中に、『越南亡国史』とかかわりを持つテキストが三種も入っていることは、このテキストが当時持っていた影響力の反映であろう。ところが、『越南亡国史』の原テキストは、周時経訳の『越南亡国史』とともに禁書から外されている。大韓帝国で広く読まれ、影響力があったために、政府による取り締まりの対象になったテキストの中に、原テキストではなく複数の翻訳が入っているのは、多くの人々が金允植とは異なって、翻訳から『越南亡国史』を受容した結果だといえよう。

それでは、主に翻訳版によって行われた大韓帝国の人々の『越南亡国史』の受容は、如何なるものであったのか。一九〇五―一九一〇年に刊行されていた新聞と雑誌に見られるベトナムに関する文章を材料にして、この問題を考察してみよう。

まず、ベトナムに対する関心や共感を中心とする受容が一つの流れをなしていた。たとえば、『大韓協会会報』は、一九〇八年に「安南の惨状」というタイトルで、フランス当局による人頭税の引き上げに抗議するベトナム人民の闘争について紹介している[53]。また、次に一九〇九年の『皇城新聞』では、「仏領安南不穏」のタイトルで、「フランス領ベトナムのハノイから三〇キロ離れた地方で暴徒が蜂起したためにフランス政府が三〇〇〇人の兵士を派遣して鎮圧しているが、形勢が非常に猛烈で、無視することができない。しかしフランス当局者はこれを秘密にしている[54]」という記事を香港からの電報の紹介として掲載している。同じく一九〇九年の『新韓国報』には、「驚天動地越南人之血戦」という記事が掲載されているが、そこでは「ベトナム人もフランス人に抵抗して血戦をしたという。ベトナム人の革命の形勢が近年以来さらに膨張して、昨年にはフランス人の軍隊を破り、今年五月にもフランス軍を破った。その行いは、子供の遊びのようなものにすぎないが、その決死の心は敬服すべきである[55]」と書いている。ここでは、ベトナム人のフランス当局による圧政への抵抗の状況に対する関心や彼らの闘争に対する驚嘆が現れている。以上の文章には、ベトナムの現状に対する関心を維持しながら、大韓帝国の立場から判断がなされている点で、『皇城新聞』の翻訳の姿勢と共通性が見られる。

ところが、このような理解は主にベトナム関連のニュースへの消極的な反応として現れるにとどまって、しかも少数であったために、『越南亡国史』の受容の主流とは評価できない。『越南亡国史』の受容以降、明確な増加を見せていた積極的、かつ、本格的な理解の方法は、理論的な枠組みからベトナムを一つの事例として取り扱うものであった。たとえば、一九〇八年の『湖南学報』には以下のような文章が載っている。

帝国主義とは何か。民族主義が既に発達を極め、更に一歩進んで、内には国民の実力を充実にして、外には祖国の特権を広げることである。己の軍隊で他国の境界へ伸張し、己の権威で他国を震撼させることである。その手法には兵力、商業、工業、警察・通信、文字・言語、借款・拓殖、鉄道・鉱山などがあり、その国民の中で強い者には利益を与えることで騙し、その国民の中で弱い者には威勢を見せて脅迫する……ロシアのポーランドとシベリア、フランスのベトナムと膠州湾、イギリスのボーアとインド、アメリカのハワイとフィリピンが皆これである。ああ、わが大韓帝国は東アジアの中心点にあって、版図は大きくないわけでもなく、人口が多くないわけでもなく、土壌も膏沃ではないわけでもなく、風気が温和ではないわけでもなく、山河が険しくないわけでもなく、物産が豊かではないわけでもないのに、何故か今日の惨状に至って、内政と外交はどの家系に託しているのかわからないし、国家の将来と国民の命は誰の手にかかっているのかもわからない。これはわが国民が暗く劣って、民族帝国主義が何者であるかを知らなかったからである(56)。

この文章からは、「滅国新法論」後の梁啓超の議論で明確に提示された「民族帝国主義」の観点から、ベトナムを含めた当時の世界情勢を理解したうえで、その結果から大韓帝国の現状に対して奮起を促す論理が見えてくる。玄采は『越南亡国史』を翻訳する際に、梁啓超の観点に注目してそれをより強化する方向を取ったが、この記事はそれ以降の大韓帝国において、梁啓超の観点からのベトナム亡国の理解がさらに強まっていたことを示している。このような梁啓超の観点の強化は、前節でふれた玄采の翻訳の問題点の中で、ベトナムの現状に対する理論的な説明の限界を解決したという意味があった。すなわち、ベトナムの問題が、地球レベルの帝国主義によるものとして明確に提示されたことで、玄采の翻訳では不十分であった理論的な説明が提供されたのである。

ところが、このような玄采訳の一つの問題の解決は、前節でふれたもう一つの問題の深刻化へと繋がる可能性を含んでいた。すなわち、ベトナムに対する理論的な解釈の強化は、ベトナムという他者に対する深い理解の可能性をより低下させる危険性があったのである。ベトナムの亡国は、帝国主義とナショナリズムにかかわる一つの事例として位置付けられたが、同じ理論から理解されていた当時の大韓帝国をめぐる政治的状況が必要とする事例として利用される傾向がさらに強まる恐れがあった。実際に、大韓帝国の必要からベトナムの事例を断片的に用いる方法が分野を問わず広がった。以下、その例をいくつかあげよう。

まず、ベトナムは大韓帝国の現状批判のための材料として用いられた。一九〇六年の『皇城新聞』には「嘗てベトナムの最近の歴史を読んだが、読むたびにフランスの官吏が人民の税金を苛斂し、膏血を吸い取り、人間の道理が全くないことを嘆いた。思いがけないことにわが国の人民は、わが国人の中で更に異国を持っている」と書かれている。(57)

次に、ベトナムは、大韓帝国の現状に対する危機感を促すための材料にもなった。一九〇八年の『太極学報』には、大韓帝国の官吏による苛斂について批判する中で、比較の対象として、ベトナムの最近の歴史が使われている。「五〇〇〇年の歴史を有するエジプトも民族が昔からのことを守って変わらなかったために、今日イギリス人の虎口を脱することができない。四七〇〇余年の歴史を有するベトナムもその民族が安逸をむさぼることで、今日フランス人に侵略された。ああ、彼のエジプトとベトナムの五〇〇〇年の悠遠な歴史を以前のように享有することが公例であるとしたら、今日大韓帝国がなぜ滅亡の危惧に直面しているのか」という記事が掲載されている。(58) 長い歴史に依存して危機意識が不足している大韓帝国の現状批判のために、ベトナムの事例が使われている。

次に、大韓帝国に要求される方策の提示においても、ベトナムの事例は繰り返し用いられた。たとえば、一九〇八年の『皇城新聞』の記事では、「今日、地球の五つの大陸の内に、文明と富強がヨーロッパ・西洋の諸国のようなものがあるのか。これはおそらく教育がその道を得たことによる。状況が惨憺たるのはベトナムの亡国のようなものがあるのか。これもおそらく教育がその道を得られなかったことによる」といって、大韓帝国の教育における奮起を促す過程で、ベトナムの例を提示している[59]。さらに、『大韓学会月報』には「愛国心の第一の綱領は種族が愛し合うことである。種族が愛し合うことは団合という二字のもっとも明らかな定義である。今日、目をあげて世界のもっとも富強な列国ともっとも貧弱な列邦を観察し、また過去の史跡を参考に証明してみれば、イギリスがイギリスになり、アメリカがアメリカになり、フランス・ドイツがフランス・ドイツになるのと、インド・ベトナム・ポーランドがインド・ベトナム・ポーランドになるのはみな団合力が堅いか堅くないかによるものであると明言できる[60]」と書かれている。愛国のためにもっとも必要な徳目としての団結を強調するという観点においても、ベトナムは他の国家とともに事例として登場している。

そして、亡国の危機からの脱出をもたらす主体に関する議論においても、ベトナムは登場したのである。一九〇七年の『太極学報』の記事には、「青年に知識がなく、青年が腐敗すれば、それはすなわち、歴史が永遠に絶える時であり、国家が滅亡する時である。青年に知識があり、青年が健全であれば、それはすなわち、歴史が光栄な時であり、国家が旺盛な時である。ポーランドの滅亡とベトナムの隷属はポーランドとベトナムの青年が自ら選び取ったものである。アメリカの独立とイタリアの建国はアメリカとイタリアの青年が自ら成したものである。奮起して、勇進せよ、大韓青年。国家の現象を悲観するのではなく、国家の将来を楽観せよ、大韓青年[61]」という文章が掲載されている。大韓帝国の青年に亡国の危機から国家を救うことを期待しながら、失敗した例としてベトナムの青年をあげている。

以上のように、大韓帝国における『越南亡国史』の受容の主流は、原典のバランスのとれた理解でも、ファン・ボイチャウの語るベトナムの歴史に対する共感でもなく、梁啓超が強調した外部からの解釈のさらなる強化と大韓帝国の状況に合わせた利用であった。大韓帝国の代表的な人物をあげれば、金允植でもなく、「読越南亡国史」の著者でもなく、玄采の理解が主流になったといえよう。その受容の歴史は、日本の侵略への抵抗の中で、帝国主義とナショナリズムの対立へと収斂されていた当時の大韓帝国の思想的状況の反映として理解できる。もう一方でこの収斂は、ベトナムという新たな他者との出会いがもたらした自国・世界に対する新たな認識の可能性が挫折した結果としても理解できよう。次の節で、この寄与と喪失の問題について考えてみることで本章を締めくくりたい。

おわりに

『越南亡国史』は分裂されたテキストであった。大韓帝国における『越南亡国史』の受容の過程においてこの分裂は、大韓帝国の政治状況に反応することで、さらに拡大していったのである。具体的には、以下のような二つの典型的な立場が変転したのである。

まず、ファン・ボイチャウが強調するベトナム亡国の歴史に注目することによってベトナムの歴史の内在的な理解やベトナム人との感情的な共感を獲得したうえで、大韓帝国の現状を考える立場が登場した。翻訳としては『皇城新聞』の「読越南亡国史」、そして受容の例としてはいくつかの記事にこのような立場が見られる。この立場には、近代の到来によって新しく認識され、しかも帝国主義によって同じ苦境に立たされているベトナムに対する新たな発見や関係設定の端緒が現れた。次に、玄采訳の『越南亡国史』やこれを継承した周時経と李相益の翻訳、そして当時の新聞や雑誌の記事の多くは、ベトナムの事例を理論的に理解し、また、自国のための事例として利用する梁啓超の言説に注目し、それを大韓帝国の立場からさらに発展させた。その過程で、世界レベルの現象としての帝国主義と植民地化を理解するための一つの例としてベトナムを取り扱い、また大韓帝国の問題を考える際の例として、ベトナムを利用する立場が明確に見られるようになった。結局、以上の二つの立場の中で、後者が主流になったが、日本帝国主義へ抵抗するためのナショナリズムの形成や強化において、この立場によるベトナム理解が演じた役割は少なくない。これまでの多くの研究は、この成果の部分を強調してきた(62)。

ところが、本章の考察からは、この成果が前者の立場の放棄によるものであったことも、記憶しておくべき事実として浮かんでくる。『越南亡国史』の受容の過程において、大韓帝国人が同様の問題に直面し困難な状況にある植民地国家を内部から深く理解し、その理解から自己と他者との関係を再設定する作業は、結局のところ挫折していったのである。その結果、非日中・非西洋の国家の中でもっとも多く議論されたベトナムも、重要な他者として位置付けられないまま、自国の必要に応じて利用できる事例として疎外されたのである。このような挫折は、日本帝国主義の侵略から大韓帝国を守るという当時の至上命題の存在からすれば、受け入れざるを得ないものであったのかもしれない。しかし、その時期から一〇〇年が経過した今日においては、この挫折の意味を再吟味してみる必要があるのではないだろうか。

たとえば、それ以降の韓国とベトナムの歴史は、この再認識の必要性を訴えている。日本帝国主義の支配が終わった後の一九四九年にも、『越南亡国史』は再び翻訳された(63)。玄采の翻訳の内容に従っているこの翻訳も、当時の世界列強の心理が以前の帝国主義の時代と同じであることを示すためのものであって、ベトナムに関する理解を目的としていなかった。独立を取り戻した韓国においても、冷戦下の列強を理解するための例としてベトナムは再び用いられたのである。そして韓国はベトナムの歴史に対する真摯な理解をほとんど欠いたまま、一九六四年に、冷戦の論理に従ってベトナム戦争に参戦することとなったのである。この戦争は、多数のベトナム人からすれば『越南亡国史』の時代から続いてきた独立や統一のための戦争であったが、『越南亡国史』に共感していた大韓帝国の後裔は、奇しくも彼らの敵として戦場に現れたのである。当時、韓国において『越南亡国史』以来のベトナムに対する理解からこの参戦へ反対する言説が存在しなかったことは、本章で紹介したような主流の受容の立場を考慮すればそれほど不思議なことではなかろう。この悲しい歴史は、韓国――そして北朝鮮――に、日本帝国主義への抵抗の歴史が遺した影としての多くの他者に対する内在的な理解の欠如と、その欠如に基づいた自己像や世界像からの脱却という課題を問いかけているのではないだろうか。

（1）姜在彦『姜在彦著作選　全五巻』（明石書店、一九九六年）、金栄作『韓末내셔널리즘 研究』（청계연구소、一九八九年）、および金度亨『大韓帝国期의 政治思想研究』（知識産業社、一九九四年）などを参照。以上の研究は、ナショナリズムに対する肯定的な評価を共有していたが、最近はナショナリズムへ中立的、あるいは批判的な立場からの議論も現れた。代表的な作品としては、朴露子『優勝劣敗의 神話』（한겨레新聞社、二〇〇五年）、アンドレ・シュミット著・糟谷憲一他訳『帝国のはざまで――朝鮮近代とナショナリズム』（名古屋大学出版会、二〇〇七年）、月脚達彦『朝鮮開化思想とナショナリズム――近代朝鮮の形成』（東京大学出版会、二〇〇九年）を参照。ただ、これらの研究も重点を帝国主義とナショナリズムにおいている点では、以前の研究と共通している。

（2）一九〇五―一九一〇年の小国主義については、木村幹『朝鮮／韓国ナショナリズムと「小国」意識――朝貢国から国民国家へ』（ミネルヴァ書房、二〇〇〇年）を参照。また、アジア主義に関しては、金度亨「大韓帝国期 啓蒙主義系列 知識層의『三国提携論』――『人種的提携論을 中心으로』」『韓国近現代史研究』第一三輯、二〇〇〇年六月、七―三三頁などを参照。

（3）李光麟『（改訂版）韓国開化史研究』（一潮閣、一九九三年）、二一―一八頁。

（4）この時期の新聞と雑誌の発展に関しては、鄭晋錫『韓国言論史』（나남出版、一九九〇年）、一五七―二七五頁を参照。また、印刷や図書館の発達による知識・情報の拡散については、金鳳姫『韓国開化期 書籍文化研究』（梨花女子大学出版部、一九九九年）を参照。

（5）博文局編『漢城旬報』。

（6）『清会典』（中華書局、一九九一年）、巻三九、三五四頁。

（7）朝鮮とベトナムの朝貢使節の中国での交流については、清水太郎「ベトナム使節と朝鮮使節の中国での邂逅（一―五）」『北東アジア文化研究』第一二・一四・一六・一八・二二号、二〇〇〇―二〇〇五年を参照。また、朝鮮半島におけるベトナムのイメージについては、姜在哲「韓国古典小説과 越南」『比較民俗学』第一八輯、二〇〇〇年二月、一〇一―一一五頁を参照。

(8) 大韓民国国民のベトナムなどの弱小国家に対する認識については、李民煕「一九〇〇年前後 開化期新聞에 나타난 弱小国家認識態度 研究」『大東文化研究』第四六輯、二〇〇四年六月、二〇九―二四七頁を参照。
(9) 潘佩珠「獄中記」潘佩珠著・長岡新次郎他訳『ヴェトナム亡国史他』（東洋文庫、一九六六年）、一二四頁。原著は、一九一四年に上海にて漢文で出版された。
(10) 劉仁善「판 보이쩌우 (Phan Bội Châu, 一八六七―一九四〇) ――彷徨하는 베트남 初期民族主義者」『歴史教育』第九〇輯、二〇〇四年六月、一八六頁。
(11) 潘佩珠『越南亡国史』（広智書局、一九〇五年）、四一頁。
(12) 同書、四六頁。
(13) 同書、四六―四七頁。
(14) 同書、四七頁。
(15) ファン・ボイチャウの経歴と思想の変遷については、白石昌也『ベトナム民族運動と日本・アジア――ファン・ボイチャウの革命思想と対外認識』（巌南堂書店、一九九三年）を参照。
(16) 潘佩珠『越南亡国史』、九頁。
(17) 梁啓超の日本を経由した西洋の受容については、狭間直樹編『共同研究　梁啓超――西洋近代思想受容と明治日本』（みすず書房、一九九九年）、鄭匡民『梁啓超啓蒙思想的東学背景』（上海書店出版社、二〇〇三年）、石云艶『梁啓超与日本』（天津人民出版社、二〇〇五年）を参照。
(18) 潘佩珠『越南亡国史』、五頁。
(19) 梁啓超「顧問政治」梁啓超著・夏曉虹輯『飲氷室合集　集外文（上）』（北京大学出版社、二〇〇〇年）、一二五〇頁。
(20) 梁啓超「読『今後之満州』書後」同書、一二七二頁。
(21) 潘佩珠『越南亡国史』、一頁。
(22) 同書、五頁。
(23) 同書、一頁。
(24) 同書、一頁。
(25) 『新民叢報』における梁啓超の位置については、丁文江・超豊田編『梁啓超年譜長編』（上海人民出版社、二〇〇九年）、一七九―一八一頁などを参照。

(26)「読越南亡国史」『皇城新聞』、一九〇六年八月二八日―九月五日。
(27) 潘佩珠著・玄采訳『越南亡国史』（普成館、一九〇六年）。
(28) 潘佩珠著・周時経訳『越南亡国史』（博文書館、一九〇七年）と潘佩珠著・李相益訳『越南亡国史』（玄公廉発行、一九〇七年）。
(29)『皇城新聞』の中心人物とその思想については、朴賛勝『韓国近代政治思想史研究――民族主義右派의 実力養成運動論』（歴史批評社、一九九二年）、六九―八二頁を参照。
(30)「読越南亡国史」『皇城新聞』、一九〇六年八月二八日、二面。
(31) 同右。
(32)「読越南亡国史」『皇城新聞』一九〇六年九月五日、二面。
(33) 翻訳者である玄采の活動は、訳官家系という彼の家系の歴史を考慮しながら理解すべきである。このような観点から玄采の翻訳活動について行われた研究としては、金良洙「朝鮮転換期의 中人집안活動――玄徳潤・玄采・玄楯等 川寧玄氏 訳官家系를 中心으로」『東方学志』第一〇二巻、一九九八年一二月、一八五―二七二頁を参照。
(34) 再版が初版よりはるかに大きな影響を残したことから、玄采訳の『越南亡国史』に対する分析は、再版（潘佩珠著・玄采訳『越南亡国史』［玄公廉、一九〇七］）を底本にする。
(35) 同書、一頁。当時の安鍾和の思想については崔起栄『韓国近代啓蒙思想研究』（一潮閣、二〇〇三年）、一一七―一三八頁を参照。
(36)「越南亡国史」の中で省略された詩、諺、歌の例を一つずつあげておく。フランスがハノイを占領した際に、義兵を起こしたが失敗し、自決した阮高の死を悲しむ詩が省略された（潘佩珠『越南亡国史』、二頁）。次に、フランスが様々な名目で税金を収奪することに対するベトナム人の風刺の諺も省略されている（同書、二八頁）。また、「越南亡国史」の最後の部分で、ファン・ボイチャウがベトナムの兵士がベトナムを裏切ることはないと主張する根拠として、フランスとの対決を促す歌を紹介しているが、これも省略されたのである（同書、五〇頁）。
(37) 例えば、「越南亡国史前録」で撲満という言葉の後に割注をつけて、その意味を説明している（同書、五頁）。
(38) 梁啓超「滅国新法論」『飲氷室合集Ⅰ』（中華書局、一九八九年）文集巻六、三二頁。
(39) 同書、三三―四七頁。
(40) 梁啓超「日本之朝鮮」『飲氷室合集Ⅱ』（中華書局、一九八九年）、文集巻一四、三一―三三頁。

(41) 潘佩珠著・玄采訳、前掲書、九二頁。
(42) 同書、一頁。
(43) 同書、一四頁。
(44) 玄采のコンテキストの把握のためには、彼の著作に関する包括的な理解が必要となる。玄采の著作全般に対する書誌学の観点からの研究については、정은경（Chung Eun-Kyung）「開化期 玄采家의 著・訳述 및 発行書에 関한 研究」『書誌学研究』第一四輯、一九九七年一二月、三〇三―三三四頁を参照。
(45) 玄采『幼年必読』（徽文館、一九〇七年）巻四、二九―三〇頁。
(46) 同書、一頁。
(47) 『皇城新聞』一九〇七年一月五日、四面。
(48) 周時経訳の『越南亡国史』は、構成の面では、原著に「滅国新法論」と「日本之朝鮮」を加えたこと、内容の面では、玄采が省略や添加した内容がほとんどそのままになっていることから、玄采の翻訳の延長として理解できよう。玄采の翻訳との差としては、内容の省略と添加とともに、第一に、序が安鍾和のものから、博文書館の盧益亨のものへ変わったこと、第二に、原著に当たる部分に、章や節の区別が一切なくなったことくらいである。潘佩珠著・周時経訳、前掲書を参照。
(49) 李相益訳の『越南亡国史』は、構成や内容を周時経訳の『越南亡国史』とほとんど共有するが、「滅国新法論」と「日本之朝鮮」のタイトルも省略されて、構成部分の区別が完全になくなったことが一つの特徴である。潘佩珠著・李相益訳、前掲書を参照。
(50) 金允植『続陰晴史　下』（国史編纂委員会、一九六〇年）、一八七頁。
(51) 潘佩珠著・周時経訳、前掲書、三頁。
(52) 『旧韓国官報』一九〇九年五月七日、告知。
(53) 「外国情形」『大韓協会会報』第四号、一九〇八年七月二五日、四五頁。
(54) 「仏領安南不穏」『皇城新聞』一九〇九年九月二二日、二面。
(55) 「驚天動地　越南人（베트남인）之血戦」『新韓国報』一九〇九年一〇月一九日、一面。
(56) 崔東植「晨鍾普警　続」『湖南学報』第四号、一九〇八年一〇月二五日、八頁。
(57) 「大韓農商協同会社」『皇城新聞』一九〇六年一〇月三〇日、二面。
(58) 松南「旧染汚俗咸與維新」『太極学報』第二四号、一九〇八年九月二四日、八頁。

(59)「南校拡張」『皇城新聞』一九〇八年四月二五日、一面。
(60)呉政善「団合은 富強을 産하는 母」『大韓学会月報』第一号、一九〇八年二月二五日、三〇頁。
(61)金志侃「青年의 歴史研究」『太極学報』第一六号、一九〇七年一二月二四日、四頁。
(62)崔起栄「国訳『越南亡国史』에 関한 一考察」『東亜研究』第六輯、一九八五年一〇月、四八七―五〇六頁と崔博光「『越南亡国史』와 東아시아 知識人들」『人文科学』第三六輯、二〇〇五年八月、七―一一頁を参照。
(63)潘佩珠著・金振声訳『越南亡国史』(弘文書館、一九四九年)。

9 国際関係の中の「保護」と「併合」
——門戸開放原則と日韓の地域的結合をめぐって

浅野 豊美

はじめに

一九〇八年五月一〇日の日曜日、アメリカの新聞『ワシントンポスト』は、「韓国におけるアメリカの利益に対する日本の辛辣な挑戦（Japan's Bitter War on American Interests in Korea）」と題する、全面見開きの特集記事を、同社の特別通信員でソウルに滞在するトーマス・ミラード（Thomas F. Millard）の三月三一日付の署名入りで掲載した（図1）。そこには、アメリカ企業、コルブラン・ボストウィック社の韓国甲山における鉱山開発利権の由来とそれをめぐる日本の韓国統監府の措置が詳細に批判的に紹介されていた。また、同社がソウルに敷設した電車に乗る韓国服を着た人々の写真と、前々月に暗殺されたアメリカ人の韓国政府顧問スティーブンスの写真も、見開き全面記事の中に大きく掲載され人目を引いた。

この記事の中心をなしたのは、韓国保護にあたって日本は「門戸開放」（open door）政策をとると約束したはずなのに、それが守られず徐々に日本の会社が外国企業の権益を買い上げる形で、排他的な経済圏が構築されつつあると

THE WASHINGTON POST: SUNDAY, MAY 10, 1908.

JAPAN'S BITTER WAR ON AMERICAN INTERESTS IN KOREA

図1　『ワシントンポスト』紙 1908 年 5 月 10 日付（マイクロ版のためゆがむ）

いう批判であった。また、日露戦後にアメリカが好意で日本に認めた韓国への保護権が徐々に拡大され、韓国皇帝の権限が縮小されることにより、韓国において日本以外の外国では最大の権益を保持してきたアメリカ資本が撤退を余儀なくされており、それは門戸開放原則への裏切りのせいであるとも批判されていた。

この記事の一週間後には、日米間で韓国におけるアメリカ人の工業所有権を日本が法令で保護し、その代わりに在韓アメリカ人は治外法権を放棄して在韓日本裁判所の管轄権に服するという条約が結ばれていることから[1]、この記事は工業所有権問題への牽制とも、あるいは、それが解決しても、鉱山利権問題が残っていることの反発とも読めるであろう。この記事はスティーブンス（Durham Stevens）がソウルを発ってワシントンに向かう途中、同年三月二三日にサンフランシスコで韓国人から襲撃され、その二日後に病院で死亡した事件直後の三月末に執筆されたもので、船と鉄道でソウルからワシントンに写真と共に送られ掲載されたと考えられる。この記事の約一ヶ月後の同年六月一八日、アメリカ企業、コルブラン・ボストウィック社の鉱山特許権問題は、伊藤博文統監の裁断によって、私的所有権としての特許ではなしに、韓国鉱業法上の開発許可として承認されるが[2]、その詳細は他稿に委ねる。

本章は、アメリカを中心とする外国資本に対して、日本の統監府が実施した「門戸開放」政策がいかに韓国保護政治に反映されていたのかを焦点にして、保護から併合へと向かった政治過程を逆に照射し、「保護」政策の内実が質的に変化したダイナミックな力学を捉えんとするものである。「門戸開放」政策に焦点を当てるのは、それが韓国「保護」期に指向された治外法権廃止政策の質的な変化を指し示す重要な指標としての役割を果たしていると考えるためである。

他の論考で論じてきたように[3]、そもそも伊藤統監の保護政治の最終目標は、治外法権の廃止政策と、それをステップとする「日韓協同の自治」の達成にあった。門戸開放という原則は、日本人を他の第三国の外国人と同じ法的地位に置く点で、韓国人、日本人、その他の外国人、この三者の関係を法的に規制する根本的な原則と考えることができる。治外法権廃止後に施行されるべき領域的な法制度の性格を左右する重要な原則といえよう。

また、様々な内実と方向性をもった「保護」が現実の併合を生みだす途中の段階には、保護政治の現実、そして構想としての様々な複数の「併合」も存在したはずである。本章においては、現実としての併合の「不当性」・「不法性」を現代的価値に基づいて議論する前提として、構想としての「保護」や「併合」が、いかなる過程を経て現実としての併合につながっていったのか、そのプロセスの政治的力学の解明の一助として、門戸開放問題との関係から治外法権廃止問題の展開を改めて検証していくこととしたい。

一 「保護」の性格変化と門戸開放――外交委託から内政関与へ

国際関係の中で列国から承認された「保護」の内実を考える際、列強との国際関係の中で承認された「保護」権と、実際に第二次日韓協約によって日本が韓国から得た権利との間には、大きなギャップがあったことに注目する必要がある。[4] 一九〇五年九月のポーツマス条約によって、ロシアが日本に認めたいわゆる保護権は、「政事上、軍事上及経済上ノ卓絶ナル利益」を日本が有している前提で、韓国に対して日本が「指導、保護及監理ノ措置」をとることを認めるとしたものであった。一方、第二次日英同盟条約では順序が異なり、「指導、監理、保護」の権利が日本に認められたが、小村寿太郎は、指導（advise）、保護（protect）、監理（control）の順序に沿って、韓国の外交のみならず内政一般にも日本の影響を及ぼしていくことを指向していた。[5] しかしながら、日韓の二国間で設定された保護関係においては、「韓国ノ富強ノ実ヲ認ムル時ニ至ル迄」の間、「韓国ノ外国ニ対スル関係及事務ヲ監理指揮」することが認められたにすぎず、[6] 桂・タフト協定でアメリカが日本に認めた保護権も、外交権の委託にすぎなかった。[7]

「保護」の内実が外交権の委託にすぎないものであるのか、内政にも指導や監理を及ぼすことができるのかという問題は、単なる条約文の字句の問題にとどまらず、実際上の問題を引き起こしていた。[8] 一九〇六年、アメリカと日本との間では、韓国におけるアメリカ人の治外法権廃止を、不正商品の横行していた工業所有権部分に限って実行する交渉が進められたが、その際に内政に属する工業所有権法制整備を行うにあたっては、いかなる形式でその法制を韓国で準備するべきかという問題が生じた。日韓の対等条約を工業所有権に関して制定し、その付属協定という形式で国内法制を整備しようとする外務省に対し、韓国政府の外交顧問を務めてきたスティーブンスは反対であり、[9] 伊藤統監もスティーブンスを支持した。

スティーブンスによれば、日韓条約に向けて「韓国政府ノ同意不同意ニ拘ハラス交渉ヲ開ク事ハ容易」であるが、「将来帝国政府カ韓国ニ関係アル国際条約ヲ締結スルノ必要アル毎ニ予メ韓国政府ノ同意ヲ求ムルノ先例」となってしまい、せっかく委託された外交権が内政を掌握する韓国政府の掌中に実質的に握られてしまうことが問題であった。この指摘を受けて伊藤統監は「韓国ニ於ケル帝国政府ノ対外政策上大ナル障碍物ヲ作成」することは避けるべしと判断し、日米交渉自体を遅らせたのであった(10)。

ちょうどその時タイミング良く、ハーグ平和会議に韓国から密使が派遣されたことを事前に察知した伊藤統監は、内政関与を認めさせるための格好の口実としてその事件を政治的に利用した。すでに伊藤統監は一九〇七年五月八日の段階で韓国人密使とその代弁人となったアメリカ人ハルバートが京城を出発したとの情報を把握しており(11)、同月一九日の外務省宛電報で伊藤は、「韓帝ノ外国ニ向テ運動セラルル隠謀」や「専ラ露仏ニ信頼シ独立ヲ回復セムトノ企画」を逆に利用して内政関与の口実とするべく、事件の発覚を待っていた状態であった。

実際、ソウルにいた駐韓アメリカ総領事のトーマス・サモンズ（Thomas Sammons）も、伊藤が密使の到着「数週間前にその派遣を知っていた」こと、一方の高宗もアメリカ領事の知人に対してハーグへの密使派遣の事実を事前に告白していたこと、さらに、それにもかかわらず伊藤統監は公の場において密使派遣の事実が明らかになるまでは一切を知らぬそぶりで通したことを証言している(12)。

伊藤統監はハーグ事件を「一歩ヲ進ムル条約ヲ締結シ我ニ内政上ノ或権利ヲ譲与セシムル」格好の機会と見ていた(13)。韓国皇帝高宗の国際社会に向けた働きかけの事実をタイミング良く利用することで、韓国の内政から皇帝権力を排除し、日本の指導のもとで「改革」を推進できる体制を国際的承認の下で作ろうとしたのである。ハーグ事件とそれを契機とした高宗の退位により、外交権の委託にすぎなかった保護権は、国際社会における内政への一般的監督権を意味する国際関係上の保護権へと、大きく性格を変えたといえる(14)。

ハーグ事件が一段落した直後、伊藤統監は駐韓アメリカ総領事サモンズを私邸に招き事件の内幕を直接内々に語っているが[15]、それによれば、伊藤統監がハーグ事件を契機に目標として追求したのは、韓国で国家評議会、もしくは閣僚会議（the Council of State）を設立することであった。そこが国璽を管理し国家機構の中心となり、日本の指導のもとで「改革」を進めることを伊藤は最善の方策としていた。実際、高宗の退位と新帝・純宗の即位が七月一九日と二〇日にかけて行われ、改正された協約に基づき、軍隊の解散、宮中警護設置による皇帝との面会者の管理、宮中財産である鉱山の農商務省への移管、警察による集会取締り強化、裁判所の政府からの分離、日本人の要職への登用等、一連の内政上の体制刷新が行われたが、伊藤統監本来の刷新構想では、韓国皇帝から行政権や命令権に係るあらゆる機能を取り上げ、皇室財政と政府財政を分けることが念頭に置かれていた[16]。皇帝から分離された行政権の主体として国家評議会の設置が志向されていたといえよう。

また、事件直後に東京から長期出張として訪韓してきた林董外務大臣も、アメリカのソウル領事と面会した際には、韓国の適切な「行政組織」（organ of administration）を司法組織から分離させ、合わせて「内閣」と「議会」（Parliamentary Council）の設立も予定していたことをアメリカ領事は証言している[17]。事件直後の伊藤統監と林外相によるこれらの構想は、日本側の文献にはほとんど残されていないが、アメリカのソウル駐在領事に向けて当事者が口頭で語ったとされており、事件進行中のこうした構想は、日本がアメリカからの了解の上に保護を進めようとした証拠でもある。

アメリカ領事は、また、ハーグ事件を契機に構想された最良の選択肢、つまり皇帝を権力機構の実質的な中心部分から排除する計画を断念した後、実際に日本が選択したのが、新皇帝を可能な限り父の旧皇帝から引き離す政策であったと証言している[18]。さらに、新皇帝は「近代化」の象徴として日本の統監府が望むままに行動することが期待されており、即位した七月二〇日の一週間後に断髪を実行し、国家的祭典において軍服を着用した[19]。統監府の期待通りに新皇帝が行動すると期待されたのは、林董外務大臣から駐韓アメリカ総領事サモンズに口頭で伝えられたところによると、新皇帝の「精神が薄弱で、白痴のような傾向」さえあるため、統治行為を新皇帝が行うには適切な補佐が必要な状態にあったためであった。

しかし、新帝を旧帝から引き離す必要があるという、内政関与に関わる日本側の説明に関して、サモンズ領事はこれらが新たなトラブルの火種となると観測していた(20)。実際、当時、新帝は高宗の代理にすぎないとする風説を流した人物が陰謀者として逮捕されることで高宗が孤立したり、解散を命じられた軍隊の将兵が地方に義兵となって下ったりすることで、韓国人側の反日感情は極度に高まった。それと同時に、東京では政友会を中心に、高宗は明治天皇に直接謝罪すべく東京に来るべきとの日本人側の反感も拡大していた(21)。日本の『国民新聞』は事件を契機とした韓国の日本帝国への吸収・併合を主張していたし、在韓日本人は純宗が最後の皇帝となるだろうとさえ堂々と噂する状態であった(22)。最終的に高宗は新帝と距離を置いて別な宮殿に住むことを受け入れるが、それを条件として高宗は東京行きを拒んだと考えられる。

日韓双方で民族的反感が高まる中にあって、伊藤統監は韓国皇太子の日本留学を一九〇七年一〇月に実行するなど、「日韓協同の自治」という構想を推進していった(23)。これは「精神薄弱」の純宗を高宗から引き離し、統監府が主導する内政「改革」の象徴とすると同時に、他方で、日本国民には皇室内部の事情を一切伏せて韓国皇室を尊敬させ、そのことにより韓国国民にも日本皇室を尊敬させることで、両皇室と両国民がクロスの敬愛関係を築くことを目標としていた(24)。統監が関与することで、韓国皇室の政治的関与を封じる代わりに、皇室を聖なる存在へと引き上げることが、様々な政府機構の変革を試みた統監府による内政関与の中核部分であったといえよう。

二　欧米からの期待と国際公約——門戸開放原則に則った「保護」の展開

しかし、外交権の委託にとどまらない、統監の内政関与権を含んだ「保護」(protection) が日韓の間で第三次日韓協約として条約化されても、韓国の国際法上の法人格そのものを消滅させるという意味の「併合」(annexation) が、国際的に承認された日本の「監理」(control) 権に含まれるという解釈は、この時点では全面的に採用されてはいなかったと考えられる。なぜなら、内政上においては、新帝の即位により日本を信頼する韓国人閣僚を中心とした「改革」が進むことが期待されており、外交の上でも、併合は門戸開放原則を公然と否定することになるためであった。

列強から保護を認めてもらうにあたって、伊藤統監は門戸開放原則を国際公約としていたといえよう(25)。実際、ハーグ事件前のことになるが、伊藤統監は韓国駐在の列国領事に対して、土地整理と鉱山法制定の必要性を述べつつ、日本は門戸開放原則のもとで保護政治を推進すると言明していた(26)。また、一九〇六年一二月に統監私邸において韓国駐在アメリカ総領事サモンズと会見した際にも、韓国の牧畜業への外資の参入を門戸開放原則に従って認めるとし、さらに続けて、一般の外国人にとっては、実際の実例を自分の目で見るまで、門戸開放原則が韓国に公平に適用されると信じることは難しいであろうが、日本の政策は門戸開放原則に基づいて推進されると繰り返し述べている(27)。

さらに、門戸開放原則には直接の言及はないものの、英米の側にも伊藤統監による「文明」的改革への期待を窺わせる記録が残されている。当時の東京駐在イギリス武官は、宮中筋からの情報として幼少の時からの「盟友」として伊藤を背後から支えてきた明治天皇自身が韓国の併合に反対しており、伊藤統監は明治天皇の陰からの支持に基づいて韓国保護政策を実行していたと証言している(28)。また、ハーグ事件直後の一九〇七年九月末に東京を訪問したタフト陸軍長官は、日本の林董外務大臣に会見した結果として、林外相はじめ政府の要路の指導者の多くが韓国の併合を望んでも、それが行われないのは、財政上の余裕がないことに加えて、伊藤博文統監のような影響力のある人物が反対しているためであると告白されたことを証言している(29)。

一方、ハーグ事件後、アメリカ政府は日本の韓国「保護」を、内政一般への日本の関与を意味するものとして受け入れたが、この政策変更は門戸開放原則尊重による文明的改革への期待と一体のものであった。一九〇七年の七月、ハーグ事件が進行する中、韓国人や一部の外国人の間にはアメリカの行動に対する期待が一時的に高まった。それはアメリカが日本に対して何らかの具体的な行動を取ってくれるのではないかという期待であったとソウルのアメリカ領事は観察している(30)。ロシアやイギリスが日本の指導・保護・監理を了解していたのに対し、桂・タフト協定におけて外交権の委託しか承認していないアメリカであればこその期待であったと考えられよう。しかし、その期待が高かった分だけ、アメリカ大統領がアメリカを訪れたハーグ密使への会見を拒否したことは、韓国側の大きな失望へとつながった。アメリカが正式に日本の韓国内政への関与を「保護」権の意味として認めだしたのは、事件の二ヶ月後の一九〇七年九月末、タフト陸軍長官が日本を再訪し、林外務大臣との会見後に日本商工会議所で行った演説からであった(31)。タフトは「未発達な国民」が長期的不安定さのために貿易秩序に生じている一種の亀裂となっていること、強国が「正義と文明」の名によってその福祉向上を援助する必要があるとの認識を示し、日本の韓国保護は、文明の使命を日本が担うものであるとして、それを肯定したのである。そもそもタフト陸軍長官による一九〇五年七月と一九〇七年九月の二度の極東訪問は、門戸開放原則を実際の貿易拡大へと結びつけんとしたタフトの政策的意思の表れであり(32)、それが一九〇九年一月にタフトが大統領に就任してから、本格的に展開され始めたドル外交の原型であった。門戸開放原則の尊重は、伊藤が内政関与を開始するにあたり、タフトと交わした暗黙の了解であったとさえいえるであろう。冒頭で紹介したワシントンポストの記事が、門戸開放原則の下で「文明」と「進歩」に向かうはずの日本の韓国保護下におけるアメリカ人差別を排撃していることは、門戸開放原則を維持するとした国際公約が裏切られていることを糾弾するものに他ならない。

門戸開放原則の適用が問題となる具体的な政治問題が発生する時、統監府は、常に英語によって列強に、保護の内実を説明し理解を求める姿勢を絶やすことはなかった。政治問題化した事件としては、韓国の水道事業・電車鉄道分野で日露戦争前から活動してきたコルブラン・ボストウィック社に対する甲山鉱山利権問題、英国民のベセルによる『大韓毎日新報』への援助に絡まる言論取り締り問題、教会が支援する学校教育問題、そして家屋税・煙草税からはじまり土地税へと至る課税問題、そして不逮捕特権をめぐる治外法権廃止問題があったが、これらに対し日本の統監府は、英文の報告書「韓国における改革と進歩」(Reforms and Progress in Korea)をアメリカとイギリス向けに発行して説明を行った。実際、一九〇九年一月の報告書では、日本が治外法権廃止の先頭を切るとまで宣言されていた。(33)(34)門戸開放原則を維持しつつ、日本は治外法権廃止を推進するとの意志が表明されていたのである。

三　欧米の資本と技術への依存と門戸開放をめぐる摩擦

門戸開放原則を維持するという前提で進められていた治外法権廃止問題は、やがて保護政治の大きな焦点として浮上してくることになる。それが国際公約のごとき存在として日本側で受け止められていた背景には、日本の対韓政策自体が欧米諸国からの資金と技術によって展開されていたという事情があった。

特に技術面で、鉄道・海運・電信・電話等のインフラ整備と水道・電気・電車等の機械類の輸入は、一九〇七年以後に一〇〇万円を超え倍増の勢いを示していた。(35)一九〇七年の「欧米諸国」からの輸入総額は、繊維製品と合わせ、朝鮮全土の輸入額四一四三万円のうち、約四分の一近くの九六〇万円に達した。欧米からの機械類中心の韓国への輸入超過分を支えたのが、日本政府から韓国政府に対して行われた資本貸付であった。

それらは政府間の直接融資、大蔵省預金部の財政投融資、そして日本興業銀行・朝鮮銀行・第一銀行からの対韓政府融資によって構成されており、そのかなりの部分は、日露戦後の財政赤字の中でロンドンの金融市場から調達されていた。一九〇八年度と翌年度、日本興業銀行は英仏で「第二期起業資金債」を発行することにより、それを改めて韓国政府に貸し付けた。英仏で発行された債権は、利率が六分五厘という高額であったため、「英仏両国の資本家が「競うて之に応する」という状況であった(36)。日本興業銀行が起債した一九〇六年三月の第一期起業資金債は、五〇〇万円で五年据え置きの一〇年償還、一九〇八年一二月の第二期起業資金債は一二九六万三九二〇円で、一〇年据え置きの二五年償還であった(37)。こうして英仏の金融市場から調達された資金が、水道設備や電車・電気設備等々の各種インフラを支える機械の輸入、設備投資となって、保護下の韓国において「何人の目にも映する事業」に投資されていた(38)。

門戸開放原則を維持するという前提で列強の資金と技術力を直接呼び込むことは、韓国統治にも貢献するはずであると伊藤統監を中心とする統監府側は考えていた。こうした姿勢の表れこそ、伊藤統監が、イギリスからの莫大な資金投資を受けて活動するアメリカ企業コルブラン・ボストウィック社に対して、韓国最北部の甲山で金鉱山を採掘する権利を一九〇八年六月に許可した事件であった(39)。伊藤統監は日本人官僚と韓国人閣僚に対して、この鉱業権認可は、アメリカが工業所有権分野での治外法権廃止に応じたことへの見返りであると説明したが、他にも、アメリカ資本の導入によって韓国で鉱業が発達すれば、「外国資本は益々多く韓国に流入し之が為に韓人は自ら間接の恩沢を被むるに至る」と説明している。門戸開放によって英米の資本が流入して鉱山開発が行われ、それにより甲山郡全体に軽便鉄道の敷設、水力発電と道路の整備が行われれば、建築用材木の伐採と建設のための労働力需要が発生し、外国資本が末端の民衆に散布されることにより、門戸開放の「間接の恩沢」は韓国全体に波及するはずであった(40)。

実際、伊藤統監は、アメリカ領事サモンズに対して、日本の資本不足を語っている。また、渋沢栄一も一九〇六年の時点で日本の資本力は、鉄道・銀行・船舶に限られているとして、鉱業へのアメリカ資本導入を認めていた。伊藤によれば一九〇八年度の「金銀地金輸出入を対照するに輸出の輸入に超過すること百七十七万三千余円」であったが、この額はほぼ一九〇八年度の関税収入に匹敵し、韓国全土の地租六〇〇万円の四分の一を上回っていた(41)。伊藤が一九〇九年の新年に純宗の南北巡幸に陪臣として付き添い、甲山近くの北韓で演説した際にも、アメリカ人の経営する「雲山金鉱」は、「地金」を日本に輸出することにより貨幣の輸入に貢献するもので、決して盗んで持ち出しているのではないと直接韓国の民衆に通訳を通じて語っている(42)。

しかし、外資の鉱業への参入に関する楽観的展望の一方で、治外法権が存在している限り、それは日本人官僚からは警戒の対象であった。一九〇八年六月、林外相は不動産・鉱山・森林の分野で、アメリカ企業が日本の鉱山行政権に従わない場合を想定し「管轄問題に関し或約束を設けて予約を締結すること」を主張していた(43)。それに対して伊藤統監は、日本人にも外国人にも現行の鉱業法に拠って鉱山採掘権を許可しており「外国人の規定違反に対する制裁は行政上の処分として何時にても鉱業の許可を取消すことを得（鉱業法第一二条）るを以て御懸念の如き憂なし」(44)、「韓国現下の状態に於ては外国人に対する制裁は行政処分を以て其の権利の基礎を取消すの手段に依るの外無し」とした(45)。

一方、コルブラン・ボストウィック社は、鉱山採掘用の土地を私有財産として登記することを希望し、たとえ日米戦争になったとしても、その戦後に財産が保全されるような法的地位を求めていた(46)。また、コルブラン側に言わせれば、コルブラン会社がソウルにおける電力事業に相当な投資をし、高宗にその利益の半分を提供すると申し出たことの対価として、コルブラン社は甲山鉱山開発の権利を提供されたものであるため、他の鉱山とは異なる営業形態が認められるべきというのが私有財産主張の根拠であった(47)。

伊藤統監の主張は、両者の中間を取ったものということができる。土地所有権を認めれば、鉱山全体が治外法権区域となってしまうが、鉱業法に則った営業許可にすぎないという前提で開発を許可したのである。そこからは、門戸開放原則を日本企業同様にアメリカ企業に対しても鉱山開発分野で精一杯適用せんとする姿勢を伊藤は示したのに対し、他方で、現地のアメリカ人やアメリカ企業の間では、治外法権が堂々とまかり通った時代と同じ感覚で門戸開放原則の適用を求めることからくる不満が、渦を巻いていた様子が窺われる。

門戸開放原則の適用を厳密にせよとの声は、とりわけ、韓国の海岸に存在した在韓居留地における欧米人の間に響き渡り、こうした主張は日本の韓国保護政治にとっての一大障害をなしていた。たとえば、一九〇八年二月、仁川における理事（日本人への領事業務、および、第三国の窓口）であった信夫淳平は、ドイツ人地主の「横暴」な振る舞いを報告している(48)。それによれば、当時の仁川は、日本と清国の専管居留地二つと、その六倍もの面積を占める国際共同管理下の「各国居留地」が共存する街であった。その「各国居留地」においては、居留地会の税収の四二％はドイツ人地主によって納付され、日本人地主のそれは二三％にすぎなかったが、これは埋め立て工事を、元来、ドイツ人地主が行ったためであった。居留地会議は、官吏委員（領事）を各国一名、それに地主が存在すればその委員を各国一名が選出する方式で組織され、地主と領事が合わせて参加するドイツがアメリカとロシアの領事票を合わせて四票取るのに対して、地主と領事が一緒に各々参加する日本とイギリスが合わせて四票で対抗して分裂し、清国とフランスが中立の立場からキャスティングボードを握る状態にあった。

争点となったのは税金と警察費で、居留地の税金の三分の一は韓国政府へ納入され、残り三分の二が、道路と側溝、橋、街路の修築等の居留地行政費となったが、警察費は行政費の三割三分を占めていた。ドイツ人地主が力を持ったのは、居留地の拡張が埋め立てで行われた際に投下した資本に比例する形で、ドイツ人が各国居留地内の土地販売権を掌握したためであったという。しかし、地税、営業税のほとんどを支払ったのは、住民の九割九分を占めた日本人居留民で、各国居留地の警察官もまた日本人であった。ゆえに、日本人警官は実質的にはドイツ人地主の「私僕」のようになっており、こうした状態が、ハーグ事件以後も存続していたのであった。門戸開放原則の下において居留地行政は、各国領事や居留民代表が財産の額に応じて公平に発言するというスタイルで継続していたのである。

信夫理事は、大正天皇の東宮時代の訪韓に際して行われた送迎の折、日本の居留地警察官を各国居留地の方にも巡回に行かせることで、各国居留地の住民の大多数を占めた日本人居留民を保護しようとしたが、居留地の税金によって雇われている日本人警官はあくまでもドイツ人地主の命令によってしか動かすことができなかった。信夫は、日本理事庁警察の運用上の「属地主義」を廃し「属人主義」を採用し、ペスト対策を主眼とする衛生行政により各国居留地と清国居留地に居住する日本人を保護することを口実として防疫計画を実行していった。土地家屋証明規則によって、朝鮮内地は実質的に開放され、もはや居留地は時代遅れの存在となっていたにもかかわらず、居留地の運営は各国の主権平等と門戸開放原則の下にあり、韓国内地をのぞいた居留地内だけの力学では治外法権廃止には全く踏みだすことができなかったことがわかる。治外法権廃止はこうした現状を一新して、居留地と韓国内地との境界を消滅させるための政治的手段であったと位置付けることができる。

鉱山利権をアメリカ企業に与えたことは、日露戦後の日本が「アジア人のためのアジア」の方向へと歩みだすのではなく、門戸開放政策を維持しながら、韓国内地を開放し法整備と治外法権廃止を進めていくというメッセージであったともいうことができよう。しかし、そうした政策に対しては、今度は在韓日本人の側が激しい反発を示すことになる。

四　変質——門戸開放原則抜きの治外法権廃止へ

鉱山においても在韓居留地においても、門戸開放原則を前提としながら治外法権廃止を推進していくことに対して、民間右翼の内田良平は激しく伊藤統監を攻撃した。内田は、ハーグ事件前後に伊藤統監から「韓国国情調査嘱託」の役を命じられ、「一進会」という団体の操縦を通じて伊藤に協力していた人物であった。しかし、伊藤統監がハーグ事件後の「好機」を十分に生かして併合を行わずに、内政への関与権をわずかに得たに止めたのは不当であるとして、一九〇七年一二月に伊藤統監へ辞職勧告を行うと同時に自ら辞職した人物である(49)。また、内田はその翌年に鉱業権をアメリカ会社へ認可したことに対して、アメリカ人が「鉄道を敷設し道路を開き、幾万の韓民を使役し、百年猶ほ尽きざる鉱業を営」めば、「彼等に使役せらるる韓人は、悉く日本化せざる国民とな」るとして痛烈に伊藤を批判した。

内田が懸念したのは、鉱業権が韓国経済を左右する重大な公共性を帯びている点であった。内田は、元来、アメリカ人宣教師達がキリスト教の教会を通じて教育活動を展開し、韓国政府全体の教育費（学校教育費一五万円）を上回る大量の資金を教育に投入することで、韓国社会に大きな心理的影響力を及ぼしていることに警鐘を鳴らしていた。内田から言わせれば、伊藤統監が鉱業権を認可し、道路の敷設権までアメリカ企業に与えたことは、アメリカ人の教育活動に強力な経済基盤まで与えてしまった点で、政治的な配慮に欠けたものであった。

内田に言わせれば、日本の統監府による教育は、少ない予算による「曖昧なる日本化」にすぎなかった。それに対して、豊富な資金とキリスト教を背景にしたアメリカ人による教育は、政治的効果がはるかに絶大なものであった。この点について、内田は「外国人の韓人を外国化せしむる力と、日本人の韓人を日本化せしむる力と何れが強きやを較ぶれば、到底日本人は外国人に及ば」ないと喝破した。韓国社会がいかなる近代社会として生まれ変わるのか、その政治的意味を、内田は「日本化」と「アメリカ化」という言葉で表現したわけである。アメリカ企業への鉱業権認可によって、「外国を後援として日本に不服を唱」える韓国人を増大させ、彼らを「統御」することをますます困難としたのは、極めて重大な「失策」とされたのである(50)。

人物の性格や当時の影響力はともかくとして、内田良平を対極に置くことで、伊藤統監が門戸開放政策を実行していたことの意味は、より明確となる。内田は、伊藤が「常に韓国富強の域に進まば、之を独立せしむる方針なりと公言して憚ら」なかったことを証言している。[51] それに対して内田の考えていた「保護」のあるべき姿は、将来の独立や門戸開放原則は無視し、ひたすら韓国の内政を日本人だけの手に独占し、そのことで韓国民の心理を日本人に近づけ「同化」させんとしたものということができる。内田からいわせれば、韓国では既に日本は「他国の勢力を駆逐し」、「優越なる地歩を占め得」ているのであり、伊藤が独立の「虚名」を維持したり、門戸開放原則に準拠せんとすることは、必要のないばかりか、かえって有害で「死灰又た蘇する恐れある」ものであった。[52]

政治権力を完全に掌握して、社会的心理的な同化を実行すべきであるのに、第三国外国人の顔色を窺う必要はない、もしも窺えば干渉を招きかねないというのが内田の態度であった。それは国際関係における他国の主権の一般的監理権として、保護権は存在しているという理解に基づき、門戸開放原則から切り離して、治外法権廃止は進められるべきという政策であった。内田は伊藤統監が韓国皇太子李垠を伴って一九〇七年一二月一五日に日本に帰国し、四ヶ月の長期滞在をした時期、スティーブンス顧問の翌年三月末の暗殺を受けて帰任する前後の韓国での統監府施政について、「治外法権の撤廃は、韓国内の内外人に『韓国の法律』を遵奉させることであり、帝国の法律に服従させるものではないから、事実上韓国は我が保護国であるに拘はらず、外人をして間接に韓国の独立を確認させること丶なり、延ひては遂に干渉の端を開く結果を招く虞れさへある。故に野心を抱く列国は、喜んで之に賛成すること丶なるであらうが、司法権を我国の手に収めぬ前に之を実行することは絶対に避けるべきである」として反対した。[53] 外国からの干渉を招かないような治外法権廃止のためには、日本の法律である必要があり、司法権まで日本が掌握する必要があると指摘したのである。つまり、日本人もアメリカ人も、韓国法から見れば同じ外国人にすぎないため、韓国法の下で日米両国民の商業上の待遇に「差別」が生じれば、それに対して干渉を招きやすくなる。また、日本法のもとで韓国司法制度を機能させることも可能性としてなくもないが、外国人の生命と財産を守るべき司法制度の機能が不十分という理由でも干渉を生む可能性があるというのであった。

門戸を日本以外の第三国には閉ざして差別待遇を公式化し、しかも、司法権を日本が掌握して初めて、外国から干渉されない形で治外法権廃止が実現できるのだと内田は主張していたといえよう。内田の有した在韓日本人社会への影響力がどれ位であったかは議論の分かれるところであろうが、以上の内田の批判は、門戸開放原則を維持しつつ、しかも外国人の生命と財産を保護すべき司法権を韓国に残そうとした伊藤の施政方針にとっては、国際的干渉可能性への配慮を怠っている点において伊藤の政策方針を逆手に突いた根本的批判であった。

実際、当時の伊藤は、内田から指摘された門戸開放原則に立脚した「保護」政治の根本的欠陥という傷口を更に拡げるような、他の現実にも直面していた(54)。第一は、伊藤統監は「国賊」であるとの噂さえされるほどの在韓日本人社会一般からの強い反発であった。在韓日本人への課税や韓国皇室尊重政策は、韓国人本位の政策とみなされ、鉱山利権のアメリカ企業への供与もその一環とされることで、伊藤は国内の政治基盤を失っていった。第二は、財政の悪化である。在韓日本人と第三国外国人向けの韓国での統監府令と日本裁判所制度、他方の、韓国人向けの行政と司法制度、それらが同じ空間の中で共存するような二重の行政・司法システムは、各民族集団同士の接触と事件の増大に対処し得ず、非能率でコストのかかるものであった。第三は、韓国人側からの反発である。内政への統監の関与拡大は、日本側から見て門戸開放を伴った「文明的改革」のためには、それなりに必要であったとしても、韓国の「民衆」の側からはそうは見えなかった。ハーグ事件後の皇帝退位とともに行われた軍隊の解散は、ソウルでの騒乱を招き、地方に逃亡して「義兵」となった分子を鎮圧するために、外国人にさらされてこなかった奥地に日本人警官や軍隊が入り込んだことは、民衆一般へのナショナリズム的反発を拡大していったと考えられる。司法権委託を実行するとすれば、その反発は両班層にも拡大すると予測されたことであろう。第四は、英米に対しての期待の消滅である。当初伊藤統監は、門戸開放原則に則って日本人と同じ条件に外国人を置いて韓国での治外法権廃止を進めていけば、やがて、日本本土同様に韓国でも、諸外国は治外法権廃止に応じると期待した。しかし、アメリカは工業所有権分野以外への日本の司法管轄権拡大に応じなかったし、イギリスはアメリカと同じ水準の工業所有権分野に限定した治外法権廃止にさえ応じようとはしなかった。在韓英米人宣教師や商人の間で、門戸開放が十分には進まないという不満が存在する中で[55]、治外法権廃止は全く応じられない問題となっていたのであろう。また、自国民の生命と財産を韓国という「未発達」な国の裁判所には任せられないという論理が英米側に存在したし、その一方、日本側には、もしも、英米が自国民の裁判管轄権を韓国裁判所に任せるとしたらそれは干渉を意図しているのであろうという不安が存在していたのである。

おわりに――国際公約の放棄と伊藤統監の辞任・門戸開放原則なしの「保護」へ

以上のような現実の中で、伊藤統監の保護政策は、国際公約を裏切る形で門戸開放を伴わない保護へと転換していったと考えられる。日本が司法権を掌握しながら日本法の下で治外法権廃止を進める方向へと伊藤は政策を大きく変えたのである。皇帝純宗の南北巡行における陪臣の役目を終えて、一九〇九年二月一〇日、伊藤統監が韓国の仁川から軍艦で日本に戻る際、伊藤は韓国の「進歩改良」が少しも進んでいないことに絶望しており、辞任への意思を固めていた[56]。帰任後に伊藤は、宮中その他において辞任の意思を非公式に吐露したと考えられる。それを受けて同年三月三〇日、小村外相は桂首相に宛てて「韓国併合ニ関スル件」という閣議請議案を作成し、「適当の時期に於て韓国の併合を断行すること」を基本として、併合が可能となる環境が到来するまで「十分に保護の実権を収め」「実力の扶植を図る」ことを掲げた[57]。この閣議請議案に伊藤は、同年四月一〇日の霊南坂の統監官邸における桂・小村との会談の席上で同意を与え、抵抗を予想した小村を驚かせている[58]。

併合への同意は、英米側に対してかつて与えた国際公約ともいうべき、門戸開放原則の放棄を意味した。なぜなら、韓国と諸外国が結んできたところの治外法権を前提とした通商航海条約が併合により完全に消滅し、日本と諸外国との間の諸条約がそれに取って代わることで、諸外国の通商上の権利は、国民としてのそれ以下のものとなるからである。[59] 併合内諾を前提に、伊藤は門戸開放原則の破棄を表明するが、伊藤は統監辞任決意の段階において、自ら他の選択肢がないことを悟り、国際公約を裏切ることへの自分なりの説明をして統監を辞任している。

伊藤は一九〇九年四月二四日、「民族協同」の「自治」ではなく、日韓「一家」主義を主唱した。東洋協会の委託を受け、京城日報社主催による韓国紳士日本訪問団歓迎会が東京上野で開催された際における講演の席上、伊藤は以下のように述べている。

今や東洋の問題に付き、列国の関係に於て門戸開放機会均等を言ふも、日韓の関係は是と異なり、両国間に門戸なし、随て機会均等を談ずるの必要あるべからず。従来両国は両国として共に存立し共に列立せしに、今や方に協同的に進まんとする境遇となり、進んで一家たらんとせり。……予は両国が協同一致して東洋の平和を図るに汲々たるを望むものなり。日韓両国民は宜しく協心戮力国歩の発展を図るべし。[60]

以上は門戸開放政策に対する実質的放棄宣言といえる。これは、アメリカで前年の選挙で当選し同年一月に新大統領に就任したばかりのタフトを意識したものといえる。[61] 日韓の関係は「共に列立」する関係を越えて「協同一致」して「協心戮力」、つまり心を一つにして力を合わせる関係、つまりは「一家」となるべきものとされ、在韓日本人の門戸と在韓西洋人の門戸は、異なって当然とされたのである。

しかし、それでも、伊藤が同意した「併合」は現実の併合とは異なるものであった。伊藤は司法権委託後に韓国における日本裁判所を帝国議会の法律の上に構築しようとしたが、この試みは明治憲法の保障する独立した司法制度を韓国に延伸することで、日本の憲法秩序の中に韓国を編入し憲法的秩序の下での国家結合を実現しようとした努力の一環といえる（注(54)参照）。また、伊藤は皇帝から政府を分離した後の統治構想の中核に朝鮮議会（前述の「国家評議会」の可能性もある）を置いており、八〇人の衆議院（下院）と五〇人の元老（上院）が予定され、それに責任を有する韓国人の責任内閣が、日本人総督（副王）と協力して「政府」を組織する構想を抱いていた。(62) 当時、国家結合と国家併合に関する調査資料が作成されていたことや、(63) 後に韓国の一進会側からオーストリア・ハンガリー帝国をモデルとした「政合邦」の構想が呈示されたことも、(64) 併合後の日本・韓国二重帝国ともいうべき新たな「大日本帝国」的憲法体制構想を前提としていたといえよう。そもそも、西洋では複合君主制による国家結合と帝国的イデオロギーは相補的であり、(65) 複合君主国を構成する法域に置かれた君主の代理人「viceroy」は、「総督」とも「副王」とも訳される存在であった。(66)

この段階で門戸開放原則を維持する前提で唱えられていた日韓協同の自治の原則は、むしろ門戸開放原則に取って代わって二重帝国を支える政治原理として、つまり西洋人への門戸と日本人への門戸は、なぜ異なるのかを説明するものとして機能し始めたということができる。そして、国際公約として唱えられた門戸開放原則を伊藤が守りきれなかったことは、常に国際社会を意識しながら日本の内政と外交を展開してきたはずの自らに対する責任として、伊藤統監が自ら辞任を決意した根本的動機であったとさえ推測されるのである。

やがて、伊藤の主張した民族協同の自治の原則は、日韓「一家」主義のもとにおいて日本の指導性を強調する垂直的なものへと性格を変え、「指導」という観念に込められた内政への関与は、外交分野から、さらに、関税、金融・財政、拓殖、法務、警察という国内の行政分野、さらに韓国裁判所へと拡大され、顧問や官吏・判事として任用される日本人の数は拡大していった。(67) さらに伊藤が一九〇九年一〇月に暗殺されたことで、複合君主制と司法権独立を基盤とする立憲的な併合構想は崩れ去り、山県有朋が中心となって一進会を利用して進められたところの、武断統治的な現実の併合が、最後に伊藤の構想を跡形もなく消し去っていったのである。(68) そして、日韓協同の自治の構想が支配のイデオロギーとして機能し始めたのと同様に、「司法及監獄事務委託」によってかすかに守られた司法権独立の原則は、門戸開放原則をもはや前提とはしない「保護」と「監理」という排他的原理の上で立憲的性格とも切断されながら、韓国を帝国圏へと包摂する一階段としての治外法権廃止手段に組み込まれていったと考えられるのである。

最後に、以上の論考が有する意味について、一言述べたい。保護条約についての論争の展開は、現実に起こった歴史事象としての併合を前提に、その最初のステップとなった「保護」の「有効・無効」とその「不法・不当・不義」の問題を中心に展開され、それらの概念の定義と適用如何が主に議論の対象となってきた。しかし、実際の当事者が「保護」関係の設定や実際の運用に際し、それにいかなる内実を与えようとしたのか、その軋轢や摩擦を追うことこそ、新たな構想としての「併合」論の登場と、その併合構想の具体化をめぐる政治過程分析の基礎作業となろう。日本の韓国併合の政治過程を、二〇世紀初頭における併合前後の断絶を超えて検証することは、第二次大戦とその後の国交正常化による二つ目の断絶の検証と合わせて、現代の日韓関係をよりよい未来に向かって築くために不可欠である。二重に絡まり合った断絶を超えた地域史的視点からの研究は、今こそ国際的枠組みで推進されなければならない。本章があらゆる政治的立場を超えて、学術的議論の活性化に貢献できることを願いたい。

(1)　浅野豊美『帝国日本の植民地法制』名古屋大学出版会、二〇〇八年、一八一頁（以下、書名のみ記す）。
(2)　『帝国日本の植民地法制』二〇二頁。唯一の他の論考として以下がある。松崎裕子「日露戦争前後の韓国における米国経済権益――甲山鉱山特許問題を中心に」『史学雑誌』第一一二巻一〇号、二〇〇三年一〇月。
(3)　浅野豊美「日本の最終的条約改正と韓国版条約改正」伊藤之雄・李盛煥編『伊藤博文と韓国統治』ミネルヴァ書房、二〇〇九年、一三九―一六二頁。
(4)　『帝国日本の植民地法制』第二編、特に一六一―一六五頁。
(5)　外務省編『小村外交史』原書房、一九六六年、五九五、六一二、六三二、七一九、八三三―八三四頁。松岡修太郎「統監府の統治法制」『京城帝国大学法学会論集』第一二巻三・四号、一九四一年一二月。
(6)　『帝国日本の植民地法制』第二編、特に一三一―一三二、二〇五頁。

（7）桂・タフト協定は以下の通り。Secretary Taft fully admitted the justness of the Count's observations and remarked to the effect that, in his personal opinion, the establishment by Japanese troops of a suzerainty over Korea to the extent of requiring that Korea enter into no foreign treaties without the consent of Japan was the logical result of the present war and would directly contribute to permanent peace in the East. July 29, 1905, 外務省『日本外交年表並主要文書　上』原書房、一九六五年、二四〇頁。

（8）『帝国日本の植民地法制』一四四―一六一頁。

（9）スティーブンスは、明治日本の条約改正交渉に際して、アメリカ駐在の陸奥宗光公使と対米条約改正交渉に当たった経験を有し（その後任はデニソン）、井上馨外務卿時代にはその秘書官として一八八四年の甲申政変後に朝鮮に派遣された人物である。

（10）「第五三号　受第二四九六号（暗）　伊藤統監発林外務大臣宛　明治四〇年六月二二日」『清韓両国ニ於ケル発明意匠商標及著作権相互保護ニ関スル日米条約締結一件』第一巻（外交史料館、二―六―一―一六、以下『日米条約締結一件』と省略）。

（11）「機密統発第五一号　鶴原韓国統監府総務長官ヨリ珍田外務次官宛　米国人『ハルバート』韓帝密使トシテ海牙ノ平和会議へ出向ノ風説ニ関スル件　明治四〇年五月九日」外務省『日本外交文書』第四〇巻第一冊、四二五頁。

（12）Despatch No.365, from Thomas Sammons to the Secretary of State, Washington, August 7th 1907, Numeric File: 1166/187-700, M869, RG59, 米国公文書館（National Archive 2 at College Park in Maryland. これ以後「ＮＡＲＡ」と略称）。

（13）「特別機密第五七号　密使海牙派遣ニ関シ韓国皇帝へ厳重警告並対韓政策ニ関スル廟議決定方稟請ノ件　伊藤統監発林外務大臣宛　明治四〇年七月七日」市川正明編『韓国併合史料』第二巻、原書房、一九八六年、五八二頁。もしくは『日本外交文書』第四〇巻第一冊、四五四頁。

（14）『帝国日本の植民地法制』一六一―一六二頁。

（15）原文は以下。Japanese authorities have prepared to take charge the Administration of the Government of Korea through the Council of State. The above policy, for the future administration of Korea, was agreed upon, I am confidentially informed, prior to the abdication of the Emperor and...: *Plans of Japanese authorities for the future administration of Korea,* from Thomas Sammons; consulate general Seoul to Luke E. Wright: American Ambassador to Japan, Tokyo, July 20, 1907, Numeric File: 1166/102-103, p.2, M862, RG59, NARA.

（16）Ibid., p.3. 皇帝の収入や宮中を維持するための豊富な基金を残すとされている。

（17）　*Future plan of the administration of Korea by Japan: Korean situation generally*, July 22, 1907, ibid., p.23.

（18）　当初は純宗が王子そのまま、もしくは「摂政」（regent）として政権に臨む案も存在したが、親日・反日派の間での大混乱を引き起こしたために、即位したとアメリカ領事は観察している。Ibid., p.25.

（19）　Korean Emperor to cut off his topknot, August 17, 1907, *Japanese Protectorate over Korea*, Numeric File: 1166/225–226, p.231, M869, RG59, NARA.

（20）　Despatch No. 365, op. cit., p.3 (158).

（21）　Despatch No. 350, July 25, 1907, July 25, 1907, Numeric File: 1166/115–162, p.4 (23).

（22）　Despatch No. 350, op. cit., p.13 (45).

（23）　前掲「日本の最終的条約改正と韓国版条約改正」一四一―一四三頁。

（24）　前掲「日本の最終的条約改正と韓国版条約改正」一四三―一四四頁。

（25）　現在までハーグ事件後に併合が行われなかった要因として指摘されてきた、財政上の困難や、ロシアの同意なしという事情は、こうした伊藤統監の望んだハーグ事件後の改革推進体制への期待の副次的要因として位置付けられるべきであろう。内政と外交を合わせて日本が掌握し、日本の指導を受け入れた韓国の閣僚との協力の下、皇帝を象徴として推進される改革構想への期待があったればこそ、併合はこの時点で行われなかったのである。

（26）　Dean Alexander Arnold, *American economic enterprises in Korea, 1895–1939*, New York: Arno Press, 1976, p.301.

（27）　Summary of the Japanese Korean Policy, from Thomas Sammons to Robert Bacon, Assistant Secretary of State, Washington D.C. December 19, 1906, Numeric File: 1166/1, p.8 (Korean Industries), M861, RG59, NARA.

（28）　浅野豊美「帝国と地域主義の分水嶺」日露戦争研究会『日露戦争の新視点』成文社、二〇〇五年、三四二頁。

（29）　Ralph Eldin Minger, *William Howard Taft and United States Foreign Policy: The Appenticeship Years 1900–1908*, Urbana: University of Illinois Press, 1975, p.161.

（30）　'In reattempt of Korean Hague deputation to have an audience with the President,' From American Consulate General, Seoul, Korea, August 14, 1907, *Japanese Protectorate over Korea*, Numeric File: 1166/218–219, M869, RG59, NARA.

（31）　Ralph Eldin Minger, op. cit., p.161, p.211.

（32）　Ralph Eldin Minger, op. cit., p.161, p.211.

（33）　以下の論考で電気利権の起源が詳細に論じられている。松崎裕子「大韓帝国光武年間期の米国系企業家コルブラン&ボストヴィックの電気関係利権について」『歴史学研究』第七五四号、二〇〇一年一〇月。
(34) Reforms and Progress in Korea, January 9, 1909, p.28, *Japanese Protectorate over Korea*, Numeric File: 1166/393-394, M869, RG59, NARA.
(35) 大蔵省管理局『日本人の海外活動に関する歴史的調査　通巻第七冊　朝鮮編第六分冊』大蔵省管理局、一九四六年六月、七三頁。
(36)「陸軍将校招待席上伊藤統監演説要領筆記（明治四一年六月一二日）」『倉富勇三郎文書』国立国会図書館憲政資料室所蔵、三〇―三一頁。
(37) 大蔵省管理局『日本人の海外活動に関する歴史的調査　通巻第八冊　朝鮮編第七分冊』大蔵省管理局、一九四六年六月、一二八頁。
(38) 朝鮮総督府『朝鮮ノ保護及併合』朝鮮総督府、一九一八年、一四二―一四三頁。市川正明編『明治百年史叢書　日韓外交史料保護及併合』（原書房、一九八〇年）による復刻版では、一九四―一九五頁。
(39)『帝国日本の植民地法制』二〇一頁。
(40)「韓国施政改善に関する協議会第四一回　明治四一年六月一六日」前掲『韓国併合史料』第二巻、九一三頁。
(41) 歳入は、地租（約六〇〇万円）、酒税、煙草耕作税、関税（約二〇〇万円）他の租税収入を主とする経常歳入の一三八四万八四四三円と、臨時歳入の七五八万六二八〇円（内四六五万三五〇〇円は日本政府よりの借入金で韓国政府採用の日本人官吏の給与に当てられた、他は英仏の金融市場からの借款）の、合計二一四三万四七二三円で予算が編成されている。ちなみにその三年前の一九〇六年の韓国政府歳入の中「地税」は三九五万円、関税収入は二一一万円であった。「統監歓迎会（北韓行幸の際）」『満韓之実業』満韓実業協会、第四二号、一九〇九年三月。
(42)「統監歓迎会（北韓行幸の際）」『満韓之実業』第四二号、一九〇九年三月。
(43)「第一〇一号（電送第一七二一号）林大臣発伊藤統監宛　明治四一年六月一七日幣原の印あり」『米国人「コールブラン、ボストウヰック」ノ韓国ニ於ケル獲得利権関係雑件鉱山ノ部』第二巻（外交史料館E―四―二―一〇―二―一、以下『米国人利権鉱山』第二巻と略す）。
(44)「第七四号（至急）（二一一四）伊藤統監発林外務大臣宛　明治四一年六月一八日」前掲『米国人利権鉱山』第一巻。
(45)「統監公爵伊藤博文外務大臣伯爵林薫殿　明治四一年六月二四日」前掲『米国人利権鉱山』第二巻。
(46) Op. cit. *American economic enterprises in Korea*, p.303.

(47) Op. cit. *American economic enterprises in Korea*, p.313.
(48) 「仁川に於ける居留地制の状況及将来　明治四一年二月一〇日　仁川理事庁理事官信夫淳平より統監代理副統監曾禰荒助宛」(韓国政府記録保存所)。
(49) 黒龍会『日韓合邦秘史　上巻』原書房、一九六六年、五四八―五五二頁。辞職勧告の日付ははっきりしないが、一九〇七年一二月末のあたりと思われる。
(50) 前掲『日韓合邦秘史　上巻』五九七―五九九頁。
(51) 同上、五四八頁。
(52) 同上、五四八―五四九頁。
(53) 黒竜倶楽部編『国士内田良平伝』原書房、一九六七年、四三九―四四〇、四四四頁。
(54) 『帝国日本の植民地法制』二二一―二七七頁。
(55) 国務省内部でさえ、門戸開放政策の拡大解釈が、ノックス国務長官とハンティントン・ウィルソン第三国務次官のもとで一般的となっており、国務省極東部の一九〇八年三月の設立は、こうした潮流の中で行われた。北岡伸一「国務省極東部の設立――ドル外交の背景」近代日本研究会『年報近代日本研究11　協調政策の限界』山川出版社、一九八九年、一三、一六、二一頁。
(56) 前掲『小村外交史』八三九―八四〇頁。
(57) 一九〇九年七月六日に併合方針を閣議決定した「韓国併合ニ関スル件」でも、第一項で「併合ヲ実行シ半島ヲ名実共ニ我統治ノ下ニ置キ且韓国ト諸外国トノ条約関係ヲ消滅セシムルハ帝国百年ノ良計ナリトス」と規定されている。外務省『日本外交史年表並主要文書』上巻、三一五頁。
(58) 春畝公追頌会『伊藤博文伝』下巻、一九四〇年、八三八頁。
(59) 一九一〇年八月二九日の併合条約公布後、列国との条約は無効になり、日本と列国との現行条約が、適用し得る限り朝鮮に適用され、在朝鮮の第三国外国人は、日本本土におけるのと同一の権利と特権を、事情の許す限りできるだけ適用されることとなった。しかし、これは事情が許さなければ日本本土と朝鮮との間での差別、さらには、日本人と外国人との差別をも合法化するものであったことは明らかである。詳しい政治過程を含めて以下を参照。伊藤之雄「伊藤博文の韓国統治と韓国併合――ハーグ密使事件以降」『法学論叢』第一六四巻一―六号、二〇〇九年三月、六一頁。
(60) 前掲『伊藤博文伝』下巻、八四〇頁。同じ演説の中で伊藤は、この本文引用箇所のすぐあとに続けて独立運動を非難する目的で、以下のように述べている。「却つて之を悪用して日韓和親の発展を阻碍せんとする者に対しては、予は啻に些の同情をも寄する能はざるのみならず、大いにその迷妄を詰責せざるを得ざるなり」。また、この演説筆記の別なバージョンには、協同から一家へという部分について、「日韓両国の間には一の門戸なし従つて別に門戸開放の必要なし。従来日韓両国は共に存立し共に別立したる者、今や其利害の上より共に接近しつつあり、協心戮力進んで一家とならんとするの関係なり」と述べ、利害関係で結ばれた協同を越えた一家となる必要があるとの見解が鮮明にされている。原田豊次郎『伊藤公と韓国』日韓書房、一九〇九年一一月、九〇―九一頁。

(61) 森山茂徳『日韓併合』吉川弘文館、一九九二年、一九三頁。

(62) 前掲、伊藤之雄「伊藤博文の韓国統治と韓国併合――ハーグ密使事件以降」二七―二八頁。この朝鮮議会構想については、それが併合後の構想ではなく、ハーグ事件直後のものであったことを示唆する論考が近年発表されており、極めて傾聴に値する。しかし、その資料解釈が正しいとしても、伊藤統監が肯定した「併合」が司法権の独立を前提としたものであった点において、現実の併合とは異なるものであったという本章の主張とは矛盾しない。水野直樹「伊藤博文の『メモ』は『韓国統治構想』といえるものか――伊藤之雄氏の所説への疑問」『日本史研究』第六〇二号、二〇一二年一〇月、二九―四五頁。

(63) 「国家結合及国家併合類例」『韓国併合ニ関スル書類』(国立公文書館、公文別録、明治四二年―明治四三年・第一巻・明治四二年―明治四三年)、(アジア歴史資料センター、A03023678600)。

(64) 金東明「一進会と日本――「政合邦」と併合」『朝鮮史研究会論文集』第三一巻、一九九三年一〇月。

(65) この点、および、総督制の普及についての歴史(注(66))については、以下から大いに啓発され学ばされた。松里公孝「境界地域から世界帝国へ――ブリテン、ロシア、清」『講座スラブ・ユーラシア学　第三巻　ユーラシア――帝国の大陸』講談社、二〇〇八年、四一―八〇頁。David Armitage, "Making the Empire British: Scotland in the Atlantic World 1542-1707," *Past and Present* 155 (1997), pp.34-63.

(66) 一般的に朝鮮総督は「Governor General」として英語に訳されたが、これはイギリスのインド総督が「viceroy Governor General」と訳されてきたことに由来する。総督制の普及は、複合君主制が当初の正統性と地域間の対称性を失って、「階層的空間構造を有する帝国に移行」したことの象徴であったと同時に、「多種多様な法空間を大きな国家に統合する手段として、帝国、複合王制、連邦制、総督制の諸制度は連続的・互換的」に用いられてきた。John Robertson, "Union, State and Empire: The Britain of 1707 in Its European Setting," Lawrence Stone, ed., *An Imperial State at War: Britain from 1689 to 1815* (London, 1994), p.230.

(67)　一九〇七年の第三次日韓協約以後、日本人官吏を直接韓国政府の官吏として任用することが行われていくが、度支部を除き各部に採用すべき日本人総数は一八三人と予定されていた。「韓国施政改善ニ関スル協議会第二三回　明治四〇年一一月二九日」前掲『韓国併合史料』第二巻、六七一頁。

(68)　しかし、政友会において伊藤の盟友となった原敬によって、かすかに守られた伊藤の構想は、一九一四年の総督府改革構想として、そして一九一九年からの文化統治として復活することになる。

日　本	日韓関係	朝鮮（韓国）
	3.29 朝鮮銀行法	
7.13 第3回日英同盟協約		
	8.23 朝鮮教育令（第1次）	
8.30 第2次桂内閣総辞職・第2次西園寺内閣発足		
		9. 百五人事件（新民会事件）
	10.20 普通学校規則	
1912.	1912.	1912.
	3.18 朝鮮民事令・朝鮮刑事令・不動産登記令	
7.30 明治天皇崩御 大正天皇践祚・大正改元		
	8.7 土地調査令	
12.12 第2次西園寺内閣総辞職・第3次桂内閣発足		
1913.	1913.	1913.
2.20 大正政変，第3次桂内閣総辞職・第1次山本権兵衛内閣発足		
4.21 在朝鮮各国居留地制度に関する議定書調印		
	9.28「陸海軍刑法」を朝鮮にも施行	
1914.	1914.	1914.
		1.11 湖南線全通
1.23 シーメンス事件		
	3.1 地方行政区画改正（府・郡・面制施行）	
4.16 第1次山本内閣総辞職・第2次大隈内閣発足		
	5.22 農工銀行令及び地方金融組合令	
8.23 対独宣戦布告／第1次世界大戦（1914.7.28-1918.11.11）に参戦		

日　本	日韓関係	朝鮮（韓国）
	にて安重根に暗殺される	
	12.4 一進会，日韓合邦に関する上奏と請願書を皇帝と統監に提出	
		12.22 李完用暗殺未遂事件
	12.23 一進会，日韓合邦陳情書を桂太郎首相に提出	
1910.	1910.	1910.
	1.3 曾禰荒助統監，帰国	
		3.15 土地調査局官制
5.25 大逆事件		
	5.30 寺内正毅，陸軍大臣兼任で韓国統監に任命される（7.23 着任），副統監には山県伊三郎が任命される	
6.3 閣議にて併合後の韓国に対する施政方針を決定		
	6.24 韓国警察事務委託に関する日韓覚書	
7.12 閣議にて併合方針と朝鮮総督の権限を決定		
		8.16 寺内統監，李完用首相に韓国併合に関する覚書を交付
		8.18 定例閣議で併合条約案を審議
8.22 日本の枢密院会議，併合条約案を可決	8.22 韓国併合条約	8.22 御前会議で，純宗，併合条約案を裁可
	8.29 韓国併合に関する詔勅・勅諭・併合条約文を公布（韓国の国号を朝鮮に改める）	
	8.29 朝鮮貴族令	
	9.12 統監府，一進会など政治団体を解散	
	9.29 朝鮮総督府官制，中枢院官制（10.1 施行）	
	9.30 臨時土地調査局官制	
	10.1 寺内正毅統監，初代朝鮮総督に任命される（陸軍大臣兼任），政務総監には山県伊三郎が任命される	
	12.29 会社令（1911.1.1 施行）	
1911.	1911.	1911.
	2.1 李王職官制	
2.21 日米通商航海条約改正		
3.7 衆議院，韓国併合緊急勅令を事後承諾		

日　本	日韓関係	朝鮮（韓国）
		を設置することに決定
8.1 関東都督府設置		
		10.26 土地家屋證明規則（12.1 施行）
11.26 南満州鉄道株式会社設立		
1907.	1907.	1907.
		3.11 大韓医院官制
	3.20 統監府及理事庁官制改正	
		3.26 水利組合條令
		4. 勧業模範場官制
		5.22 李完用内閣発足
		5.30 地方金融組合規則
	6.15 第２回ハーグ平和会議（-10.18）／6.-7. ハーグ密使事件	
		7.20 皇帝譲位式
	7.24 第３次日韓協約	7.24 光武新聞紙法
		7.31 軍隊解散
		8.2 元号を「隆熙」に改める
		8.27 純宗，皇帝即位式
	9.1『京城日報』発刊	
	9.21 曾禰荒助，副統監に任命される	
		10.23 法典調査局官制
		11.29 金允植ら興士団結成
1908.	1908.	1908.
	3.23 韓国政府外交顧問スチーブンス，桑港にて張仁煥・田明雲らに狙撃される（3.25 死亡）	
7.14 第１次西園寺内閣総辞職・第２次桂内閣発足		
		7.28 臨時財産整理局官制
11.30 高平・ルート協定		
	12.28 東洋拓殖会社設立	
1909.	1909.	1909.
		1.7 純宗，伊藤博文と地方巡幸（-2.8）
	6.14 伊藤博文，統監を辞任，枢密院議長就任．曾禰荒助が新統監に任命される	
	7.12 司法及び監獄事務委託に関する日韓覚書	
		10.1 韓国銀行設立認可
	10.26 伊藤博文，ハルビン駅	

日　本	日韓関係	朝鮮（韓国）
1904.	1904.	1904.
		1.21 韓国政府，局外中立を宣言
	2.8 日本軍，仁川・南陽，元山等に上陸	
2.9 仁川沖海戦		
2.10 日本，対露宣戦布告（日露戦争）		
	2.23 日韓議定書	
		7.18 ベッセル（英人），『大韓毎日申報』を創刊
8.14 蔚山沖海戦		
		8.16 李容九，進歩会結成
		8.18 宋秉畯，維新会結成（8.20 一進会に改称）
	8.22 第1次日韓協約	
	10.15 韓国の度支部，目賀田種太郎を顧問として招聘	
	10.20 日本政府，対韓施設綱領決定	
		12.4 進歩会と一進会が合同し，「一進会」を名乗る
1905.	1905.	1905.
		1.1 新貨幣条例
3.1 奉天会戦（-3.10）		
5.27 日本海海戦（-5.28）		
		5.28 京釜鉄道開通
7.29 桂・タフト覚書		
8.12 第2回日英同盟協約		
9.5 日露講和条約・日比谷焼打事件		
	11.3 咸鏡北道での日露撤兵覚書	
	11.17 第2次日韓協約	
		11.28 朴斉純が議政府参政大臣就任
	12.21 統監府及理事庁官制，初代統監に伊藤博文	
1906.	1906.	1906.
1.7 第1次桂内閣総辞職・第1次西園寺内閣発足		
	2.1 韓国統監府及び理事庁開庁	
	3.2 初代統監伊藤博文，着任	
		4.3 京義鉄道開通
5.22 満州問題協議会		
		7.13 韓国政府，梅謙次郎を招聘して 不動産法調査会

日　本	日韓関係	朝鮮（韓国）
第3次伊藤内閣発足		
		2.9 独立協会，漢城の鍾路で万民共同会を開催
		2.22 興宣大院君没
		2.25 ロシア，釜山の絶影島租借
4.25 西・ローゼン協定		
6.30 第3次伊藤内閣総辞職・第1次大隈内閣発足		
		9.11 毒茶事件
		10.29 万民共同会，「献議六条」を上奏
11.8 第1次大隈内閣総辞職・第2次山県内閣発足		
1899.	1899.	1899.
		6.23 校正所設置
		7.2 校正所を法規校正所と改称
		8.17「大韓国国制」制定
		9.11 韓清通商条約
1900.	1900.	1900.
		4.10 馬山にロシア特別居留地設定
6.21 北清事変		
9.15 立憲政友会結成		
10.19 第2次山県内閣総辞職・第4次伊藤内閣発足		
1901.	1901.	1901.
2.5 官営八幡製鉄所の操業開始		
6.2 第4次伊藤内閣総辞職・第1次桂内閣発足		
		8.20 京釜鉄道，起工
9.7 北京議定書		
1902.	1902.	1902.
1.30 第1回日英同盟協約		
		5.17 馬山に日本特別居留地設定
1903.	1903.	1903.
7.13 伊藤博文，枢密院議長に就任		
		7.20 ロシアと龍岩浦土地租借契約
	11.24 禹範善，広島の呉にて高永根らに暗殺される	

日　本	日韓関係	朝鮮（韓国）
	11.20 井上公使，第２次内政改革案提起	
		12.17 第２次金弘集内閣発足
1895.	1895.	1895.
		1.7「洪範十四条」,「独立誓告文」誓告
		3.25 法官養成所設置
4.17 日清講和条約		
4.23 三国干渉		
6.17 台湾総督府開庁		
	7.25 井上公使，帰国	
		8.24 第３次金弘集内閣発足
	9.1 三浦梧楼公使，着任	
	10.8 閔妃暗殺事件	
	10.17 小村寿太郎，弁理公使に任命される	
		11.28 春生門事件
1896.	1896.	1896.
		1.1「建陽」の元号と太陽暦の使用
	1.21 三浦梧楼等，広島地方裁判所で証拠不十分につき無罪となる	
		2.11 露館播遷，親露派内閣の成立（金弘集，魚允中ら殺害される）
2.29 台湾事務局会議		
		7.2 徐載弼，尹致昊ら独立協会結成
9.18 第２次伊藤内閣総辞職・第２次松方正義（松隈）内閣発足		
		11.21 独立門定礎式
1897.	1897.	1897.
	3.9 日本政府，小村・ウェーバー覚書と山県・ロバノフ協定を朝鮮政府に伝達	
		3.23 校典所設置
		8.16「光武」の元号の使用
		10.3「国王」を「皇帝」に改称することを宣布
		10.11 国号を「大韓」に改称
		10.12 皇帝即位式を圜丘壇にて挙行
1898.	1898.	1898.
1.12 第２次松方内閣総辞職・		

日本と朝鮮（韓国）関係年表

日　本	日韓関係	朝鮮（韓国）
1894.	1894.	1894.
		2.15 古阜民乱
		5.31 高宗，清に出兵を打診
		6.3 袁世凱を通じて公式に清に出兵要請
		6.5 清の葉志超，清軍1500名を率いて出兵
		6.9 清軍，忠清道牙山に上陸
	6.10 大鳥圭介公使，陸戦隊を率いて漢城に入る	
	6.12 日本混成旅団先発隊，仁川着．以後，増援され，6000名上陸	
		6.13 清に撤兵要請
		6.14 日本に撤兵要請
	6.16 陸奥宗光外相，清の汪鳳藻公使に東学の共同鎮圧と朝鮮の内政改革を提起（6.22 清，拒絶）	
	6.26 大鳥公使，高宗に朝鮮の内政改革を建議	
	7.3 大鳥公使，内政改革案５か条を提示	
	7.10-11 大鳥公使と内務督弁申正熙等，南山の老人亭で，内政改革案について討議　このとき，大鳥公使，内政改革方案綱目を朝鮮政府に提示	
		7.13 校正庁設置
7.16 日英通商航海条約		
	7.20 大鳥公使，督弁交渉通商事務趙秉稷に清軍の撤退と清との全通商章程の廃棄を求める	
		7.23 興宣大院君，入闕
	7.25 豊島沖海戦（高陞号事件）	7.25 清との全通商章程・宗属関係を廃棄
		7.27 軍国機務処設置（甲午改革〈甲午更張〉始まる）
8.1 日清戦争開始		
		8.15 第１次金弘集内閣発足
	8.20 日朝暫定合同条款	8.20 高宗，「甲午更張綸音」布告
	8.26 日朝両国盟約（攻守同盟）	
	10.25 井上馨公使，漢城着	

執筆者一覧（執筆順，＊は編者）

＊森山茂徳	（もりやま　しげのり）	首都大学東京大学院社会科学研究科教授
＊原田　環	（はらだ　たまき）	県立広島大学名誉教授
趙　映俊	（チョウ　ヨンジュン）	ソウル大学奎章閣人文韓国研究教授
李　栄薫	（イ　ヨンフン）	ソウル大学経済学部教授
堀　和生	（ほり　かずお）	京都大学大学院経済学研究科教授
永島広紀	（ながしま　ひろき）	佐賀大学文化教育学部准教授
新城道彦	（しんじょう　みちひこ）	新潟大学大学院現代社会文化研究科助教
姜　東局	（カン　ドングック）	名古屋大学大学院法学研究科准教授
浅野豊美	（あさの　とよみ）	中京大学国際教養学部教授

大韓帝国の保護と併合

2013年2月22日　初　版

［検印廃止］

編　者　森山茂徳・原田　環

発行所　一般財団法人　東京大学出版会

代表者　渡辺　浩

113-8654　東京都文京区本郷7-3-1 東大構内
http://www.utp.or.jp/
電話 03-3811-8814　Fax 03-3812-6958
振替 00160-6-59964

印刷所　三美印刷株式会社
製本所　誠製本株式会社

ISBN 978-4-13-036246-7　Printed in Japan